문법교육과 인간

KB092050

조진수

서울대학교 사범대학 국어교육과를 졸업하고, 같은 대학원에서 박사학위를 받았다.
서울대, 서강대, 숙명여대에 강의하였으며 현재는 전남대학교 국어교육과 교수로 재직 중이다.
주요 저서로 『문법 문식성과 문법교육』, 『언어 중심의 교과 융합 교육(공저)』, 『국어 의미 교육론(공저)』,
『국어 교사를 위한 한국어학 입문(공저)』 등이 있다.

문법교육과 인간

초판 인쇄 2022년 7월 12일
초판 발행 2022년 7월 19일

지은이   조진수
펴낸이   박찬익
편집   이기남
디자이너 김연진
펴낸곳   ㈜**박이정**
주소   경기도 하남시 조정대로 45 미사센텀비즈 F749호
전화   031-792-1195
팩스   02-928-4683
홈페이지 www.pjbook.com
이메일   pijbook@naver.com
등록   2014년 8월 22일 제2020-000029호
제작처
ISBN   979-11-5848-643-3   93370

* 책의 정가는 뒷표지에 있습니다.

문법교육학, 인간학의 새로운 지평을 꿈꾸다

문법교육과 인간

조진수 지음

(주)박이정

문법교육을 공부하고 연구하면서, 문법교육학자는 무엇을 연구하는지에 대한 질문을 자주 받았다. 문법을 연구하는 일과 문법교육을 연구하는 일이 어떻게 다른지 순수한 호기심에서 비롯된 질문도 있었고, 문법교육을 연구하는 것이 문법을 잘 가르치는 방법을 연구하는 것이라고 짐작하며 던진 질문도 있었다. 이런 질문을 받으며 길지 않은 기간이었지만 그간 수행해 온 문법교육 연구를 다시 돌아보게 되었다. 부족한 부분도 많지만, 그간 해 온 연구를 읽기 쉽게 다듬어 다른 사람들과 공유하는 것도 문법교육 연구에 대한 관심과 이해를 높이는 차원에서 의미 있는 일이라는 생각이 들었다.

이 책에 담긴 글들은 그간 문법교육을 연구하는 과정에서 썼던 논문을 선별하여 묶은 것이다. 전체 체계를 '1부 문법교육학, 인간 인식의 문제에 주목하다', '2부 문법교육학, 인간의 다층적 사유 방식을 탐구하다', '3부 문법교육학, 인간학의 새로운 지평을 꿈꾸다'로 세우고 각 연구들을 성격에 맞게 배치하였다.

제목에 사용된 '인간'이라는 단어는 3부에 사용된 '인간학'을 염두에 두고 선택한 것이다. 문법교육이 인간학적 성격을 띤다는 점은 3부 말미에 실은 '포스트휴먼 담론과 문법교육'이라는 글에서 다루었다. 그 글에서 미래 문법교육의 주요 내용은 인간의 문법 인식 방식을 포스트휴먼 혹은 인공지능의 문법 인식과 비교하면서, 인간 고유의 문법적 사고가 지닌 가치와 특성을 이해하도록 하는 데 있다고 주장하였다. 포스트휴먼에 관한 담론들을 보면 '휴먼'을 극복하려는 입장과 '인간'의 가치를 새롭게 인식하려는 입장 등 다양한 관점들이 있는데, 이 책에서는 인간의 가치를 새롭게 인식하려는 연구들을 지지하며 그러한 입장에서 문법교육의 문제들을 살펴보았다. 비록 3부 말미에 실린 글이지만 이러한 관점에서 이 책에 실린 다른 글들도 이해할 수 있다고 보고, 책의 제목을 '문법교육과 인간'으로 정하였다.

이 책의 각 장에는 저자가 문법교육을 공부하고 연구하는 과정에서 부딪혔던 여러 물음이 담겨 있다. 문법을 공부하는 학생들은 어떤 오개념을 지니고 있을까? 문법 전문가들의 머릿속에는 문법 개념들이 어떤 방식으로 연결되어 있을까? 문장의 정보구조에 어떠한 교육적 가치가 있을까? 학교 문법 용어를 어떻게 활용해야 문법 개념에 대한 이해가 깊어질까?

타동성에 왜 주목해야 할까? 국어사 교재를 추리소설처럼 집필해 보면 어떨까? 포스트휴먼 담론을 고려할 때 문법교육은 어떤 방향으로 나아가야 할까?

연구를 하면서 품었던 문제의식이 조금 더 잘 드러나기를 바라면서, 논문의 제목과 세부 목차의 일부를 물음의 형식으로 바꾸기도 하였고, 논문 형식에 맞게 썼던 딱딱한 문장을 간결하고 쉽게 다시 쓰기도 하였다. 아울러 각 장의 말미에는 '더 알아보기'라는 제목으로 본문에서 다룬 주요 개념과 쟁점에 대해 보충 설명하였다. 보충 설명 시 기존 논문의 각주 내용을 활용하되, 최근 공부하며 새롭게 알게 된 사실들도 추가하였다. 논문의 출처는 각 장 시작 부분의 각주에서 밝혀, 필요에 따라 원 논문을 확인할 수 있도록 하였다. 또한, 논문을 단행본의 성격에 맞게 수정하고 보완하여 싣는 것에 대해 원 논문이 실렸던 학회 측의 허가를 받았다. 논문을 수정·보완하여 단행본으로 내는 것을 허가해 준 학회측에 감사드린다.

이 책에 담긴 내용은 문법교육 연구의 여러 풍경 중 하나일 뿐이며, 문법교육학이 지니고 있는 여러 부면 중 극히 일부일 뿐이다. 문법교육 현상의 이론과 실제를 규명하기 위해 지금도 많은 연구가 이루어지고 있으며, 이 책은 이미 활발히 이루어지고 있는 문법교육학 연구 중 하나로서의 가치를 지닐 뿐이다.

끝으로 문법교육 연구자의 길을 갈 수 있도록 지도해 주신 민현식 선생님께 감사의 마음을 전하고 싶다. 선생님께서는 이미 『국어 문법 연구』의 머리말에서 "말의 연구는 인간의 근원을 탐구하는 인간학(人間學)"임을 천명하신 바 있다. 또한, 일일이 언급할 수는 없지만 문법교육학이 하나의 학문 분야로 정립될 수 있도록 연구하고 교육적 실천을 해 오신 선생님들께도 감사드린다. 아울러 이 책이 현재와 같은 모습으로 출판될 수 있도록 해 주신 박이정 출판사의 이기남 편집자와 김연진 디자이너, 그리고 박찬익 대표님께도 감사함을 전하고 싶다.

이 책이 문법교육의 발전에 아주 작은 도움이라도 되기를 바란다.

2022년 6월

조진수

| 차례 |

1부 문법교육학, 인간의 인식 문제에 주목하다

첫 번째 이야기. 문법을 배울 때 인간은 어떤 오개념을 갖게 되는가_ 11

1. 당연한 설명에 의문을 품다: "형태소가 홀로 쓰인다는 말의 의미는?" ·················· 12
2. 형태소의 '자립성'과 '의존성'은 어떻게 규정되어 왔는가 ························ 14
3. 학습자의 문법 오개념은 어떤 모습일까 ······································· 15
4. 학습자의 오개념을 고려하여 문법교육의 방향 설정하기 ···················· 25
5. 첫 번째 이야기를 마무리하며 ·· 31
[더 알아보기] ·· 32

두 번째 이야기. 인간의 문법 오개념을 인식론적 관점에서 설명한다면_ 35

1. 문법 오개념은 존재하는가 ·· 36
2. '문법 오개념'에서 '오(誤)'는 인식론적으로 어떤 의미를 지닐까 ·············· 38
3. 인식론적 정당화 방식에 따른 문법 오개념의 유형, 그리고 교육 방향 ········ 39
4. 두 번째 이야기를 마무리하며 ·· 47
[더 알아보기] ·· 49

세 번째 이야기. 전문가의 머릿속에는 문법 개념들이 어떤 방식으로 연결되어 있을까_ 53

1. 문법 개념은 망(網, network)을 이루고 있다 ································ 54
2. 전문가의 문법 개념망은 어떤 특징을 지닐까 ······························· 55
3. 어떤 방법으로 전문가의 문법 개념망을 밝혀낼 수 있을까 ·················· 56
4. 문법 개념에 대한 네트워크 분석 결과 살펴보기 ···························· 59
5. 세 번째 이야기를 마무리하며 ·· 74
[더 알아보기] ·· 75

2부 문법교육학, 인간의 다층적 사유 방식을 탐구하다

네 번째 이야기. 문장에 대한 인간의 인식도 다층적이다_ 81

1. '문장 확대' 교육에 대한 새로운 접근이 필요한 까닭 ················ 82
2. '문장 확대' 교육을 위해 꼭 필요한 생각들 ···················· 83
3. '문장 확대' 교육 내용은 다층적이다: '구조'에서 '기능', '장르', '이데올로기'까지 ····· 86
4. 네 번째 이야기를 마무리하며 ···························· 93
[더 알아보기] ···································· 95

다섯 번째 이야기. 인간의 인식은 통사구조에만 머물지 않는다_ 97

1. 문장의 정보구조에 주목해야 하는 이유 ···················· 98
2. 유표적 정보구조란 무엇인가 ···························· 99
3. 유표적 정보구조를 사용하는 이유는 무엇일까: '관형사절'의 사례 분석 ··········· 105
4. 다섯 번째 이야기를 마무리하며 ························· 112
[더 알아보기] ··································· 113

여섯 번째 이야기. 하나의 문법 용어, 다층적 표상 방식을 품다_ 117

1. 왜 문법 용어의 표상 방식인가 ······················· 118
2. 문법 용어, 어떻게 연구할 것인가 ······················ 120
3. '학교 문법 용어'는 문법 개념을 어떻게 표상하고 있는가 ·············· 123
4. 하나의 문법 용어에 존재하는 다양한 표상 유형들 ··············· 130
5. 여섯 번째 이야기를 마무리하며 ························· 136
[더 알아보기] ··································· 137

3부 문법교육학, 인간학의 새로운 지평을 꿈꾸다

일곱 번째 이야기. '타동성' 교육, 인간의 세상 이해 방식을 다시 생각게 하다_ 141

1. '자동사', '타동사' 구분이 문법교육적으로 어떤 의미가 있을까 ·················· 142
2. 문법 교과서에서는 '타동성'을 어떻게 다루어 왔는가 ························ 143
3. 문법교육에서는 '타동성'을 어떻게 다루어야 할까 ························ 150
4. 일곱 번째 이야기를 마무리하며 ································· 156
[더 알아보기] ··· 158

여덟 번째 이야기. 사람들이 추리소설을 좋아하는 이유, 그리고 국어사 교재_161

1. '국어사 지식의 개략화'에 대한 재고 필요성 ·················· 162
2. 국어사 교재를 추리소설적으로 집필할 수 있다고? ·················· 165
3. 국어사 교재, 이런 방식도 가능하다 ··························· 170
4. 여덟 번째 이야기를 마무리하며 ··························· 181
[더 알아보기] ··· 182

아홉 번째 이야기. 포스트휴먼 담론과 문법교육_ 184

1. 포스트휴먼 시대, 누가 문법교육의 대상이 되는가 ·················· 185
2. 포스트휴먼 시대의 문법교육, 인식론적 문제에 부딪히다 ·················· 189
3. 포스트휴먼 시대 문법교육이 나아가야 할 방향 ·················· 195
4. 마지막 이야기를 마무리하며 ··························· 201
[더 알아보기] ··· 203

01

문법교육학,
인간의 인식 문제에 주목하다

1부는 문법교육학이 학습자가 지닌 개념에 대한 관심에서 출발해야 한다는 생각을 담고 있다. 학습자들이 문법 개념을 어떻게 이해하고 있는지의 문제는 문법교육의 부수적 주제가 아니라, 문법교육학이라는 학문 체계 정립의 출발점이다. 아울러 이 문제는 근본적으로 인간이 문법 개념을 학습할 때 어떠한 오개념을 갖게 되는지를 탐구한다는 점에서 문법교육 연구가 갖는 인간학적 성격을 잘 보여준다.

1부에서는 이러한 관점에서 학습자의 문법 오개념 양상과 문법 오개념의 인식론적 문제를 다룬다. 더불어 전문가의 문법 개념 인식 양상에 관해서도 다룸으로써 문법교육학의 정립을 위해 학습자와 전문가의 문법 개념 인식 양상을 종합적으로 고려해야 함을 역설한다.

문법을 배울 때 인간은 어떤 오개념을 갖게 되는가[*]

형태소가 혼자 쓰인다는 것은 어떤 의미인가?
'혼자'라는 표현이 의미하는 바가 무엇인지에 대해 한 번이라도 의문을 품어 본 사람이라면,
이러한 의문이 소통되지 않는 문법 수업이 오히려 이상하게 느껴질 정도이다.
(본문 중에서)

---

[*] 1장은 한국문법교육학회 학술지 〈문법교육〉 21호(2014.8.)에 게재되었던 「형태소의 '자립성'과 '의존성'에 대한 학습자의 오개념 연구」를 이 단행본의 체제에 맞게 일부 수정하여 실은 것임.

1. 당연한 설명에 의문을 품다: "형태소가 홀로 쓰인다는 말의 의미는?"

형태소를 다루는 문법 수업의 흔한 레퍼토리

형태소를 다루는 문법 수업에서, 형태소의 유형은 빠지지 않고 등장한다. 대부분의 교과서에서 형태소의 정의를 언급한 후에는 '실질 형태소'와 '형식 형태소', '자립 형태소'와 '의존 형태소'를 언급한다. 이러한 분류에서 자립 형태소는 '혼자 쓰일 수 있는 형태소'로, 의존 형태소는 '다른 말에 기대에 쓰이는 형태소'로 규정된다.

예를 들어, "하늘이 맑다."라는 문장을 보자. '하늘'은 혼자 쓰일 수 있으므로 자립 형태소이고, 조사 '이'와 용언 어간 '맑-'과 어미 '-다'는 홀로 쓰일 수 없고 다른 말에 기대에 쓰이므로 의존 형태소라는 설명이 제시된다. 교수 경험이 많은 국어 선생님이라면 '맑-'과 같은 용언 어간을 예로 들어 실질 형태소이지만 자립 형태소는 아닌 경우도 있으니 주의해야 한다는 설명도 잊지 않는다. 실질 형태소이지만 자립 형태소가 아니라 의존 형태소인 경우도 있다는 점을 학생들이 많이 혼동하기 때문이다.

이러한 수업 장면은 문법교육이 소위 '딱 떨어지는' 내용을 다룬다는 인상을 주기에 모든 조건을 갖춘 듯하다. 개념에 대한 '깔끔한' 정의를 제시하고, 유형별 '딱 들어맞는' 사례를 들고 있기 때문이다. 게다가 예상되는 학습자의 오개념에 대한 고려까지 하고 있어 교사는 더 이상 설명할 것도, 학습자는 더 이상 질문할 것도 없어 보인다.

'혼자 쓰인다'라는 말의 의미를 묻다

이러한 수업은 아무 문제가 없을까? 자립 형태소의 개념 정의 중 '혼자 쓰인다'는 말의 의미를 묻는 것만으로도 이러한 수업이 완벽하지 않음을 알 수 있다. 형태소가 혼자 쓰인다는 것은 어떤 의미인가? 다른 것 없이 그 형태소 하나만으로 문장이 성립된다는 뜻인가? 아니면 여러 개의 형태소가 존재하는 문장에서 하나의 독립된 언어 단위로서 기능한다는 뜻인가? 만일 후자라면 언어 단위로서의 독립성은 어떤 차원의 문제인가? '혼자'라는 표현이 의미하는 바가 무엇인지에 대해 한 번이라도 의문을 품어 본 사람이라면, 이러한 의문이 소통되지 않는 문법 수업이 오히려 이상하게 느껴질 정도이다.

이러한 의문은 자연스럽게 자립 형태소와 의존 형태소 개념에 내재한 '자립성'과 '의존성'

에 대해 학습자가 어떠한 오개념을 가지고 있는지에 관한 물음으로 이어진다.[더 알아보기 1] 사실 이러한 물음은 지금까지 중등학교 문법교육 현장과 문법교육 연구에서 충분한 관심을 받지 못하였다. 자립 형태소와 의존 형태소의 정의를 외우는 것을 그 개념을 아는 것으로 오인하여, 정의를 외운 학습자가 오개념을 형성하고 있을 것이라는 생각을 하지 못했기 때문이다.

이러한 이유로 개념 자체에 대한 근본적 고민보다 해당 용어와 구체적 사례를 연결 짓는 과정에서 발생하는 오류를 교정하는 대증적(對症的) 처방을 더 고민하는 불합리한 사태가 지속되어 왔다. 따라서 형태소가 어떤 유형에 해당하는지 판단하는 데 사용되는 분류적 지식 차원의 오개념 문제를 논의하기에 앞서 자립 형태소, 의존 형태소라는 용어에 내재한 자립성과 의존성의 개념에 관해 학습자들이 어떠한 오개념을 형성하고 있는지에 대한 본질적 차원의 논의가 필요하다.

실질 형태소와 형식 형태소의 개념이 단어 형성법을 설명할 때 어근 및 접사와 관련하여 활발히 활용되는 것과 대조적으로, 자립 형태소와 의존 형태소 개념은 형태소의 하위 유형으로 제시된 이후 다시 언급되는 일이 거의 없다는 점도 주목해야 할 부분이다. 이러한 사실은 "단어 형성법 이해에 별다른 기여를 하지 않아 보이는 자립 형태소와 의존 형태소의 개념을 단어 형성법 단원에서 다루어야 하는 이유가 무엇인가?"라는 물음으로 이어진다. 교육과정 개편으로 성취 기준 차원에서 형태소의 개념이 갖는 위상이 조정되면서[더 알아보기 2] 그간 형태소를 다룰 때 관행적으로 제시되었던 자립 형태소와 의존 형태소 개념의 문법교육적 가치가 의문의 대상으로 부각된 것이다. 도대체 자립 형태소와 의존 형태소의 분류는 왜 하는 것이고, 이때의 자립성과 의존성의 문법교육적 가치는 무엇인가?

이 글에서는 이러한 두 가지 문제의식을 중심으로 형태소의 자립성과 의존성 개념에 대한 학습자의 오개념 양상과 형성 요인을 분석하고, 이를 바탕으로 이 두 개념의 문법교육적 가치와 교육 방향에 대해 이야기한다.

2. 형태소의 '자립성'과 '의존성'은 어떻게 규정되어 왔는가

블룸필드와 니다의 생각

이정택(2010:32-33)에 따르면 자립 형태소와 의존 형태소라는 용어의 기원은 블룸필드(Bloomfield, 1933)에서 찾을 수 있다. 블룸필드는 'Johnny, Billy, Danny'의 '-y[-ij]', 'playing, dancing'의 '-ing[-iŋ]'과 같이 '결코 단독으로 발화될 수 없는 언어적 형태를 '의존 형태'로 규정하고 그 외 나머지 것을 '자립 형태'로 규정하였다. 따라서 블룸필드에서 '자립'과 '의존'의 개념은 단독 발화 가능성과 관련됨을 알 수 있다.

니다는 의존 형태소와 자립 형태소라는 용어를 사용하여 전자를 '결코 독립적으로 나타나지 못하며 보통의 담화에서 홀로 발음되지 않는 것'으로, 후자를 '독자적으로 발음될 수 있는 형태소'로 보았다(Nida, 1949, 김진형 역, 2000:171).

블룸필드와 니다는 모두 '단독 발화 가능성'을 형태소의 자립과 의존 개념을 구분하는 기준으로 사용했다는 공통점이 있다. 그러나 랭애커는 자립 형태소를 '홀로 독립적인 단어로 설 수 있는 것'으로 정의하고 의존 형태소는 '그 외 나머지 것'으로 처리하였다(Langacker, 1968:73).[더 알아보기 3] 이는 자립 형태소와 의존 형태소의 분류 기준으로 '단독 단어 성립 가능성'1을 제시한 것으로 앞서 블룸필드와 니다가 제시된 기준인 (문장 내) 단독 발화 가능성'과는 차이가 있다.[더 알아보기 4]

통사론적 차원과 형태론적 차원 구분하기

민현식(1994)은 문법교육적 관점에서 형태소의 자립성과 의존성의 개념 정의 문제를 지적하였다. 예를 들어, '의존적으로 쓰이면 의존 형태소'라고만 정의하면 의존 명사나 관형사처럼 통사구조상 의존적으로 쓰이는 것들도 의존 형태소에 해당하는 것으로 학습자들이 잘못 이해할 수도 있다는 것이다. 이러한 문제를 해결하기 위해서는 통사론적 차원과 형태론적 차원을 구분하여 의존 형태소가 형태론적 차원인 단어조어법의 문제임을 분명히 전제하고 지도해야 한다고 주장하였다.

---

1. 형태소의 자립성 개념을 단독 단어 성립 가능성과 관련짓는 것은 이정택(2010)의 지적대로 한국어에서는 단어로 분류되는 항목들 중 혼자 발화될 수 없는 경우가 적지 않기 때문에 문제가 된다.

형태론적 차원과 통사론적 차원의 구분 문제는 국어학 연구에서도 꾸준히 논의되어 왔다. 최웅환(2008)에서도 '의존'과 '자립'이라는 용어가 형태론적 차원에서뿐만 아니라 구문론적 차원에서 이해될 수 있다는 점을 지적하였고, 고영근·구본관(2008)에서도 형태론적 차원과 통사론적 차원을 구분하여 형태론적 차원에서 의존 명사는 자립 형태소에 속한다고 처리하였다. 황화상(2013)에서도 의존 명사가 자립 형태소에 해당한다는 점을 밝히고, 명사를 자립 명사와 의존 명사로 구분하는 것은 통사론적 자립성 유무에 의한 것임을 언급하고 있다.[더 알아보기 5]

형태소의 자립성과 의존성 개념에 대한 선행 연구 검토를 통해 '(문장 내) 단독 발화 가능성' 또는 '단독 단어 성립 가능성'이 정의의 기준으로 사용된다는 점과, 형태론적 차원과 통사론적 차원의 구분이 이루어지지 않을 때 오개념이 발생할 수 있다는 점이 확인된다. 전자는 오개념 판단의 근거가 되고, 후자는 학습자의 실제 수행 양상을 근거로 오개념 양상을 확인해야 할 연구사적 필요성이 존재함을 보여준다.

3. 학습자의 문법 오개념은 어떤 모습일까

학습자 오개념, 어떻게 밝혀낼 것인가

형태소의 자립성과 의존성에 대한 학습자의 오개념을 어떻게 확인할 수 있을까? 우선 국어 과목에서 관련 내용을 학습한 고등학생을 연구 참여자로 선정하였다.[더 알아보기 6]

오개념 확인 방법으로는 김호정 외(2009)에서 오개념 진단 방법으로 제시한 '선택 후 설명법'을 사용하였다.[더 알아보기 7] 객관식 문항을 제시하면서 선택의 이유도 함께 서술하게 하면, 양적 결과를 서술된 설명을 통해 해석할 수 있다는 장점이 있기 때문이다.

선택 후 설명법의 타당성을 높이기 위해서는 사전 검사를 통해 학생의 다양한 응답 유형을 파악하여 이를 선택형 답지에 반영하는 작업이 필요하다.(김호정 외, 2009:31) 사전 검사에서는 A 고등학교 2, 3학년 학습자를 대상으로 자립 형태소의 개념 정의에 사용되는 '문장에서 혼자 쓰일 수 있는'이라는 표현과 의존 형태소의 개념 정의에 사용되는 '다른 말에 붙어 쓰이는'이라는 표현이 어떤 뜻인지 쓰게 하였다. 사전 검사를 통해 나타난 오개념 유형과 선행연구에서 지적하고 있는 유형을 더하여 선택형 답지로 구현하였다. 또, 사전 검사에 나타나지 않아 선택형 답지에서 누락된 오개념 포착을 위해서 선택지 중 '기타' 항목을 설정하여 학습자가 직접 자신의 생각을 쓸 수 있게 하였다.

오개념 검사지에는 본격적인 문항을 제시하기 전에 자립 형태소와 의존 형태소에 대한 정의와 구체적 사례를 먼저 제시하였다. 이 연구가 학습자가 형태소의 자립성과 의존성 개념을 언어적으로 진술할 수 있는지를 확인하는 데 있지 않고, 언어적으로 진술된 두 개념에 대한 학습자의 오개념을 확인하는 데 있기 때문이다. 문항은 형태소의 자립성과 의존성의 의미에 해당하는 선지를 선택하고 그 이유를 쓰는 문항과, 의존 명사가 자립 형태소와 의존 형태소 중 어느 쪽으로 분류되는지를 선택하고 그 이유를 쓰게 하는 문항으로 구성하였다.

[더 알아보기 8]

학습자들은 어떤 오개념을 가지고 있었을까

자립 형태소의 '자립' 개념, 즉 '혼자 쓰일 수 있는'에 대한 학습자의 오개념은 〈표 1-1〉과 같은 양상을 보였다. 〈표 1-1〉에서 '형태소의 자립성을 문장 성립 차원과 관련짓는 유형', '형태론적 차원과 통사론적 차원을 혼동하는 유형', '자립성을 의미 차원의 개념으로 혼동하는 유형' 모두 높은 비율로 나타난다.[2]

표 1-1. 형태소의 '자립성'에 대한 오개념 유형별 비율

오개념 유형	검사지상의 선택지 제시 내용	빈도	비율
[유형 1] 단독으로 문장 성립이 가능함	다른 단어 없이 하나의 단어로 문장을 이룬다. 예) "너 무얼 보고 있니?" "하늘."	41	53.93
[유형 2] 형태론적 자립성과 통사론적 자립성 혼동	꾸며주는 말의 도움 없이도 문장에서 사용될 수 있다. 예) 멋진 차를 샀다. / 차를 샀다. → '차'는 꾸며주는 말 없이도 문장에서 사용될 수 있으므로 자립 형태소이다.	32	42.11
[유형 3] 실질 형태소와의 혼동	단독으로 실질적인 뜻을 가질 수 있다.	39	51.32

(복수 응답 허용, 빈도: 명, 비율: %)

유형 1은 '혼자 쓰일 수 있는'으로 정의된 형태소의 자립성을 하나의 형태소만으로 문장을

---

2. 형태소의 자립성, 의존성 각각에 대해 학습자가 복수의 오개념을 형성하고 있을 수 있기 때문에 검사지에서는 복수의 응답을 허용하고 다중응답분석을 하였다. 예를 들어, [유형 1]의 비율이 53.93%라는 것은 전체 표집 대상 학습자 중 53.93%가 [유형 1]에 해당하는 오개념을 가지고 있음을 의미한다.

구성할 수 있다는 의미로 잘못 이해하는 경우이다. 유형 2는 자립의 의미를 수식어와 같은 특정 문장 성분을 필수적으로 요구하지 않는다는 통사적 차원으로 이해하는 경우이다. 즉, 유형 1과 유형 2는 자립 형태소의 개념 진술에 통상적으로 사용되는 '혼자 쓰일 수 있는'이라는 표현의 의미를 문장 구성 차원과 통사론적 차원으로 잘못 이해하고 있는 것이다.[3] 이는 학습자들이 서술한 내용에서도 확인할 수 있다.

유형 1. 학습자들의 서술 내용
· 자립형태소는 혼자 쓰일 수 있는 것이니까 한 단어로 문장을 이룰 수 있고
· 개념 그대로 '혼자 쓰일 수 있는'이므로 다른 단어의 도움 없이 문장을 이룰 수 있고

유형 2. 학습자의 서술 내용
· 혼자 쓸 수 있다는 것이 다른 것에 의존하지 않고 쓰일 수 있다는 것이기 때문이다.
· 일정한 뜻을 가진 가장 작은 말의 단위 중 혼자 쓰일 수 있는 말이므로 문장 안에서 꾸며주는 말을 없애도 혼자 뜻을 그대로 가지고 있으면 되는 것이라 생각한다.

많은 학생들이 자립 형태소에 사용된 '자립'의 개념이 형태론적 차원의 것임을 인식하지 못하고 있다. '혼자 쓰일 수 있는'이라는 표현이 어떠한 층위에서 이루어지는 것인지 인식하지 못했기 때문에, 자의적인 해석에 의존하여 자립성의 개념을 파악할 수밖에 없는 것이다. 자립성 개념의 경우 문법 개념을 전체 구조 속에서 이해하는 구조적 이해력(김은성 외, 2007:3-4)이 제대로 형성되어 있지 않음을 확인할 수 있다. 이러한 상황은 형태소의 의존성에 대한 학습자 오개념의 경우에도 크게 다르지 않다.

표 1-2. 형태소의 '의존성'에 대한 오개념 유형별 비율

오개념 유형	검사지상의 선택지 제시 내용	빈도	비율
[유형 1] 단독으로 문장 성립이 가능하지 않음	홀로 문장을 이룰 수 없다.	45	63.38
[유형 2] 형태론적 의존성과 통사론적 의존성 혼동	꾸며주는 말의 도움이 있어야만 사용될 수 있다.	26	36.62
[유형 3] 형식 형태소와의 혼동	단독으로 실질적인 뜻을 가질 수 없고 형식적인 의미만 가지고 있다.	24	33.80

(복수 응답 허용, 빈도: 명, 비율: %)

---

3. 이 글에서는 형태소 분류 기준 간의 간섭으로 인해 형성된 유형 3보다는, 자립성의 개념 정의 자체와 관련된 오개념으로 판단되는 유형 1, 유형 2에 초점을 두어 논의한다.

〈표 1-2〉의 유형 1 또는 유형 2를 선택한 학습자들이 서술한 선택 이유를 보면, 형태소의 의존성 개념이 어떤 층위에서 논의되는 것인지에 대한 인식이 부족함을 알 수 있다.

유형 1. 학습자의 서술 내용
· 홀로 문장을 이룰 수 없기 때문에 의존 형태소라는 개념이 생겼기 때문에
· '의존형태소'의 개념 자체가 다른 말에 기대어 쓰는 것이기 때문에 홀로 문장을 이룰 수 없다.

유형 2. 학습자의 서술 내용
· '기대어 쓰는'이니깐 혼자서는 의미가 부족하고 다른 것에 의존해야 의미가 완벽해지는 것으로 생각했기 때문이다.
· 의미가 통하게 수식이 있어야 함.

학습자들은 자립성의 경우와 마찬가지로 '다른 말에 기대어 쓰이는'이라는 표현에 대한 자의적 해석을 바탕으로 의존성의 개념을 설명하였다. 이러한 문제는 의존 명사의 의존성이 형태론적 차원이 아니라 통사론적 차원의 개념임을 인식하는지를 확인하기 위한 문항에서도 나타난다.

대다수의 학습자들이 의존 명사에 사용된 '의존'의 개념과 '의존 형태소'에 사용된 '의존'의 개념이 다른 차원의 것임을 인지하지 못하고 둘을 동일한 것으로 생각하는 오개념을 형성하고 있었다. 학습자들이 서술한 내용에서 오개념의 양상을 좀 더 구체적으로 확인할 수 있다.

· 의존 명사니까 의존형태소
· 의존형태소와 의존 명사가 비슷하기 때문이다.
· 의존 명사는 혼자 사용 못하므로 자립 형태소는 될 수 없다.
· 관형어가 있어야만 문장에서 쓰일 수 있기 때문

서술 내용을 보면 많은 학습자들이 의존성이 작용하는 문법적 층위가 다를 수 있다는 점은 고려하지 못한 채, 의존 형태소와 의존 명사에 사용된 '의존'이라는 표현의 유사성에 근

표 1-3. 의존 명사의 형태론적 자립성 인식 양상

유형	검사지상의 선택지 제시 내용	빈도	비율
정개념	자립 형태소	6	9.68
오개념	의존 형태소	56	90.32

(빈도: 명, 비율: %)

표 1-4. 형태소의 '자립성'과 '의존성' 대한 정개념 인지 비율

구분	정개념 유형	검사지상의 선택지 제시 내용	빈도	비율
자립성	[유형 1] 단독으로 단어 성립 가능(조사 예외)	단독으로 단어가 될 수 있다. 단, 조사는 단독으로 단어가 될 수 있어도 자립 형태소가 아니다.	40	52.63
	[유형 2] 문장 내 단독 발음 가능	말을 할 때 문장에서 단독으로 발음될 수 있다.	15	19.74
의존성	[유형 1] 단독으로 단어 성립 불가(조사 예외)	단독으로 단어가 될 수 없다.	38	53.52
	[유형 2] 문장 내 단독으로 발음 불가	말을 할 때 문장에서 단독으로 발음될 수 없다.	21	29.58

(복수 응답 허용, 빈도: 명, 비율: %)

거하여 자의적인 해석을 내리고 있음을 알 수 있다.

학습자들의 오개념이 말해주는 사실

다음으로 형태소의 자립성과 의존성에 대한 정개념의 유형별 인지 비율은 〈표 1-4〉와 같이 나타났다.

형태소의 자립성과 의존성에 대한 정개념 인지 비율은 두 가지 점에서 흥미롭다.

첫째, 정개념 중 단독 단어 성립 가능성과 관련된 유형 1의 인지 비율이 다른 오개념만큼 높다. 단독 단어 성립 가능성은 랭애커(Langacker, 1968:73)의 정의를 따른 것인데, 학교문법에서 의존 형태소인 조사를 단어로 처리하기 때문에 이러한 정의 방식에는 복잡한 국어학적 쟁점이 얽혀 있다. 민현식(1994:121)에서는 '이런 문제가 국어에서 조사의 특수한 성격 때문에 나타나는 현상'이라는 관점에서 지도해야 한다고 지적했고, 이정택(2010:35)에서는 조사가 단어로 분류되지만 의존 형태소라는 점을 들어 랭애커의 정의 방식이 혼란을 야기할 수 있다고 보았다.

그렇다면 복잡한 국어학적 쟁점을 안고 있는 유형 1의 인지 비율이 높은 이유는 무엇일까? 학습자들이 '혼자 쓰일 수 있는', '다른 말에 기대어 쓰이는'과 같은 언어적 표현에 대한 개인적 해석에 근거하여 오개념을 형성하였다는 점을 고려하면, '단독 단어 성립 가능성' 역시 이러한 언어적 표현이 유도하는 자의적 해석 중 하나로서 존재한다고 추측해 볼 수 있다.

두 번째로 흥미로운 점은 '(문장 내) 단독 발화 가능성'과 관련된 정개념인 유형 2의 인지

비율이 유형 1의 인지 비율에 비해 현저히 낮다는 점이다. 이는 구조주의 언어학에서 자립 형태소와 의존 형태소의 개념이 애초에 단독 발화 가능성을 기준으로 확립되었다는 점을 고려할 때 놀라운 현상이다.

그렇다면 단독 발화 가능성과 관련된 선택지인 "말을 할 때 문장에서 단독으로 발음될 수 있다."와 "말을 할 때 문장에서 단독으로 발음될 수 없다."를 택한 학생의 비율이 현저히 낮은 이유는 무엇일까? 학습자들이 서술한 내용을 통해 그 이유를 추정해 볼 수 있다.

- 발음으로만 판단하기 모호한 것 같다.
- 의존명사는 띄어쓰기 할 수 있으므로 자립 형태소이다.
- '문장에서 혼자 쓰일 수 있는 것'은 띄어쓰기로 구분되어 있는 형태소, '다른 말에 붙어 쓰이는 것'은 띄어쓰기로 구분되지 않아 있는 형태소
- 의존명사는 자립 형태소(띄어 쓰여짐), 조사는 의존 형태소(띄어 쓰여지지 않음)

학습자들의 서술 내용을 토대로 형태소의 '형태'가 '표기' 차원의 것이라는 오개념 때문에 형태소의 자립성과 의존성을 발화 차원과 관련짓지 못하고 있을 가능성을 생각해 볼 수 있다. 니다(Nida, 1949; 김진형 역, 2000:34-35)에서는 형태소에 대한 기술적 분석(descriptive analysis)은 사람들이 말하는 것에 근거를 두어야 한다는 원리를 명시하고, 언어의 문어 형태는 기술 언어학자에게 전적으로 부차적이고 사실상 매우 무관하기 때문에 분석 시 표기에 현혹되어서는 안 된다는 점을 강조하였다. 구조주의 언어학에서도 이러한 지적이 존재했다는 점을 고려하면, 학습자가 발화 가능성과 형태소의 자립성·의존성 개념을 잘 관련짓지 못하는 것은 근본적으로 형태소의 '형태'를 표기 차원에 귀속시키는 오개념을 가지고 있기 때문일 가능성이 높다.

오개념은 다층적 구조물이다

오개념 간의 이러한 영향 관계를 바탕으로, 학습자의 오개념은 표면에 드러난 것이 전부가 아니라 표면에 드러난 오개념 형성의 원인이 되는 또 다른 오개념이 존재한다는 가정을 해 볼 수 있다. 즉, 학습자의 오개념은 다층적 구조를 띤다는 것이다. 이를 다음과 같이 도식화할 수 있다.

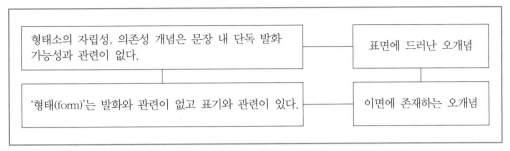

그림 1-1. 오개념의 다층적 구조 일부 예시

〈그림 1-1〉은 형태소의 자립성·의존성에 관한 학습자의 오개념 중 문장 내 단독 발화 가능성과 관련된 일부 구조만을 도식화한 것으로, 학습자의 오개념이 다층적 속성을 띠고 있음을 보여준다. 오개념의 다층적 속성은 오개념에 대한 교육적 접근이 표면에 드러난 오개념만을 대상으로 해서는 안 된다는 점을 시사한다. 즉, 오개념에 대한 연구는 표면에 드러난 오개념에 대한 피상적 접근에 그쳐서는 안 되고 학습자의 오개념의 전체 구조를 고려하여 이루어져야 한다.

학습자 측면 살펴보기

형태소의 자립성과 의존성에 대한 오개념 형성 이유로 문법 영역의 전문어를 일상어 차원에서 수용하려는 경향을 들 수 있다. 학습자들의 서술 내용을 살펴보면 '자립'과 '의존'이 문법 영역에서 사용되는 전문어라는 인식 없이 일상적 의미에 근거하여 해석하려는 경향이 나타났다.

- 실생활에서 이렇게 쓰임
- '혼자'라는 어감이 '단독'이라는 느낌을 많이 주어서
- 의존하니까
- '기대어' 쓰인다는 것은 혼자서는 기능을 하지 못한다는 뜻이므로
- 같이 있어야 말이 되는 게 의존이다.

이러한 오개념은 특히 일상생활에서 친숙하게 사용되는 용어가 학문 영역에서 특별한 의미로 사용될 때 자주 나타난다(윤성규 외, 2007:45-46). '자립'과 '의존'은 일상생활에서 흔히 사용되는 단어로 표준국어대사전에 따르면 각각 '남에게 예속되거나 의지하지 아니하고 스스

로 섬', '다른 것에 의지하여 존재함'의 뜻을 가지고 있다. 자립과 의존이 일상생활에서 친숙하게 사용되는 단어이기 때문에 이 단어가 문법 영역에서 특수한 의미를 갖는다는 점을 인식하지 못하고 일상적 의미에 근거하여 해석하는 경향을 보였다고 할 수 있다.

다른 문법 용어에 비추어 '잘못된 추론'을 한 사례도 있었다. 이러한 요인이 존재한다는 사실은 특히 의존 명사가 자립 형태소인지 의존 형태소인지를 묻는 문항에 대한 학습자의 서술에서 잘 드러났다.

> · 의존형태소의 개념대로 다른 말에 기대어 쓰이기 때문에
> · 의존형태소와 의존 명사가 비슷하기 때문이다.
> · 의존 명사니까 의존형태소

위의 학습자들은 '의존 명사'와 '의존 형태소'가 '의존'이라는 용어를 포함하고 있다는 공통점이 있으므로, '의존'이라는 용어가 동일한 개념으로 사용되었을 것이라는 잘못된 추론을 하였다. 추론상의 논리적 오류는 형태론적 차원의 의존성과 통사론적 차원의 의존성을 혼동하는 결과를 초래한다.

환경 측면 살펴보기

대부분의 문법 수업은 교과서를 바탕으로 이루어진다. 따라서 오개념 형성의 학습자 외적 요인은 교과서 표상 차원에서 찾을 필요가 있다.[4] 우선 교과서에서 자립 형태소와 의존 형태소를 다루는 방식을 보면 '용어-정의-사례'의 구조로 개념이 설명되고 있음을 알 수 있다.

이러한 표상 방식을 그대로 따라간다고 할 때, 학습자는 자립 형태소와 의존 형태소의 정의를 접한 후 사례를 통해 정의의 의미를 이해하게 될 가능성이 크다. 즉, 학습자는 자립 형태소를 정의하는 데 사용된 '혼자 쓰일 수 있는'이라는 언어적 표현이 의미하는 바에 대한 진지한 성찰의 경험을 갖기보다는 용어에 해당되는 사례를 아는 것에 그치게 되는 것이다.[5] '의존'의

---

4. 남가영(2013:6-7)에서는 문법 수업이 주로 교과서에 의존하여 이루어진다는 교사들의 인터뷰 내용을 토대로, 교과서의 구성과 진술 방식에서 오개념을 초래하는 요인을 찾고 있다.
5. 사례는 문법 개념의 학습에서 매우 중요한 요소이다. 이 글의 논점은 개념에 대한 학습이 용어와 사례의 대응 수준으로 제한되는 현상을 비판하는 데 있다. 교수·학습에서 사례 제시의 문제에 대해서는 박인규(2013)를 참조할 수 있다.

표 1-5. 자립 형태소와 의존 형태소의 교과서 표상 사례

단원	내용	비고
5. 우리말 단어 들여다보기 (1) 단어의 짜임	형태소에는 혼자서 쓰일 수 있는 자립적인 것과, 혼자서는 쓰이지 못하고 항상 다른 말과 함께 쓰이는 의존적인 것이 있다. '배, 나무, 종, 소리' 등은 혼자서도 쓰일 수 있는 형태소이고, '덮-, -개'는 혼자서 쓰이지 못하고 '덮다', '덮고', '지우개', '베개'처럼 다른 말과 어울려서만 쓰이는 형태소이다.	남미영 외(2010), 교학사, 중학교 생활국어 2-1
2. 여러 가지 단어 (1) 국어의 단어 형성법	형태소는 홀로 쓰일 수 있는 형태소와 홀로 쓰일 수 없는 형태소로 나눌 수 있습니다. '나무 끝의 새 같다'에서 홀로 쓰일 수 있는 형태소는 '나무', '끝', '새'입니다. 이들은 명사로서 독립적으로 사용되는 말입니다. 한편 '의', '같-', '-다'는 홀로 쓰일 수 없는 형태소입니다. '의'는 조사로서 항상 앞말에 붙어서 쓰입니다. '같-', '-다'는 용언의 어간과 어미로서 이 둘도 서로 결합되어야 쓰일 수 있습니다.	이용남 외(2010), 지학사, 중학교 국어 2-1

경우 역시 마찬가지이다. 따라서 문법 개념에 대한 학습자의 앎이 용어와 사례의 대응을 넘어 보다 본질적인 차원에서 구성될 수 있도록 교과서의 표상 방식이 조정될 필요가 있다.

자립성과 의존성이 형태론적 차원과 통사론적 차원에서 각각 다른 의미를 지닌다는 점을 다룰 자리가 교과서에 마련되어 있지 않다는 점도 오개념 형성의 요인으로 지적할 수 있다. 자립 형태소와 의존 형태소는 단어 형성법 단원에서 다루어지고, 통사론적 의존성이 용어 표상 차원에서 드러나는 의존 명사는 주로 품사 단원에서 다루어진다. 이처럼 언어 단위를 중심으로 교과서의 단원이 편성되어 있어, 자립성과 의존성이 언어학적 층위에 따라 다른 의미를 갖는다는 점을 교과서에서 다루기 어렵다.

자립성과 의존성의 형태론적 차원과 통사론적 차원의 구분 문제는 단순히 자립 형태소, 의존 형태소, 의존 명사에 국한된 것이 아니다. 의존 명사를 의존 형태소로 착각하게 되면 관형사, 부사도 의존 형태소가 아닌가 하는 생각을 하게 될 수 있다. 관형사, 부사와 같은 수식언은 꾸밈을 받는 말을 필요로 하기 때문이다.

국어 문법에서 형태소의 자립성과 의존성 개념이 가진 내적 복잡성도 오개념 형성의 요인으로 작용한다. 학교 문법에서 조사는 의존 형태소이지만 단어로 간주되기 때문에, 단독 단어 성립 가능성만으로 형태소의 자립성과 의존성을 규정하기 어렵다. 학습자에게 형태소의 자립성과 의존성이 단어 내부의 문제를 다루는 형태론적 차원의 개념임을 알려주고, 동시에 조사가 단독으로 단어를 형성하지만 의존 형태소라는 점을 알려준다면 학습자가 혼란스러워 할 가능성이 높다. 조사가 단독으로 단어가 될 수 있다면 선행 요소와 조사와의 결

합은 형태론적 차원의 문제가 아니므로 조사를 자립형태소로 보는 것이 타당하다고 느낄 수 있기 때문이다.

물론 이러한 문제는 단어를 어떻게 정의하느냐에 따라 일부 해소될 수도 있다. 단어를 음운론적 차원과 통사론적 차원으로 나누어 '음운론적 단어(phonological word)'[더 알아보기 9]와 '통사 원자'로 구분한 논의가 박진호(1994)에서 이미 이루어졌다. 최웅환(2008:7-13)에서는 '음운론적 단어' 개념을 수용하여, 음운론적 단어 내의 각 구성 요소들이 조어론적 결합 관계를 가질 수 있다는 점에 주목하여 조사를 형태론적 차원의 의존성을 가진 요소로 분석하였다.

그러나 단어라는 개념의 다층적 속성을 고려하여 음운론적 단어의 개념을 도입하는 것은 학생들에게 지나친 인지적 부담을 지우는 것이 될 우려가 있다. 이처럼 형태소의 자립성과 의존성 개념은 특히 조사의 처리와 관련하여 매우 복잡한 양상을 띠고 있어 학습자가 쉽게 이해하기 어려운 측면이 있다.

의존 명사를 관점에 따라 통시적으로는 형태론적 의존성을 획득하는 과정에 놓인 것으로 볼 수 있다는 점도 개념의 내적 복잡성 중 하나이다. 시정곤(2008:108)에서는 파생접사화 과정을 다음과 같이 제시하고 있다.

시정곤(2008)에서 설정하고 있는 '준접미어'는 '자립성은 많이 상실했지만 아직까지 접미사로는 완전히 굳어지지 않은 형태'를 말하는 것으로 '의미 차이를 보이지 않으면서 의존 명사와 접미사로 사용되는 단일 형태'를 가리킨다. 시정곤(2008:111)에서는 준접미어에 해당되는 예로 '년, 댁, 거리, 결, 석'을 제시하고 있다. 물론 의존 명사가 통시적으로 형태론적 의존성을 갖는 방향으로 바뀌고 있다는 주장을 수용하더라도,[6] 공시적으로 의존 명사가 갖는 의존성이 통사론적인 것이라는 점은 변하지 않는다.

이처럼 자립성과 의존성은 다른 문법적 개념과 복잡하게 얽혀 있는 개념이기 때문에, 전

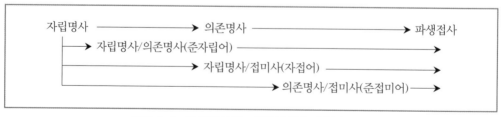

그림 1-2. 파생접사화 과정(시정곤, 2008:108)

---

6. 이러한 지적은 문법화(grammaticalization) 관련 논의에서 확인할 수 있다. 형태소의 문법화에 대한 연구사적 정리는 구본관(2002:12-13) 참조.

체 문법 개념 체계 내에서의 조망 없이 '용어-정의-사례'의 방식으로 해당 개념만을 파편적으로 제공하는 것은 바람직하지 않다. 이상의 논의를 종합하면, 자립성과 의존성에 대한 오개념 형성 요인을 다음과 같이 정리할 수 있다.

> **형태소의 자립성, 의존성에 대한 오개념 형성 요인**
> 1) 학습자 요인
>   - 문법 영역의 전문어를 일상어 차원으로 수용함.
>   - 잘못된 추론에 의해 형태론적 차원과 통사론적 차원을 혼동함.
> 2) 환경 요인(학습자 외적 요소)
>   - 교과서 표상 차원
>   - 개념에 대한 구조적 차원의 조망 없이 해당 개념만 '용어-정의-사례'의 구조로 제시함.
>   - 형태론적 차원과 통사론적 차원에서의 의미 차이를 다룰 수 있는 자리가 마련되어 있지 않음.
>   - 개념의 내적 복잡성

4. 학습자의 오개념을 고려하여 문법교육의 방향 설정하기

'자립성'과 '의존성'의 문법교육적 가치

학습자의 오개념 분석을 바탕으로 자립성과 의존성의 교육 방향을 설정하기 위해서는 "문법교육에서 자립성과 의존성은 교육 내용으로서 어떤 가치를 지니는가?"와 같은 근본적인 문제를 짚어 보아야 한다. 이 글에서는 학습자의 오개념 분석 결과를 토대로 자립성과 의존성의 문법교육적 가치를 다음의 두 가지로 정립하고자 한다.

첫째, 자립 형태소와 의존 형태소는 형태소의 하위 유형으로서보다는 '학습자가 형태소의 개념을 구성하는 과정에 동원되는 개념'으로서 문법교육적 가치가 크다.

국어학은 문법 체계를 수립하는 것 자체를 목적으로 삼기 때문에, 국어학 저서에서는 형태소의 정의를 제시한 후 하위 유형으로 실질 형태소와 형식 형태소, 자립 형태소와 의존 형태소를 제시할 수 있다. 그러나 문법교육은 국어학의 연구 성과를 요약 정리하여 학습자에게 전달하는 것을 목적으로 삼지 않는다. 즉, 국어학 저서에 정리된 문법 개념이 '도관을 따라' 학습자의 내부로 흘러들어가지 않는다. 학습자는 학습을 통해 문법 지식을 전달받는 것이 아니라 구성해 내야 하고, 문법교육은 이러한 학습자의 개념 구성 활동을 촉진하는 역할을 해야 한다.

이러한 관점에 설 때, 블룸필드가 '의존 형태'라는 개념을 어떤 맥락에서 도입하고 있는지를 살피는 것은 매우 흥미롭다. 앞서 지적한 대로 교과서에서는 대체로 형태소의 개념이 제시된 후 형태소의 하위 유형으로 의존 형태소가 등장하는데, 블룸필드는 그의 저서 『언어』에서 정반대의 기술 방식을 취하고 있기 때문이다. 블룸필드는 '의존 형태'라는 용어를 '10장 문법적 형태'에 처음 제시한다. 이 장에서 의존 형태가 제시되는 맥락은 '-y[-ij]', '-ing[-iŋ]'과 같이 결코 단독으로 발화될 수 없는 요소라도 '일정한 의미를 지닌 음성적 형태'이기 때문에 이를 언어적 형태로 부를 수 있다는 것이다.

의존 형태를 비롯하여 다양한 언어적 형태에 대해 논의한 후 마침내 블룸필드는 형태소를 '다른 어떤 형태와 부분적인 음성적-의미적 유사함이 없는 언어적 형태(Bloomfield, 1933:161)'로 정의하며 'bird, play, dance, cran-, -y, -ing'이 형태소라는 점을 밝힌다. 즉, '의존 형태'는 형태소의 개념을 구성해 내기 위한 과정에 동원되는 개념이다.

표 1-6. '의존 형태/의존형태소'와 '형태소'의 제시 순서 비교

대상	개념 제시 순서
블룸필드(Bloomfield, 1933)	의존 형태(bound form)의 개념 → 형태소의 개념
대부분의 교과서	형태소의 개념 → 형태소의 하위 유형으로서의 의존 형태소 개념

〈표 1-6〉은 교과서가 구조주의 문법의 역동적인 탐구 과정을 놓치고, 구조주의 문법 연구의 결과물만 도입하고 있음을 잘 보여준다. 심영택(2002)에서는 교수학적 변환 과정에서 '지식의 파손성'에 주목해야 한다는 점을 지적하고 있다. 무엇이 형태소가 될 수 있을지에 대한 학문적 탐구 과정에서 등장했던 '의존 형태'라는 개념이 교수학적 변환을 거치면서 탈맥락화되어 형태소의 하위 유형으로서만 다루어져 왔다는 사실은 지식의 파손을 보여주는 사례이다.

일부 교과서에서는 형태소의 하위 유형으로 실질 형태소와 형식 형태소에 대한 분류만 제시하고 자립 형태소와 의존 형태소의 분류는 제시하지 않았다. 이는 '의존 형태'라는 개념이 탈맥락화된 채로 다루어지면서 문법교육적 가치가 교과서 개발자들에 의해 의심받고 있

음을 잘 보여준다. 이러한 탈맥락성을 극복하기 위해서는 형태소의 자립성과 의존성이 형태소의 하위 유형이 아니라 학습자가 형태소의 개념을 구성해 내는 과정에 기여하는 방식으로 제시되어야 한다.

둘째, 자립성과 의존성 개념을 중심으로 문법 층위를 넘나드는 활동을 통해 문법 인식을 심화·확장시킬 수 있다. 자립성과 의존성에 대한 학습자의 오개념 분석 결과는 문법 개념에 대한 학습자의 이해가 언어 단위별로 파편화되어 있음을 보여준다. 자립성과 의존성 개념을 형태소 차원으로만 한정할 경우 문법교육적 가치는 제한적일 수밖에 없다. 개념에 대한 온전한 이해는 전체 구조 속에서 개념이 갖는 위상을 이해할 때 비로소 가능한 것이기 때문이다.

박진호(1994:22-25)에서는 언어 요소들이 서로 결합하는 것은 다른 요소에 대한 의존성을 가지고 있기 때문이라고 보고 의존성을 음운론적인 것, 형태론적인 것, 통사론적인 것, 의미론적인 것으로 분류하여 의존성이라는 문법 개념이 특정 문법적 층위에 국한되는 것이 아님을 보여 주었다. 자립성과 의존성이 형태론적 차원 이외에 다른 차원으로까지 확장되어 문법의 각 층위 내에서 어떤 위상을 갖고 있는지, 각 층위를 어떻게 꿰뚫고 있는지를 학습자가 조망할 수 있도록 교육 내용이 구성되어야 문법교육적 의의를 확보할 수 있다.

자립성과 의존성을 중심으로 문법적 층위를 넘나드는 것은 학습자가 이전에 배웠던 다른 문법적 개념들을 재구성하게 만든다는 점에서도 문법교육적 가치가 크다. 예를 들어, 의존 형태소는 형태소의 하위 유형으로, 관형사와 부사는 '수식'이라는 통사적 기능을 중심으로, 의존 명사는 명사의 하위 유형으로 각각 따로 학습한 이후에 의존성을 중심으로 이 개념들을 재음미하면 '관형사, 부사, 의존 명사'를 통사적 의존성이라는 공통 특질을 지닌 것으로 재범주화할 수 있다.

이러한 재범주화는 듀이(Dewey)의 용어를 빌리자면 '경험의 계속적인 재구성 과정'에 해당한다(엄태동, 2001:59-61). 이는 국어 인식의 심화와 확장이 문법 개념의 추가적 부과와 같은 양적 확대를 통해서가 아니라, 특정 개념을 중심으로 기존에 학습했던 개념을 재인식하는 질적 심화를 통해 이루어질 수 있음을 잘 보여주는 사례라고 할 수 있다.

'교정의 대상'에서 '탐구의 출발점'으로, 오개념의 재개념화

앞서 학습자의 오개념 분석 결과를 바탕으로 자립성과 의존성의 문법교육적 가치를 도출했다. 하지만 학습자의 오개념이 문법 개념의 교육적 가치 도출을 위한 근거를 제공하는 데에만 사용되는 것은 아니다. 학습자의 오개념은 실제 교수·학습 과정에서 적극적으로 활용되는 대상이기도 하다.

김호정 외(2009:216-217)에서는 국어과에서의 오개념을 '인지적 교두보'로 명명하여 오개념이 국어 인식의 심화와 확장에 기여해야 한다는 관점을 제안하였다. 필자는 '인지적 교두보'라는 명명이 터한 관점에 동의하면서, 문법 탐구의 국면에서는 탐구와 관련된 측면을 전경화하여 '탐구의 출발점'이라는 보다 초점화된 용어를 사용할 필요가 있다고 보았다. 이는 문법교육에서 문법 인식의 심화와 확장이 특히 탐구를 통해 이루어진다는 점과 학습자의 오개념이 문법 탐구에서 어떤 위상을 가져야 하는지를 좀 더 명확히 드러내기 위한 것이다.

학습자의 오개념을 탐구의 출발점으로 정립해야 하는 이유는 문법 탐구가 학습자 내부의 지적 호기심에서 출발하지 못하고 학습자 외부의 국어학적 쟁점에서 비롯되고 있는 교육 현실에서 찾을 수 있다.[7] 문법 탐구의 주제가 국어학적 쟁점을 그대로 가져오거나, 교과서 집필자의 자의적 판단에 따라 설정된다면 문법 탐구가 학습자에게 유의미한 경험이 되기 어렵다.

남가영(2006:365)에서는 폴라니(Polany)의 개념인 '발견의 열정'이 인식적 욕구를 의미한다고 보고 국어 인식활동, 즉 탐구 활동에서 학습자의 인식적 열망이 멈추거나 고갈되지 않도록 끊임없이 배려되어야 할 필요가 있다고 하였다. 탐구가 학습의 차원에서 다루어진다고 하더라도 '발견의 열정'이라는 인식적 욕구가 탐구의 필수불가결한 요소로 다루어져야 하고 이를 위해서는 학습자의 내적 호기심에 대한 고려가 반드시 필요한 것이다. 물론, 모든 개별 학습자의 내적 호기심을 동시에 고려할 수는 없겠지만 학습자의 오개념이 어떠한 지점에서 어떠한 원인으로 형성되는지를 참고한다면 학습자의 내적 호기심에 보다 가까운 지점에서 탐구가 시작되도록 교육 내용을 설계할 수 있을 것이다.

학습자의 오개념은 문법 탐구의 출발점으로서뿐만 아니라 탐구 과정에서 제공할 비계(scaffolding)[더 알아보기 10] 설정의 근거로도 작용한다. 비계 설정이 학습자의 오개념을 근거로 하여 이루어져야 하는 이유는 비고츠키(Vygotsky)의 논의에서 찾을 수 있다. 비고츠키는 피아제가 발달을 아동의 '자연발생적 개념(spontaneous concept)'이 성인의 개념적이고 합리적인

---

7. 조진수(2013:32-33)에서는 교과서 학습 활동 분석을 통해 문장 확대와 관련된 탐구 활동으로 '종속적으로 이어진 문장을 부사절로 볼 수 있는가'와 같은 학습자 외부의 국어학적 쟁점이 도입되어 있다는 점을 문제로 지적하였다.

사고로 '대체'되는 과정으로 간주했다는 점을 비판하였다. 피아제의 관점대로라면 아동의 자연발생적 개념이 발달의 과정에서 구성적(constructive)인 역할을 수행하기 어렵기 때문이다 (Vygotsky, 1962/1986, 윤초희 역, 2011: 255-256).

이러한 비고츠키의 관점을 수용하면 문법 개념에 대한 학습자의 오개념은 과학적 개념 (scientific concept)의 수용을 위해 사라져야 할 대상이 아니라 과학적 개념으로 재구조화되기 위한 토대로 재개념화된다.[8] '대체'가 아닌 '변형'이라는 개념을 수용하면, 학습자의 오개념은 폐기되어야 할 대상이 아니라 재구조화를 위해 섬세하게 고려되어야 할 중요한 요인이 된다.[더 알아보기 11] 이러한 변형에 기여하는 교육적 장치가 바로 비계이다. 비계가 학습자의 오개념을 근거로 설정된다면, 학습자의 오개념이 '변형'되는 것을 도와 인식의 확장과 심화를 돕는 교육적 장치로 기능할 수 있다.

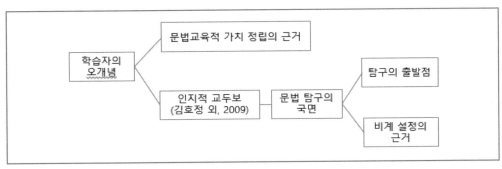

그림 1-3. 학습자 오개념의 문법교육적 가치

이상에서 논의된 학습자 오개념의 문법교육적 가치는 〈그림 1-3〉과 같이 정리할 수 있다.

오개념을 고려한 문법 수업, 이렇게 해 보면 어떨까

오개념을 탐구학습의 출발점이자 비계 설정의 근거로 재개념화할 때 문법 인식의 확장과 심화를 위한 교육 내용은 구체적으로 어떤 모습을 띨 것인가?

우선 학습자가 자신이 오개념을 가지고 있다는 사실을 스스로 인식하기 어렵다는 점을

---

8. 과학교육에서는 이미 오래 전부터 구성주의적 관점에서 학습자의 오개념을 대체 대상이 아니라 정련과 재조직의 대상으로 보는 관점이 제기되어 왔다. 이러한 관점에서 학습자의 오개념은 결함이 있지만 생산적인 특성을 지닌 것으로 파악된다. 이러한 관점은 Smith, diSessa & Roschelle (1993)에서 확인할 수 있다.

고려해야 한다. 예를 들어, 의존 명사가 자립 형태소인지 의존 형태소인지를 탐구할 때, 학습자는 자신이 '자립'과 '의존'에 대해 오개념을 가지고 있는지 인식하기 어렵다. 따라서 탐구 주제에 대한 관심이 자연스럽게 발생하지 않을 가능성이 높다. 따라서 교사는 오개념을 바탕으로 학습자가 탐구 주제에 대한 '의문'을 품을 수 있는 방식으로 주제를 제시해야 한다.

형태론적 차원과 통사론적 차원에 관한 오개념이 있음을 고려하면, 다음과 같은 방식으로 탐구 주제를 제시할 수 있다.

> • '먹다'에서 '먹-'과 '-다'는 의존 형태소라는 것을 배웠습니다. 그렇다면 '것'과 같은 의존 명사는 의존 형태소일까요, 아니면 자립 형태소일까요?

탐구 주제를 제시한 후에는 학습자의 문법 탐구 활동을 촉진할 수 있는 비계를 제시해야 한다. 즉, 자립성과 의존성이 형태론적 차원뿐 아니라 통사론적 차원에도 적용될 수 있는 개념이라는 점을 인식하는 데 도움을 줄 수 있는 비계를 제공해야 한다.

〈그림 1-4〉는 학습자의 오개념에 바탕을 둔 탐구 학습 설계의 구도를 도식화한 것이다. 물론 비계의 형식은 〈그림 1-4〉와 같이 질문의 형식으로 제공할 수도 있지만 상황에 따라 다른 방식도 가능하다.[9] 중요한 것은 비계가 학습자의 오개념에 바탕을 두고 설계되어 학습자가 탐구 문제를 해결하며 인식을 확장하고 심화하는 데 기여하도록 해야 한다는 점이다.

오개념에 바탕을 둔 탐구를 통해 학습자는 자립과 의존이라는 문법 개념을 보다 심층적이고 확장된 방식으로 이해하게 된다. 의존 명사와 의존 형태소의 '의존' 개념을 비교해 보

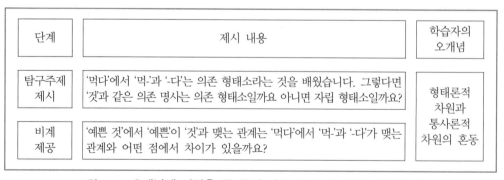

그림 1-4. 오개념에 바탕을 둔 문법 탐구 주제 및 비계 제시의 예

---

9. 문선모(2007:190)에서는 비계의 구체적 유형으로 '질문', '단서 제공', '절반쯤 행해진 예 제공' 등을 언급하였다.

는 활동을 통해 학습자는 단순히 '의존'이라는 개념이 형태론적 차원과 통사론적 차원으로 구분된다는 점을 깨닫기만 하는 것이 아니다. 궁극적으로는 이러한 탐구를 통해 언어 요소들 간의 결합이 의존성에서 비롯된 것이고, 의존성이 문법의 여러 차원에서 작용한다는 점을 깨닫는 데까지 나아갈 수 있다.

5. 첫 번째 이야기를 마무리하며

지금까지 고등학교 학습자를 대상으로 하여 형태소의 자립성과 의존성에 대한 오개념의 양상과 형성 요인을 살펴보았다. 이 과정에서 학습자의 오개념이 다층적으로 연결되어 있다는 점을 밝히고, 오개념 연구가 표면에 드러난 오개념에 대한 피상적 접근에 그쳐서는 안 되고 다층적으로 구성된 오개념의 전체 구조를 고려하여 이루어져야 한다는 점을 지적하였다.

학습자의 오개념이 문법 탐구의 국면에서 '탐구의 출발점'이 될 수 있다는 이야기도 하였다. 문법 탐구가 자발적인 지적 모험으로서 '발견의 열정'이라는 가치를 지닌다는 점을 고려할 때, 탐구는 학습자의 내적 호기심에서 시작되어야 하고 오개념은 바로 그 시작점이 되기 때문이다.

오개념의 양상과 형성 요인에 대한 분석은 학습자의 문법 지식 구성 과정을 밝혀 궁극적으로 문법교육의 내용과 방법 개선에 기여한다. 문법 지식에 대한 학습자의 오개념은 앞으로 더욱 활발한 연구가 필요한 분야라 할 수 있다.

더 알아보기

1. 오개념이란

이 책에서는 Jung(2020)의 논의를 받아들여 오개념(misconception)을 "학습 이후에도 (학문 공동체의) 개념(concept)에 부합하지 않거나 일부에 불과한 것으로 학습자의 인지 구조 속에 존재하는 개념(conception)(Jung, 2020:2)"으로 본다. 잘못된 선개념이 학습 이후에도 그대로 남아 있는 것을 오개념으로 보는 경우도 있으나, 선개념을 상정하기 어려운 오개념도 있을 수 있기 때문에 오개념을 Jung(2020)과 같이 규정하는 것이 합리적이다. 학습자의 오개념에 대한 연구는 주로 수학, 과학 교과를 중심으로 이루어져 왔으나 최근 국어교육, 특히 문법교육과 문학교육 연구에서도 중요한 주제로 주목받으며 많은 연구가 이루어지고 있다.

2. 교육과정에서의 형태소 개념

7차 교육과정에서는 "[7-국-(3)] 형태소와 낱말의 개념을 안다."라는 성취 기준에서 형태소의 개념이 다루어지고 있지만, 2007 개정 교육과정에서는 "[8-문법-(3) 국어 단어 형성법을 이해하고 활용한다." 에서, 2009 개정 교육과정(2012 고시본)에서는 "(5) 단어의 짜임을 분석하고 새말이 만들어지는 원리를 이해한다."라는 성취 기준에서 형태소의 개념이 다루어지고 있다. 형태소 교육에 대해서도 최근 많은 연구가 이루어져 왔는데, 특히 「형태소 교육에 대한 반성적 고찰(이지수, 2014)」이라는 논문에서 형태소 교육이 단어 형성법 교육의 테두리 내에서 이루어져 왔음을 본격적으로 문제 삼고 있어 참고할 수 있다.

3. 언어학에서 자립 형태소와 의존 형태소가 규정되는 방식

블룸필드(Bloomfield, 1933)는 의존 형태를 정의한 후 자립 형태는 '그 외 나머지 것(all others)'으로, 랭애커(Langacker, 1968)는 자립 형태소를 정의한 후 의존 형태소는 '그 외 나머지 것(all others)'으로 정의했다. 이러한 방식은 문법교육적 관점에서 매우 흥미롭다. 특히 블룸필드의 경우가 흥미로운데, 의존 형태와 자립 형태의 구분 기준으로 '단독 발화 가능성'을 내세우면서도 단독으로 발화될 수 있는 것이 아니라 단독으로 발화될 수 없는 것을 전경화하여 명시적으로 정의하고 자립 형태소는 '그 외 나머지 것' 정도로 처리하고 있기 때문이다.

4. 다양한 의미를 지닌 '자립성'과 '의존성', 교육에서 어떻게 다루어야 할까

이정택(2010)에서는 형태소의 유형에 관한 서구 이론에 대한 검토를 바탕으로, 불필요한 혼란을 피하려면 자립 형태소, 의존 형태소 개념은 모두 블룸필드(Bloomfield, 1933)와 니다(Nida, 1949)를 따르는 것이 바람직하다고 보았다. 이정택(2010)은 자립성과 의존성 개념에 대한 서구 이론과 국어문법 연구를 살폈다는 점에서 의의가 있지만, 문법 개념이 가진 다양한 의미로 인해 발생할 수 있는 혼란을 피해야 할 대상으로 규정했다는 점에서 이 글의 관점과 차이가 있다. 이 글에서는 오개념을 '인지적 교두보'로 개념화한 김호정·김은성·남가영·박재현(2009)의 관점을 수용하여 자립성과 의존성의 다기

(多岐)한 의미 양상을 학습자의 인식 심화와 확장을 위해 활용해야 한다고 보았다.

5. '의존 명사'의 '의존'에 관한 질의응답 사례

고영근 편(2010:24-25)은 의존 명사의 '의존'이라는 말이 갖는 혼란에 대한 실제 질의응답 사례가 나타
난다는 점에서 흥미롭다.

질의 4) "자립"과 "의존"의 개념에 대하여 알고 싶습니다.(5권 1호)
　"자립"과 "의존" 등의 용어가 형태소 차원에서는 "형태적"인 자립성의 개념으로 사용되고 단어
　차원에서는 "의미적"인 개념으로 사용됩니다. 그래서 최소 자립 형식인 "의존명사"에 "의존"이
　라는 말이 붙는데 이는 한국어 문법을 배우는 사람들에게 혼란을 줄 수 있습니다. 두 개념을
　구분할 수 있는 용어가 필요할 듯합니다. 혹시 그렇게 만들어진 용어가 있습니까?
답변) (중략) 의존성의 개념을 음운론적 의존성, 형태론적 의존성, 통사론적 의존성 등으로 나누
　기도 합니다. 이렇게 나누어 놓으면 형태소 분석에서의 의존성은 음운론적인 의존성 내지 형태
　론적인 의존성이 되고 의존명사에서의 의존성은 통사론적인 의존성이 됩니다. (하략)

(고영근 편, 2010:24-25)

---

6. 문법교육에서 오개념을 다룬 초기 연구

문법교육에서 오개념을 다룬 초기 연구로 남가영(2012, 2013)을 들 수 있다. 특히 남가영(2013)은 국
어 교사 인터뷰를 통해 중학교 '단어 형성법' 단원과 관련하여 '단일어, 합성어, 파생어, 형식 형태소'에
대한 학습자의 오개념이 두드러지게 나타남을 확인하고 있어 이 글의 논의와 밀접한 관련을 맺는다.
단, 이 글은 단어 형성법에 대한 학습자의 오개념이 아니라 형태소의 자립성과 의존성에 대한 학습자
의 오개념에 초점을 두고 있고, 교사를 통한 간접적인 방식이 아니라 학습자를 대상으로 하는 직접적
인 방식으로 오개념을 확인했다는 점에서 연구 대상 및 연구 방법상의 차이가 존재한다.

7. 국어과 오개념 연구의 방향을 제시한 초기 연구

김호정 외(2009)는 수학, 과학 교과를 중심으로 이루어져 왔던 오개념을 국어교육적 맥락에서 재개념
화하고 국어과 오개념 연구의 방향을 제시한 연구이다. 국어과 오개념을 구성주의적 관점에서 재개념
화하고 국어과 오개념 연구의 범위와 내용, 연구의 절차 및 방법을 체계화하여 이후 국어과 오개념
연구에 관점과 연구 방법론을 제공하고 있다. 오개념에 대한 이 글의 관점과 연구 방법론 역시 김호정
외(2009)에 바탕을 두고 있다.

8. '개념적 이해 범주'와 '구조적 이해 범주'

김은성 외(2007)에서는 '개념적 이해 범주' 외에 '구조적 이해 범주'를 설정하고, 구조적 이해가 가능한
학습자는 음운 개념을 단일하게 파악하는 데 그치지 않고, 전체 구조 속에서 파악할 수 있다고 보았다.
의존 명사의 귀속 여부에 대한 문항은 형태론적 의존성과 통사론적 의존성을 구분할 수 있는지를 파악

하기 위한 것으로 '구조적 이해 범주'에 해당하는 것으로 볼 수 있다.

9. 음운론적 단어

음운론적 단어는 언어학, 국어학 분야에서 이미 많은 연구자들에 의해 수용되고 있는 개념이다. 형태론에 대한 개괄적 안내를 하고 있는 Aronoff & Fudeman(2005, 김경란 역, 2005:47-58)에서도 단어에 대한 통사적 정의와 음운적 정의를 구분하여 단어의 유형 중 하나로 '음운단어(phonological word)'를 설정하고 있고, Dixon(2010:7-12)에서는 유형론적 관점에서 음운론적 단어의 문제를 다루고 있다. 국어학 분야에서는 박진호(1994) 외에 시정곤(1993)에서도 Di Sciullo & Williams의 관점을 수용하여 '음운적 단어(phonological word)'를 설정하고 있다.

10. 비계와 문법 오개념

학습자의 오개념을 바탕으로 교사가 비계를 설정할 수 있는 것은 학습자의 오개념이 교사의 교수적 내용 지식(PCK)의 구성에 매우 중요한 요인으로 작용하기 때문이다. Park & Oliver(2007)에서는 '학습자의 오개념: PCK 구성의 주요 요인(Students' Misconceptions: A Major Factor that Shaped PCK)'와 같은 장을 별도로 마련하여 이 문제를 비중 있게 다루고 있다.

11. 자연발생적 개념

'자발적 개념'이라는 번역어는 'spontaneous'를 'voluntary'로 오인하게 만들 소지가 있다. 따라서 이 글에서는 김지현(2000:64)에 근거하여 'spontaneous concept'에 대한 번역어로 '자발적 개념'이 아니라 '자연발생적 개념'이라는 용어를 사용하였다. '자연발생적 개념'과 '과학적 개념'의 발달을 문법교육의 국면에 적용시킨 논의로는 남가영(2011ㄱ)을 참조할 수 있다.

인간의 문법 오개념을 인식론적 관점에서 설명한다면[*]

문법 오개념의 성립 가능성에 대한 상식적 견해를 검토해 보면,
문법 오개념에서 '오(誤)'가 '정당화'에 관한 것인지 '옳음'에 관한 것인지의 문제가
구분되지 않았음을 알 수 있다.

(본문 중에서)

---

[*] 2장은 국어교육학회 학술지 〈국어교육학연구〉 52(4)호(2017.12.)에 게재되었던 "문법 오개념에 대한 인식론적 고찰"을 이 단행본의 체제에 맞게 일부 수정하여 실은 것임.

1. 문법 오개념은 존재하는가

문법 오개념에 대한 상식적 견해들

문법 오개념을 인식론적 차원에서 검토하기에 앞서, 문법 오개념에 대한 상식적 견해를 살펴보자.

문법 오개념에 대한 첫 번째 상식적 견해는 문법 개념은 소위 '딱 떨어지는 지식'에 해당하고, 당연한 결과로 이러한 지식을 잘못 이해하고 있는 상태가 존재한다는 것이다. 두 번째 상식적 견해는 문법 개념에 대한 학자 간의 견해가 엇갈리는 경우가 많기 때문에 그 중 하나를 오개념으로 간주할 수 없다는 것이다. 예를 들어, '이다'를 '서술격 조사'로 보아 조사의 하나로 처리하는 방식과 '지정사'라는 별도의 품사 범주를 설정하여 이해하는 방식, '(의존) 형용사' 정도로 처리하는 방식 중 어느 하나를 오개념이라고 할 수 없다는 것이다.

표면적으로만 보면 첫 번째 이해 방식은 문법 오개념의 존재를 인정하고 두 번째 이해 방식은 문법 오개념의 존재를 인정하지 않는 것처럼 보일 수 있지만, 문제는 그리 간단하지 않다. 문법 오개념을 연구하는 문법교육학자들이 첫 번째 상식적 견해가 논리적으로 가정하고 있는 '문법 개념은 딱 떨어진다'와 같은 전제를 그대로 수용할 것이라고 생각되지 않기 때문이다. 최근 국어교육과 문법교육 연구에서 문법 오개념을 구성주의적 관점에서 이해하려는 흐름(김호정 외, 2009; 남가영, 2013; 조진수, 2014; 이관희·조진수, 2015; 제민경, 2016, 2020)이 존재함을 고려할 때[1], 문법 개념을 정오(正誤)의 문제로 한정하는 첫 번째 이해 방식은 문법 오개념의 성립 여부와 별개로 문법교육학적 관점에서 수용되기 어렵다.

문법 오개념을 인정하지 않는 두 번째 견해는 대체로 문법 오개념과 과학 오개념, 나아가 문법적 개념과 자연과학적 개념을 이분적(二分的)으로 구분하는 관점에 터해 있다. 이러한 관점에서는 자연과학은 최소한 과학자들 사이의 공시적 합의체에 해당하는 정상과학(定常科學, normal science)[2] 단계를 설정할 수 있으나 문법 지식은 해석적 성격을 지니고 있어 문법 영역에는 학자들 사이의 공시적 합의체에 해당하는 문법이 존재하기 어렵다고 본다.[더 알아보기 1]

---

1. '인지적 교두보(김호정 외, 2009:216-217)'는 국어 오개념을 대상으로, '탐구의 시발점(始發點)(조진수, 2014: 296)', '오개념 내러티브(제민경, 2016:360)'는 문법 오개념을 대상으로 제안된 개념으로, 모두 학습자 오개념에 대한 구성주의적 관점을 바탕으로 삼고 있다.
2. '정상 과학'은 토마스 쿤이 『과학혁명의 구조』에서 사용한 용어로 '하나 이상의 과거의 과학적 성취에 확고히 기반을 둔 연구 활동(research firmly based upon one or more past scientific achievements)'을 의미한다(박은진, 2004:15).

그러나 문법 오개념에 대한 이와 같은 이해 방식은 자연과학적 개념과 문법적 개념을 이분적으로 구분되는 대상으로 규정하고 있다는 점에서 수용하기 어렵다. '논리-과학적 사고'와 '내러티브 사고'를 구분한 브루너(Bruner, 1996, 강현석 외 역, 2005:92)의 논의가 자연과학적 지식과 인문학적 지식의 차이를 설명하는 데 동원될 수 있으나, 이는 정도성 차원의 설명일 뿐 이분법적 구분이 가능한 것은 아니다. 본질적 차원에서 자연과학적 지식과 인문학적 지식 모두 이러한 두 속성을 모두 지니고 있다고 볼 수 있기 때문이다.[더 알아보기 2]

문법 오개념에 대한 인식론적 접근, 왜 필요한가

문법 오개념에 대한 이해가 모순적 양상을 띠는 이유는 무엇인가? 문법 오개념에서 '오(誤)'가 갖는 의미를 인식론적 정당화 차원에서 이해하지 않고 '참/거짓'의 차원에서만 이해하려고 한 접근 방식에 문제가 있다.

물론, 문법 오개념의 인식론적 문제 해결의 실마리를 토대론, 정합론 등과 같은 현대 인식론적 논의가 아니라 '교육 인식론(Hamlyn, 1978; 유한구, 1989; 이호찬, 1999; 노철현, 2008)'이나 '교육적 인식론(엄태동, 1998; 장상호, 2000)'에서 찾을 수도 있다. 그러나 교육 인식론 혹은 교육적 인식론의 논의에 앞서 지식과 정당화의 문제를 다루는 현대 인식론의 관점에서 논의를 시작해야 할 필요가 있다.

문법 개념이 명제적 지식에 국한된 것이 아니고 개념 학습의 문제를 다루어야 한다는 점을 고려할 때 궁극적으로는 교육적 인식론의 논의가 필요하지만, 그렇다고 하여 지식의 문제, 믿음의 정당화 문제를 다루는 인식론적 논의가 부당하게 소외되어서는 안 된다. 그간 문법교육에서 많이 활용되었던 '교육적 인식론'은 정합론을 기본 전제로 수용하면서 '품차', '품계'로 명명되는 상대적 우열을 인정하는 방식을 취하고 있는데(장상호, 2000:264) 정합론과 토대론은 인식론적으로 여전히 논쟁적인 관점이다.[더 알아보기 3] 또한, 교육적 인식론에서 '정초주의'로 규정하며 비판(장상호, 2000:37-39)한 토대론은 실상 다양한 스펙트럼을 가진 종합적 개념이기 때문에 문법교육에서 '최소 토대론'까지 폐기해야 하는지는 소위 '정초주의'에 대한 비판과 별도로 다루어질 필요가 있다.

이 글에서는 문법 오개념을 인식론적 차원에서 이해하기 위한 연구가 시작 단계에 있다는 연구사적 진단을 바탕으로, 우선 현대 인식론의 관점에서 문법 오개념을 어떻게 이해해야 하고 또 문법교육에서 어떻게 활용해야 하는지에 대해 논의한다.

2. '문법 오개념'에서 '오(誤)'는 인식론적으로 어떤 의미를 지닐까

'지식'에 대한 인식론의 표준적 설명

문법 오개념에 대한 인식론적 검토는 '문법 오개념'에서 '오(誤)'의 의미를 어떻게 규정해야 하는지의 문제를 논의하는 데에서 시작한다. 문법 오개념에 대한 그간의 연구는 주로 학습자나 교사가 가지고 있는 문법 오개념의 양상과 형성 요인을 규명하는 데 초점을 두어 왔는데, 이러한 논의에서 '오(誤)'가 개념 인식 과정의 어떤 국면에 작용하는 것인지가 분명하지 않았다.

인식론의 표준적 설명에 따르면 '지식'은 '정당화된 옳은 믿음(Justified True Belief, JTB)'이다. [더 알아보기 4] 이 정의에서 '정당화'는 지식이 성립하기 위한 필수 조건으로, 정당화 조건이 존재하기 때문에 '요행수 추측'은 설령 그것이 옳은 믿음일지라도 지식에서 배제된다(Steup, 1996, 한상기 역, 2008:24-25). '인식적 정당화(epistemic justification)'는 인식론의 핵심적 문제로, 인식론 고유의 문제는 '인식적 정당화'에 관한 문제라고까지 간주된다(홍병선, 2006:12-13, Lehrer, 1990).

문법 오개념의 성립 가능성에 대한 상식적 견해를 검토해 보면, 문법 오개념에서 '오(誤)'가 '정당화'에 관한 것인지 '옳음'에 관한 것인지의 문제가 구분되지 않았음을 알 수 있다. 문법 개념이 딱 떨어지는 정확한 것이라고 믿는 측이나 문법 개념은 다양하게 설정될 수 있어 어느 한 입장만을 옳다고 볼 수 없다는 측 모두 '옳음' 여부에만 주목했지 인식 주체의 '정당화' 과정에 주목하지는 못하였다. 문법 개념의 인식에 인식 주체의 '정당화' 과정이 필수적으로 요구된다는 점을 고려하지 않았기 때문에, 문법 오개념 논의에서 인식 주체의 정당화 과정이 소외되고 결과물로 생성된 '믿음'의 '옳음' 여부만을 따지게 된 것이다. 문법 개념의 이해에 인식 주체의 정당화 과정이 필수적으로 관여한다면, '오(誤)'의 의미 역시 정당화 과정에서 찾아볼 수 있다는 논리가 성립한다.

'정당화'에 주목해야 하는 이유

'정당화'라는 과정에 주목할 때 우선 오개념으로 고려해 볼 수 있는 것이 '요행수 추측'이다. 예를 들어, 어떤 문법 학습자가 '휘두르다'라는 단어가 합성어인지 파생어인지 선택해야 하는 시험 문제를 보고 눈을 감고 찍어서 '파생어'라는 답을 골랐다고 하자. '휘두르다'는 파생어이므로 이 학생의 믿음은 '옳은 믿음'이라고 할 수 있지만, 정당화 과정을 거친 것으로 볼 수는 없다. 이 학생이 옳은 믿음을 가지게 된 것은 순전히 운의 문제이지 이를 뒷받침할 수 있는 증거를 통한 것이 아니기 때문이다.

그러나 정당화 과정이 아예 배제된 채 갖게 된 '옳은 믿음'을 오개념으로 규정하는 것은 문제가 있다. 문법 오개념 규정 시 인식 주체의 정당화 과정에 주목해야 한다는 이 글의 관점에 근거하면, 특정 믿음을 '오개념'으로 규정할 수 있기 위해서는 최소한 '정당화 과정' 자체가 존재해야 하기 때문이다. 정당화 과정에 문제가 존재하는 경우를 오개념으로 규정할 수는 있으나, 정당화 과정 자체가 배제된 믿음을 오개념으로 규정하기는 어렵다. 따라서 위와 같은 사례에서 해당 학습자가 오개념을 가졌는지 여부를 판단할 수 없다.

문법 오개념의 성립에 '정당화'가 핵심적 역할을 한다는 입장을 수용하고 나면, 문법 오개념을 유발하는 정당화 차원의 문제에 어떤 유형이 존재하고 각 유형이 문법 오개념의 교육적 활용에 어떤 시사점을 주는지가 문제가 된다.

3. 인식론적 정당화 방식에 따른 문법 오개념의 유형, 그리고 교육 방향

'코웃음'과 '비웃음'

현대 인식론에서는 가상적 사례를 구성하여 인식론적 문제들을 해결해 왔다. 이러한 방식을 차용하여 여기에서도 학습자의 정당화 방식을 가상적으로 구성한 후 각 사례에 내재한 인식론적 문제를 검토한다. 이를 통해 학습자의 정당화 과정에 대한 인식론적 분석이 문법 오개념의 문법교육적 활용에 어떠한 시사점을 주는지 이야기한다.[더 알아보기 5]

(가)는 '코웃음', '비웃음'의 형태소 분석에 관한 전문가의 정당화 과정이고, (나-1), (나-2)는 전문가와 다른 정당화 과정을 통해 전문가와 동일하거나 다른 결론에 도달한 학습자의 정당화 과정을 가상적으로 구성한 사례이다.

> (가) '코웃음'은 '코', '웃-', '-(으)ㅁ'의 세 개의 형태소가 결합한 것인데, '코웃-'이 존재하지 않고 '코'와 '웃음'만 존재하며 의미상으로도 '코＋웃음'의 분석이 자연스럽다. 따라서 직접 구성 성분은 '코'와 '웃음'이며 이들이 모두 어휘 의미를 강하게 띠는 요소들이므

로 합성어에 속한다. '비웃음' 역시 '비-', '웃-', '-(으)ㅁ'의 세 개 형태소가 결합한 것인데, 이 경우는 '비웃-'이 존재하며 의미상으로도 '비웃-'에 파생 접미사 '-(으)ㅁ'이 결합한 것으로 이해할 수 있으므로 '비웃-+-(으)ㅁ'의 분석이 자연스럽다. 따라서 직접 구성 성분은 '비웃-'과 '-(으)ㅁ'이며 직접 구성 성분의 하나가 형식 의미를 가지는 요소이므로 파생어에 속한다. (구본관 외, 2015:113-114)

(나-1) '코웃음'은 '코', '웃-', '-(으)ㅁ'의 세 개의 형태소가 결합한 것인데, '코웃-'이 자연스럽지는 않지만 사용되는 경우가 있을 수도 있기 때문에 '코+웃음'으로 단정하는 것은 적절하지 않다. '코웃-'이 사용될 수도 있다고 본다면, '코웃-+-(으)ㅁ'으로 분석하는 것이 타당하다. 따라서 직접 구성 성분은 '코웃-'과 '-(으)ㅁ'이며 직접 구성 성분의 하나가 형식 의미를 가지는 요소이므로 파생어에 속한다. (이하 동일)

(나-2) '코웃음'은 '코', '웃-', '-(으)ㅁ'의 세 개의 형태소가 결합한 것인데, '코웃-'이 불가능한 것은 아니지만 자연스럽지는 않으므로 '코+웃음'의 분석이 자연스럽다. 따라서 직접 구성 성분은 '코'와 '웃음'이며 이들이 모두 어휘 의미를 강하게 띠는 요소들이므로 합성어에 속한다. (이하 동일)

가상적으로 구성된 (나-1), (나-2)의 두 자료는 각기 다른 정당화 방식을 보여준다. (나-1), (나-2)에 담긴 학습자의 정당화 과정에 내재한 인식론적 문제와 문법교육적 시사점을 '최소 토대론과 학습자의 언어적 경험 문제', '정합론의 전체론적 정당화 방식과 문법 오개념의 다층성 발견 문제'로 구분하여 이야기해 보자.

최소 토대론의 입장에서 학습자의 언어적 경험을 본다면

(나-1)은 '코웃음'에 대해 (가)와 다른 정당화 방식을 통해 다른 결론에 도달했다. (나-1)이 (가)와 갖는 가장 큰 차이는 '코웃-'의 자연스러움에 대한 판단이다. (가)에서 '코웃음'을 '코+웃음'으로 분석한 근거 중 하나는 '코웃-'이 존재하지 않는다는 점이다. 이는 언어 사용에 대한 전문가의 직관적 판단이다. (나-1)은 '코웃-'이 자연스럽지는 않지만 사용되는 경우가 존재할 수 있다고 보았다.

이 사례는 어떤 단어를 파생어와 합성어 중 어디에 귀속시키느냐의 문제에 언어 사용에 관한 직관이 깊이 관련되어 있음을 보여준다. 물론 언어적 직관이 아니라 양적 자료를 활용하여 신뢰할 만한 한국어 말뭉치에서 '코웃-'이 나타나는지를 확인해 보는 방법도 가능하지만, 이러한 절차가 반드시 요구되는 것은 아니라는 점에서 언어 사용에 대한 직관은 여전히 중요하다. 언어 사용에 대한 직관은 언어 경험과 관련된 문제이기 때문에 문법 오개념이 비추론적 믿음의 문제를 다루는 토대론과 깊은 관련을 맺고 있음을 시사한다.

(나-1)의 학습자가 문법 오개념을 가졌다고 할 때 '오(誤)'로 지적할 수 있는 지점은 정당화 과정 중 언어 사용에 관한 직관 차원에 존재한다. 이러한 직관은 비추론적 믿음과 유사한 성격을 지니고 있다.[더 알아보기 6] 언어 사용에 대한 직관은 언어 경험에서 비롯된다. 따라서 '코웃-'이라는 언어 형태의 사용 정도에 대한 판단은 판단 주체의 언어적 경험에 근거한다. '코웃-'의 사용 정도에 대한 판단은 일종의 믿음인데, 이 믿음은 추론적 성격을 지닌 믿음을 통해 정당화되지 않고 비추론적 믿음인 경험에 의해 정당화된다는 점에서 토대론에서 이야기하는 '기초적 믿음(윤보석, 2015:38)'에 가깝다.

이러한 논의가 문법 오개념 문제에서 중요한 이유는 정당화 과정 차원에서 볼 때 문법 오개념 형성에 학습자의 언어적 경험이 관여하기 때문이다. 문법 오개념에 관한 그간의 접근은 구성주의적 인식을 지향해 왔음에도 불구하고 정당화 과정에 충분히 주목하지 못하였다. 정당화의 결과로 학습자가 가지게 된 오개념의 정오 판단을 교육적 출발점으로 삼아 왔기 때문에 문법 오개념을 학습자의 언어적 경험 문제와 충분히 관련짓지 못하였다.

토대론에서는 비추론적 믿음에 해당하는 경험을 기초 믿음으로 본다. 토대론의 가정을 고려하면, 오개념을 문법교육에서 다룰 때 학습자들이 숙련자에 가까운 언어적 직관을 형성할 수 있도록 충분하고 질 높은 언어적 경험을 제공하는 것이 중요한 문제로 부각된다.

인식론적 차원에서는 문법 오개념 논의에서 최소 토대론이 인식론적 기반의 하나로서 적절한 위상을 부여받지 못해왔던 문제를 재고하게 해 준다는 점에서 주목할 수 있다. 교육적 인식론은 토대론을 정초주의로 규정하고 이에 대해 신랄한 비판을 가해 왔으나, 현대 인식론에서 토대론은 다양한 입장을 보이고 있다. 전통적인 토대론이 모든 토대론을 대표하는 것이라 간주하고 토대론의 폐기를 주장하는 것은 인식론적으로 적절한 태도라고 보기 어렵다.

슈토이프는 '고전적 토대론'과 '최소 토대론'을 구분한다(Steup, 1996, 한상기 역, 2008:222-229). 그의 논의에 따르면 '고전적 토대론'은 기초 믿음이 오류불가능하고 비기초 믿음이 기초 믿음으로부터 연역적으로 도출된다고 보는데 현대 철학자 중 고전적 토대론의 옹호자는 거의 없다. 그러나 '최소 토대론'은 비추론적 믿음이 기초 믿음이 될 수 있다는 관점을 유지하지만 기초 믿음이 오류불가능한 인식적 특권을 지니고 있다고 보지 않음으로써 고전적 토대론

에 가해졌던 비판을 피하고 있다.[3]

최소 토대론은 기초 믿음을 오류불가능한 절대적 지식으로 간주하지 않는다는 점에서 교육적 인식론에서 비판한 정초주의와는 구분된다. 문법 오개념 논의에서 인식 주체의 '언어 경험'에 대한 논의가 부당하게 소외되어서는 안 된다.

최소 토대론을 고려하여 문법 오개념에서 학습자의 언어 경험 문제를 다루기 위해서는 (나-1)에 관여하는 정당화 과정을 그 성격에 따라 세분화하여 이해할 필요가 있다. '코웃-'이 자연스럽지는 않지만 사용되는 경우가 있을 수도 있기 때문에 '코+웃음'으로 단정하는 것은 적절하지 않다는 판단에는 두 단계의 인식이 관여한다. 하나는 '코웃-'이 사용되는 경우가 있는지를 판단하는 단계이고, 다른 하나는 설령 '코웃-'이 사용되는 경우가 존재한다고 하더라도 '코+웃음'으로 분석하는 것이 불가한가를 판단하는 문제이다. 여기서 전자는 언어적 경험에 근거한 직관적 판단의 문제로 최소 토대론과 관련되어 있지만, 후자는 추론적 믿음에 관한 문제로 전자와 구분된다. 따라서 인식론적 차원에서 보았을 때 전자와 후자는 문법교육적으로 다른 접근이 요구된다.

만일 (나-1)과 달리 '코웃-'이 국어생활에서 자연스럽게 사용될 수 있다는 언어적 직관을 가진 학습자가 있다면, 이 학습자에게 우선 필요한 것은 이 문제와 관련하여 숙련자와 유사한 언어적 직관을 가질 수 있도록 충분한 언어적 경험을 제공하는 일이다. 언어 경험의 양과 질의 차이로 특정 언어 형식의 수용성에 관한 직관에 현격한 차이가 존재하는 경우, 언어 형식의 수용성에 근거한 추론적 판단 단계로 나아갈 수 없기 때문이다.[더 알아보기 7] 비추론적 믿음을 기초 믿음으로 상정하는 최소 토대론의 논의는 문법 오개념 논의에서 학습자의 언어적 직관에 주목하여 언어적 경험 제공이 필요한 경우를 식별할 수 있게 해 준다는 점에서 의의가 있다.

(나-1)과 같은 사례는 '코웃-'이 자연스럽지는 않지만 사용되는 경우가 있을 수 있다고 본다는 점에서 복합적 접근이 요구된다. 우선 언어적 직관과 언어 경험 차원에서 '코웃-'이 사용되는 경우가 존재할 수 있는지에 대한 점검이 필요하다. 그 다음 만일 그러한 경우가 존재한다는 믿음을 수용한다면 '코웃음'을 합성어로 볼 수 없는 것인지, 합성어나 파생어로 단정할 수 없는 것인지, 아니면 파생어로 보아야 하는 것인지에 대한 논의가 필요하다.

여기서 첫 단계의 문제는 최소 토대론과 관련하여 언어적 경험 제공이라는 차원에서 논

---

3. 전통적 토대론의 개념과 이에 가해진 비판, 그리고 새롭게 제안되고 있는 토대론의 다양한 입장에 관한 논의는 윤보석(2015) 참조.

의될 수 있다. 그러나 나머지 문제는 추론적 사고와 관련된 문제이기 때문에 최소 토대론의 범위를 벗어나는 문제이다. 이에 대해서는 '정합론의 전체론적 정당화 방식과 문법 오개념의 다층성 발견'이라는 차원에서 생각해 보자.

정합론의 전체론적 정당화 방식

문법 오개념에 관한 많은 연구는 외현적으로 드러난 학습자의 오개념에 주목하는 데에서 출발한다. 그러나 문법 오개념은 외현적으로 드러난 현상 하나로 이루어진 '단층적 구조체'가 아니라 다양한 층위에 존재하는 개념들이 복합적으로 연결되어 있는 '다층적 구조체'이다. 문법 오개념을 가진 학습자들은 이런 관계 자체를 인식하지 못하고 있는 경우가 많다. 따라서 외현적으로 드러난 문법 오개념 그 자체의 활용만 중요한 것이 아니다. 드러나지 않은 문법 오개념을 발견하여 학습자들이 인식하게 하고 이를 통해 문법 개념 간의 관계에 대한 이해를 높이는 것도 중요하다.

인식론의 한 유형인 '정합론'이 전제하고 있는 '전체론적 정당화' 개념은 문법 오개념을 다층적 구조체로 간주하고 문법 개념 간의 관계망에 주목해야 한다는 입장과 관련하여 참고할 만한 시사점을 준다. 상식적 관점에서 '정합론'은 정합성을 중시하는 입장이다. '정합성'은 논리적 모순을 체계 내에 포함하지 않는 것을 의미하므로, '정합론'은 체계 내에 논리적 모순이 없는 상태를 가리키는 것으로 이해된다. 그러나 논리적 모순이 없어야 한다는 전제는 토대론에도 마찬가지로 적용되기 때문에 이것만으로 정합론을 규정하기는 어렵다. 토대론과 정합론의 근본적인 차이는 비추론적 믿음을 기초믿음으로 수용하느냐에 있다.

이 문제가 중요한 이유는 정당화의 근거를 어디에서 찾을 것인지와 관련되기 때문이다. 토대론은 무한후퇴 논증을 통해 비추론적 성격을 가진 기초 믿음을 상정하지 않을 경우 주장의 근거를 끝없이 묻는 무한후퇴의 문제에 봉착한다고 본다. 정합론은 이와 같은 무한후퇴 문제를 어떻게 처리하는가? 오브라이언에 따르면 정합론에서는 〈그림 2-1〉과 같은 단선적 정당화 개념이 아니라 〈그림 2-2〉와 같은 전체론적 정당화 개념을 수용함으로써 이 문제에 답한다(O'brien, 2006, 한상기 역, 2011:127-129).

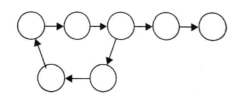

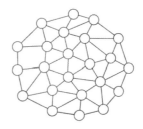

그림 2-1. 단선적 정당화
(O'Brien, 2006)

그림 2-2. 전체론적 정당화
(O'Brien, 2006)

그의 논의에 따르면 정합론자들은 순환적 추론에 의존하는 단선적 정당화 개념을 거부하고, 어떤 특정 믿음의 정당화 여부는 〈그림 2-2〉와 같은 믿음 체계의 전체론적 정합성에 의해 결정된다고 본다. 정합론에는 '고립 반론', '복수체계 반론' 등과 같은 다양한 반론이 제기되어 왔으나, 문법 오개념을 논하는 이 글에서 중요한 것은 정합론이라는 이론의 인식론적 정당화가 아니라 정합론의 인식론적 발상이 문법 오개념과 관련된 문법교육 논의에 주는 함의가 무엇인지를 찾는 것이다. 이러한 점을 고려할 때, 반주어(Bonjour)가 제시한 정합론의 '정합성 개념'에 대한 다음의 설명에 주목할 필요가 있다.[4]

(1) 한 믿음 체계는 논리적으로 일관된 한에서만 정합적이다.

(2) 한 믿음 체계의 정합성은 확률적 일관성의 정도에 비례한다.

(3) 한 믿음 체계의 정합성은 그 요소 믿음들 사이의 추론적 연관성이 존재할 때 증가하고, 그것이 증가하는 정도는 그러한 연관성의 수와 강도에 비례한다.

(4) 한 믿음 체계의 정합성은 추론적 관계를 통하여 상호간 상대적으로 연결되지 않은 하부 체계들의 정도에 반비례하여 감소한다.

(5) 한 믿음 체계 내에서 설명되지 않는 이례항의 존재에 비례하여 그 체계의 정합성은 감소한다.

(Bonjour, 1985, 김기현, 2003:168-170에서 재인용)

위의 다섯 가지 중 문법 오개념 논의에서 특히 (3), (4)에 주목할 필요가 있다. (3)과 (4)는 논리적 일관성과 별개로 인식 주체가 각 믿음 간의 '추론적 연관성'을 인식하는지가 정합성에 영향을 끼친다는 점을 지적하고 있기 때문이다. 김기현(2003:169)에서 이 문제에 관해

---

4. 김기현(2003:168)은 "지금까지 알려진 정합성에 대한 설명들 중에서 반주어의 설명이 가장 보편성을 가지며 상당히 명료"하다고 지적했다.

정밀한 설명을 제공하고 있기 때문에 다소 길지만 관련 부분을 인용한다.

> 한 믿음 체계가 논리적으로 일관적이며 확률적 일관성이 높다고 하여, 그 체계가 정합적인
> 것(정합성이 높은 것)은 아니다. 예를 들어, 긍정적이든 부정적이든 내용적 연관성이 전혀
> 없는 믿음들로 이루어진 체계를 보자. 이 체계는 논리적으로 일관적일 뿐 아니라, 확률적
> 으로 일관적이기도 하다. 그러나 이 체계 내에서는 믿음들이 상호간 지지하는 역할을 전혀
> 하고 있지 않으므로 그 체계를 정합적이라고 보기 어렵다. (김기현, 2003:169)

이러한 견해에 따르면 전체론적 정당화 관점을 수용하고 있는 정합론에서는 믿음들 간의 논리적 모순이 존재하지 말아야 한다는 점뿐 아니라 각 믿음들 간의 추론적 연관성이 인식 주체에 의해 인식되어야 한다는 점도 중요하다.[더 알아보기 8] 이를 문법 오개념과 관련지어 생각해 보면, 우선 문법 개념 간 관계에 대한 인식 제고를 위해 개념 간의 추론적 연관성에 대한 교육가 이루어져야 한다는 점을 알 수 있다. 나아가 문법 개념 간 추론적 연관성에 대해 교육하는 과정에서 학습자들이 스스로 인지하지 못했던 오개념을 발견하고 자각하는 과정이 수반될 것임을 예상할 수 있다.[더 알아보기 9]

문법 오개념의 다층성 발견

정합론의 전체론적 정당화 방식과 '추론적 연관성 인식'에 대한 강조는 '외현적으로 드러난 문법 오개념'을 논의의 대상으로 삼았던 기존의 방식이 '발견 대상으로서의 문법 오개념'을 논의의 대상으로 삼는 방향으로 전환되어야 함을 시사한다. 체계기능언어학의 용어를 빌린다면 전자를 '문법 오개념의 실현태', 후자로 '문법 오개념의 잠재태'로 명명할 수 있다.

기존 논의에서도 문법 오개념이 다층적 성격을 지니고 있음은 지속적으로 보고되어 왔는데[더 알아보기 10], 이를 이 글의 관점에서 재해석할 필요가 있다. 다음은 조진수(2014:284)에서 제시한 사례로, 문법 오개념이 다층적 구조를 이루고 있음을 보여준다.

〈그림 2-3〉은 '형태소의 자립성, 의존성 개념은 문장 내 단독 발화 가능성과 관련이 없다.'는 학습자의 오개념 이면에 '형태(form)는 발화와 관련이 없고 표기와 관련이 있다.'는 오개념이 존재함을 보여주며, 이와 같은 사례는 문법 오개념이 다층적 구조체임을 시사한다. 이 글의 관점에 따르면 이러한 다층성 역시 실현태와 잠재태의 논리로 이해할 수 있으며, 잠재태에 존재하는 문법 오개념은 연관성에 대한 추론을 통해 문법교육의 국면에서 발견되

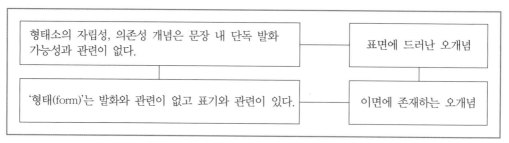

형태소의 자립성, 의존성 개념은 문장 내 단독 발화 가능성과 관련이 없다.	표면에 드러난 오개념
'형태(form)'는 발화와 관련이 없고 표기와 관련이 있다.	이면에 존재하는 오개념

그림 2-3. 문법 오개념의 다층적 구조 일부 예시(조진수, 2014:284)

어야 하는 대상에 해당한다.

앞서 가상적으로 구성한 학습자 사례인 (나-1), (나-2)에 내재한 문법 오개념의 교육적 활용 가능성 역시 이러한 관점에서 설명할 수 있다. '추론적 연관성'에 대한 인식이 믿음 체계의 정합성을 높이는 데 기여한다는 반주어의 논의를 참고하면, (나-1), (나-2)의 학습자로 하여금 자신의 정당화 과정을 성찰하며 정당화 과정에 동원된 문법 개념 간의 관계에 주목하게 하고 이를 통해 자신의 오개념을 새롭게 발견하도록 유도하는 교육이 이루어져야 한다고 볼 수 있다.

예를 들어, (나-1) 학습자의 경우 '코웃-'이 자연스럽지는 않지만 사용되는 경우가 있을 수 있다는 판단이 어디에 근거를 둔 것인지 되물을 수 있다. 만일 이와 같은 되물음을 통해 학습자가 '사용되는 경우'라는 표현으로 의도한 바가 '미래의 언젠가 누군가에 의해'를 의미하는 것으로 확인된다면, 이 학습자는 언어의 공시태 개념을 이해하지 못하거나, 설령 이해한다 할지라도 직접 구성 성분의 판단이 공시태를 기준으로 한다는 점을 이해하지 못하고 있었음이 드러난다. 이는 (나-1)의 문면에 드러난 오개념이 아니라 자신의 판단 과정을 성찰하는 과정에서 학습자가 새롭게 발견하게 된 오개념이라는 점에서 기존 연구에서 주로 다루어 온 오개념과 구분된다.

(나-2) 학습자의 경우 결과적으로는 '코웃음'을 합성어로 처리했기 때문에 '참/거짓'의 관점에서는 오개념으로 규정하기 어렵지만, (나-1)과 유사한 관점에서 '코웃-'이 불가능한 것은 아니라는 판단이 어디에 근거를 둔 것인지 되물을 수 있다. 만일 (나-2) 학습자도 공시태에 대한 잘못된 이해를 가지고 있다면 이 경우 역시 잠재적으로 존재하였던 오개념을 정당화 과정에 대한 성찰을 통해 발견한 사례로 볼 수 있다. 만일 자신의 언어 경험에 바탕을 둔 언어적 직관 차원에서 근거를 제시한다면, 이는 최소 토대론과 관련되며 언어 경험의 제공 차원에서 접근해야 문제로 규정된다.

정리하면, (나-1), (나-2)과 같은 사고를 보인 학습자를 대상으로 자신의 정당화 과정을 메타적으로 성찰하게 하는 것이 중요하다. 합성어와 파생어 판단에 어떠한 문법 개념이 관여하고, 각 문법 개념이 어떤 관련을 맺고 있는지를 확인하게 하며, 그 과정에서 자신이 인지하지 못했던 오개념을 새롭게 인식할 수 있도록 유도해야 한다. 물론, 학습자가 이와 같은 경험을 할 수 있도록 하기 위해서는 교사의 적절한 개입이 필요할 것이다.

4. 두 번째 이야기를 마무리하며

지금까지 문법 오개념에 관한 그간의 논의에서 '오(誤)'가 '참/거짓'에 관한 것인지 '정당화'에 관한 것인지의 문제가 명료히 구분되지 않았다는 점에 문제를 제기하며, 문법 오개념의 '오(誤)'를 '인식론적 정당화' 차원에서 이해해야 한다는 점을 이야기하였다. 그 과정에서 최소 토대론과 정합론이라는 인식론적 관점에 대해서도 검토하였다.

최소 토대론은 문법 오개념 논의에서 학습자의 언어적 직관에 주목하고 언어적 경험의 제공이 필요한 경우를 식별할 수 있게 해 준다는 점에서 의의가 있었다. 정합론은 '전체론적 정당화 방식'과 '추론적 연관성 인식'에 대한 강조를 통해 '외현적으로 드러난 문법 오개념'을 논의의 대상으로 삼았던 기존 방식이 '문법 개념 간 관계 속에 잠재하는 문법 오개념'도 함께 발견하는 방식으로 바뀌어야 함을 보여주었다.

문법 오개념의 인식론적 기반에 관한 연구가 폭과 깊이를 더하기 위해서는 다음과 같은 연구들이 이루어져야 할 것이다.

우선 토대론과 정합론을 넘어 인식론의 '내재주의/외재주의' 논쟁이 문법 오개념 연구에 주는 시사점이 무엇인지에 대한 연구가 필요하다. 내재주의/외재주의 논쟁은 인식 주체의 반성적 성찰, 내성가능성의 범위를 벗어난 근거가 인식론적 정당화에 활용될 수 있는지의 문제를 다루고 있다. 문법 오개념 차원에서 볼 때, 이 논쟁은 학습자가 자신이 가진 문법 개념의 근거를 반성적으로 성찰할 수 있는지의 문제와 깊이 관련되어 있기 때문에 심도 있는 논의가 필요하다.

다음으로 교육적 인식론이 문법 오개념에 주는 시사점이 무엇인지에 대한 연구가 필요하다. 교육적 인식론은 '상호주관성', '당사자적 지식', '초점식과 보조식', '품차', '자증과 타증'

등의 개념을 통해 국어교육과 문법교육의 개념 인식 문제에 큰 영향을 끼쳐 왔다. 현대 인식론과 교육적 인식론을 포괄한 조망적 관점에서 그간 교육적 인식론에 바탕을 두고 이루어진 국어교육과 문법교육 논의를 점검하고 재해석하는 작업이 필요하다.

앞으로 문법 오개념의 인식론적 기반을 마련하기 위한 연구가 지속적으로 이어져, 궁극적으로는 문법교육학이 고유의 독창적인 인식론적 기반을 확립할 수 있기를 기대한다.

더 알아보기

1. 표준문법과 정상과학

최근 활발히 논의되고 있는 '표준문법(standard grammar)'이 참조문법(reference grammar)이자 기반문법(base grammar)으로서(유현경 외, 2015:15) 정상과학과 같은 역할을 할 수 있다는 지적이 제기될 수 있으나, '표준문법'이 존재할지라도 쟁점적 문법 항목의 문제는 여전히 합의되기 어려운 속성을 지니고 있기 때문에 이를 정상과학과 동일하게 간주하기 어렵다는 반론도 존재할 수 있다. 예를 들어, 표준문법을 지향하는 유현경 외(2015:141-142)에서는 '이다'를 '(의존) 형용사' 정도로 보고 있으나 이는 여전히 쟁점적 사항이기 때문에 '이다'를 '서술격 조사'나 '지정사'로 보는 관점이 오개념이라고 단정지을 근거가 되기는 어렵다. 이 글에서는 이러한 문제 자체가 문법 오개념의 '오(誤)'를 인식론적 정당화 차원에서 이해하지 않고 '참/거짓' 차원에서 이해하려고 한 데에서 비롯되었다고 보고 있다.

2. 역사 오개념과 문법 오개념

개념의 '해석적 성격'에도 다양한 층위가 존재할 수 있어 문법 오개념을 타 교과의 오개념과 어떻게 관련지을지의 문제 역시 간단하지 않다. 예를 들어, 역사적 개념과 문법적 개념 모두 해석적 속성을 지닌다고 말할 수 있으나, 두 용법에서 '해석적'이라는 표현의 의미가 동일하다고 보기 어렵다. 따라서 문법 오개념이 과학 오개념, 역사 오개념과 어떤 관련을 맺고 있는지도 인식론적으로 중요한 논의거리가 된다. 역사학습에서의 오개념 문제를 인식론 차원에서 검토한 허신혜(2001)는 역사 개념이 자연과학과 달리 해석적 성격이 강하다고 보고 '오개념'이라는 용어 대신 클랙스톤(Claxton)이 제안한 '비공식적 아이디어'라는 용어를 사용할 것을 제안하기도 했다. 그러나 최근 과학사회학적 논의를 살펴보면 허신혜(2001)와 같은 방식으로 자연과학적 개념과 인문학적 개념을 구분하는 것이 적절한지 단정하기 어려운 측면도 있다.

3. 여전히 논쟁 중인 두 관점, 토대론과 정합론

현대 인식론에서 토대론과 정합론은 여전히 논쟁 중인 관점이다. 1985년 『경험지식의 구조』라는 책에서 토대론을 비판하며 정합론의 관점에서 인식론을 연구하던 반주어(Bonjour)가 2001년 논문 「경험적 토대론의 옹호」와 2003년 논문 「내재주의적 토대론의 한 버전」에서 다시 정합론의 한계를 지적하며 토대론의 관점을 옹호한 사례(이병덕, 2013:77)는 두 관점이 여전히 논쟁적인 문제임을 방증한다.

4. 정당화된 참인 믿음은 지식인지를 묻다: 게티어 문제에 대하여

지식을 '정당화된 옳은 믿음'으로 규정하는 관점이 절대적인 것은 아니다. 게티어(Gettier)는 1963년 '정당화되는 참인 믿음은 지식인가?(Is Justified True Belief Knowledge?)'라는 논문에서 제목 그대로 어떤 믿음이 정당화되고 참이라면 항상 지식이라고 할 수 있는지에 대해 문제를 제기했다(이병덕, 2013:13). 현대 인식론에서는 이를 '게티어 문제'라고 부른다. 게티어 문제는 간단히 말해 '정당화 과정이 존재하지만 운 좋게 참이 된 경우'를 어떻게 이해해야 하는지와 관련된다(Gettier, 1963).

이후 게티어 문제에서 제기한 '정당화 과정이 존재하지만 운 좋게 참이 된 경우'를 지식으로 보지 않기 위해, 지식을 '논파되지 않게 정당화되는 참인 믿음(undefeated justified true belief)'으로 보는 대안이 제안되기도 하였다(이병덕, 2013:19). '논파되지 않게'라는 단서를 달면 '정당화 과정에서 증거가 논파되면서도 운 좋게 믿음이 참이 되는 경우'를 막을 수 있기 때문이다.

게티어 문제 그 자체는 인식론적으로는 중요한 문제이지만 문법교육의 관점에서 시급한 문제는 아니므로, 이 글에서는 정당화가 배제된 요행수 추측의 문제만 다루고 '정당화 과정이 존재하지만 운 좋게 참이 된 경우'에 해당하는 게티어 문제에 대해서는 상세히 다루지 않았다.

5. 이론 연구에서 사고 실험의 가치

가상적 사례를 구성하여 논증에 활용하는 것은 인식론 연구에서 오랫동안 활용되어 온 방식이다. 가상적 사례는 실제 사례가 아니라는 점에서 귀납 연구에 활용될 수는 없으나, 예상되는 문제 상황을 미리 고려할 수 있게 해 준다는 점에서 이론 연구에 활용될 수 있다. 구체적 방법은 다르지만 이론 물리학 등에서 이론 구축을 위한 수단 중 하나로 사고 실험(thought experiment)을 활용해 온 것도 같은 맥락에서 이해할 수 있다. 즉, '사례'가 '귀납 연구'만 활용되며 무조건 '실제 사례'이어야 한다는 생각은 일종의 편견이다. '사례'에는 '실제 사례'뿐 아니라 '가상적 사례'도 있고, 가상적 사례는 이론 구축에 생산적으로 활용될 수 있다. 물론, 가상적 사례를 활용한 이론 연구에 이어 구성된 이론을 귀납적으로 실증하기 위한 후속 연구가 이루어져야 할 것이다.

6. 언어적 직관은 비추론적 믿음인가

언어적 직관에 근거하여 특정 언어 형태의 수용성에 대해 갖게 되는 판단을 비추론적 믿음으로 간주하기 어렵다는 반론이 제기될 수 있다. 이러한 반론은 언어 경험 자체가 개념적 틀을 전제하기 때문에, 언어 경험 자체를 비추론적 믿음으로 간주할 수 없다는 견해를 반영한다. 이 글에서는 언어 경험을 '비개념화된 소여(所與)(unconceptualized given)'로 수용할 수는 없으나, 언어 경험이 개념적 틀에 의해 구획된다는 점을 수용하더라도 언어적 직관에 따른 믿음은 '비추론적 성격'을 띨 수 있다고 본다. 경험에 개념이 관여하는지의 문제와 특정 믿음이 추론적 성격을 띠는지 여부는 별개이기 때문이다. 참고로 '경험의 소여'에 대한 전통적 논의에서는 '경험에 주어진 것은 어떤 개념적 틀에 의해서도 오염되지 않은 순수한 내용'으로 간주하지만, 새로운 토대론자로 분류되는 맥도웰(McDowell)은 '경험'을 '외부로부터 주어짐과 개념적 활동이 융합되어 있는 상태(윤보석, 2015:134-135)'로 규정한다.

7. 숙련자들의 언어적 직관은 모두 동일한가

숙련자들이 가진 언어적 직관이 모두 동일한 것은 아니다. 예를 들어, 이선웅(2005:88)에서는 '철수의 영희에게의 상장의 수여'라는 예를 제시하며 이를 어색한 구성으로 판단할지 자연스러운 구성으로 판단할지에 대해 국어학자들이 상이한 의견을 제시한 바 있음을 밝히고 있다. 학습자에게 추가적인 언어 경험을 제공함으로써 일정 수준의 언어적 직관을 형성하도록 해야 한다는 주장은 이와 같이 미묘한 사항에 관한 것이 아니라 숙련자들이 대체로 합의하는 사항에 관한 것으로 한정된다.

8. 정합론을 설명하는 또 다른 방식

'정합론'을 설명하는 방식은 단일하지 않다. 예를 들어, 레러(Lehrer, 1990)는 '승인(acceptance)'이라는 개념을 도입하여 현상에 대한 복수의 경쟁적 주장을 물리치고 특정한 주장이 승인되는 것을 '정합성'이라고 설명한다. 그는 "p가 t 시점에서 S의 승인 체계와 정합한다는 말은 S가 t 시점에서 S의 승인 체계를 기반으로 할 때 다른 어떤 경쟁 주장보다 p를 승인하는 것이 합리적임을 의미(Lehrer, 1990: 117)"한다고 보았다. 정합론에 대한 레러의 설명 방식은 승인된 주장을 경쟁 주장들과의 관계 속에서 규정한다는 점에서 문법 현상에 대해 복수의 설명 방식이 공존하는 문법 오개념 논의에서 참고할 사항이 많을 것으로 예상된다. 이 문제에 대해서는 앞으로 보다 심도 있는 연구가 필요하다.

9. 오개념 내러티브란

제민경(2016, 2020)에서 제안한 '오개념 내러티브'는 학습자의 문법 오개념을 개념 간의 연결 관계의 측면에서 설명한다는 점에서 이 글에서 언급한 문법 개념 간의 추론적 연관성과 깊은 관련을 맺고 있다. 필자는 "학습자의 오개념은 문법 지식에 대한 학습자 나름의 앎의 방식을 보여주는 방편이 되며, 이런 면에서 오개념은 '오개념 내러티브'로 접근(제민경, 2016:360)"해야 한다는 주장에 깊이 공감한다. '오개념 내러티브', '추론적 연관성 인식'과 같은 개념이 문법 오개념 연구를 '외현적으로 드러난 오개념'을 넘어 '발견 대상으로서의 잠재적 오개념'에 주목하는 방향으로 변화시킬 것이라고 본다.

10. 문법 오개념의 다층성

오개념의 다층성은 문법 개념이 상호 관련을 맺으며 구성되어 있다는 생각에서 출발한다. 문법 개념들이 서로 어떤 관계를 맺고 있는지는 그간의 문법교육 연구에서도 지속적으로 논의되어 왔다(주세형, 2008; 김은성, 2012; 남가영, 2012; 제민경, 2012; 이관희, 2015; 오현아, 2016ㄱ, 2016ㄴ, 2017; 최선희, 2020). 특히, 오현아(2016ㄱ:48)에서는 사용자 중심의 문법교육 내용 재구성 방안으로 "1) 문장 단위 중심의 회귀적 기술, 2) 주요 문법 개념 중심의 문법교육 내용 기술 3) 연쇄적 문법교육 내용 제시"의 세 가지를 제안하여 언어 단위를 넘나들며 문법을 가르치고 배울 수 있는 방안을 구체화한 바 있다. 한편, 이러한 문법 개념 간의 관계를 오개념의 다층성 차원에서 직접적으로 논의한 연구도 다수 이루어지고 있다(남가영, 2013; 조진수, 2014; 이관희·조진수, 2015; 박종미·강민이, 2016; 전영주 외, 2017; 최선희, 2017).

전문가의 머릿속에는 문법 개념들이 어떤 방식으로 연결되어 있을까[*]

'허브 문법 개념'이란 "문법 개념망 내에서 다른 문법 개념들과의 연결 관계가 문법교육적으로 유의미한 방식으로 집적(集積)된 문법 개념"을 의미한다.

(본문 중에서)

---

[*] 3장은 한국문법교육학회 학술지 〈문법교육〉 32호(2018.4.)에 게재되었던 「문장의 주성분' 개념망에 대한 네트워크 분석 -문법서에 나타난 문법 개념망을 중심으로」를 이 단행본의 체제에 맞게 일부 수정하여 실은 것임.

1. 문법 개념은 망(網, network)을 이루고 있다

전문가의 머릿속을 궁금해하다

문법 전문가의 머릿속에는 문법 개념들이 어떤 모습으로 담겨 있을까?[더 알아보기 1] 수많은 문법 개념들이 무질서하게 나열되어 있지는 않을 것이다. 관련된 문법 개념들이 서로 연결되어 있을 것이라고 짐작할 수 있다. 문법 개념들이 서로 관련을 맺으며 존재한다는 점은 그간의 문법교육 연구에서도 지속적으로 강조되어 왔다.

그렇다면 문법 전문가의 머릿속을 어떻게 탐색할까? 이 글에서는 '문법 개념망'을 분석하는 간접적인 방식을 사용한다. '문법 개념망'은 문법 개념들이 서로 연결된 채 존재한다는 점을 가리키는 말이다. 문법 개념들이 연결된 방식은 사람마다 다를 수 있다. 문법 전문가의 머릿속에 있는 문법 개념망이 확인되면, 초심자의 개념망과 어떤 차이가 있는지 알 수 있다.

문제는 전문가의 머릿속 개념을 직접 관찰하기 어렵다는 데 있다. 이러한 문제로 인해 여기서는 전문가들이 쓴 문법 개론서를 분석하는 간접적인 방식을 취한다. 문법 개론서에 문법 개념들이 어떻게 연결되어 있는지를 찾아 네트워크 형태로 구현하는 것이다. 직접적인 방식이 아니라 한계는 있지만, 개론서에는 전문가의 인식이 반영되므로 전문가의 머릿속을 어느 정도 가늠해 보는 것은 가능하다.

문헌을 통해 전문가의 수행 양상을 포착하는 방식은 기존 연구에서도 많이 이루어졌다(남가영, 2008; 주세형, 2008; 제민경, 2015). 그간의 연구가 질적 분석에 기반을 두고 있어 양적 분석도 필요한 시점이라고 판단하여, 문법 개론서에서 문법 개념들이 동시 출현(co-occurrence)하는 양상을 코딩하여 이를 네트워크의 형태로 나타내는 방식을 사용하였다.

또한, 문법 개념망의 전모를 한 편의 개인 연구에서 규명할 수는 없으므로, 우선 '문장 성분' 중 '주성분(주어, 목적어, 보어, 서술어)'의 개념망을 살펴보기로 한다. 특별히 문장 성분을 분석 대상으로 삼은 것은 문장 성분이 전통 문법의 개념으로 그간 많은 논의가 축적되어 왔고, 문장 성분을 설명할 때 품사 등 인접 개념 동원의 필요성이 큰 편이며(이지수·정희창, 2015: 252-253), 구조주의 문법과 기능 문법이 모두 관여하는 속성을 지녔기 때문이다.

2. 전문가의 문법 개념망은 어떤 특징을 지닐까

초심자와 전문가의 차이

전문가가 가진 개념망은 초심자(novice)에 비해 더 광범위한 개념 항목을 포함한다. 각 개념 간의 연결 정도도 높다. 중요한 것은 개념 간의 연결이 어떤 방식으로 이루어져 있는지의 문제다. 우선, 개념의 위계성을 고려할 때 전문가들은 기본 수준보다 하위에 놓이는 개념들을 잘 알고 있어서 초심자보다 상세한 개념 분류가 가능하다(Tanaka & Taylor, 1991).

전문가 개념망의 연결 문제는 위계성뿐 아니라 유연성 측면에서도 이해할 필요가 있다. 초심자는 문제 해결을 위해 특정 현상을 관찰할 때 대상의 표면적 특성에 주목하는 경향이 있으나, 전문가는 현상 이면에 존재하는 개념 구조를 바탕으로 현상을 분석하여 문제 해결 전략을 선택하는 경향이 있다(Chi et al, 1981; Anderson & Leinhardt, 2002). 이 과정에서 전문가의 문법 개념망은 문제 해결을 위한 개념들 간의 연결 관계가 활성화되는 방식으로 작동한다. 이는 전문가의 개념망의 연결 관계가 매우 유연한 속성을 지니고 있음을 의미한다(김성희·이종원, 2012).

전문가 개념망의 특징은 혼종적 요소 간의 연결이 다층적으로 이루어진 복잡계(complex system)의 이해 양상을 통해서도 잘 드러난다. 복잡계 이해 과정을 바탕으로 할 때 전문가의 개념망은 초심자에 비해 다층적 수준의 개념들이 잘 연결되어 있고, 각 개념 간의 상호작용에 대한 이해도 풍부하다(Hmelo-Silver et al., 2007).

전문가의 개념망에 관한 기존 연구는 전문가 개념망이 가진 일반적인 특성을 보여준다는 점에서 참고할 수 있다. 그러나 이러한 특성이 문법 영역에 어느 정도까지 적용 가능한지는 별도의 연구를 통해 확인되어야 한다.

문법 개념망의 특성

문법교육 연구에서 개념망 그 자체를 명시적인 주제로 다룬 경우는 그리 많지 않다. 그러나 학습자들이 문법 개념 간의 관계를 인식하는 것이 중요하다는 점은 많은 연구에서 논의되었다. 문법 개념이 단독으로 존재하는 것이 아니라 다른 개념들과의 관계 속에서 존재한다는 주장을 담고 있는 연구는 '문법 개념망'이라는 용어를 명시적으로 사용하지 않았더라도 문법 개념망과 관련된 연구로 간주할 수 있다.

김은성(2012)은 문법교육에서 표상의 문제를 다루면서 '구조적 표상'이라는 범주를 설정하였다. 여기서 '구조'는 문법 개념이 단독으로 존재하지 않고 일정한 구조 속에 존재함을 전제하는 개념이므로 문법 개념이 망을 이루고 있다는 의미를 담고 있다. 문법 지식의 표상 문제는 이관희(2015)에서 본격적으로 논의된 바 있는데, 그는 '개념 관계의 구성'이라는 범주를 제시하여 문법 개념들이 상호 관련 속에서 존재함을 규명하였다.

남가영(2012)은 교과서의 문제를 다루면서 이야기를 활용하여 문법 지식 자체에 맥락을 부여하는 유형이 존재함을 지적하였다. 이는 문법 개념을 연성화하기 위해 이야기를 활용하는 것과는 구분되는 것으로, 문법 개념들이 개념적 차원에서 상호 관련될 수 있음을 보여준 것으로 이해할 수 있다. 제민경(2012)은 내러티브적 앎이라는 관점에서 문법 설명 텍스트의 구성 방식을 논의하면서 '내적 연결소'와 '외적 연결소'라는 개념을 제안하였다. '연결소'는 문법 개념들이 망을 이루고 있다는 인식을 보여줄 뿐 아니라, 문법 개념망을 구성하는 각 개념들의 연결을 매개하는 개념이 존재한다는 인식까지 보여준다.

오현아(2016ㄱ)는 '문장 단위 중심의 회귀적 기술'과 '연쇄적 문법 교육 내용의 제시'를 제안하였는데 이 역시 문법 개념 간의 상호 관련성을 고려한 것이다. 그 외에도 오현아(2017)에서 제안한 '연계 가능성의 원리', 조진수(2017ㄴ)에서 제안한 '추론적 연관성 인식' 등은 모두 문법 개념의 학습이 특정 개념 단독으로 이루어지는 것이 아니라 개념망을 바탕으로 이루어진다는 인식을 보여준다.

개념망에서 각 개념은 복합적인 연결 관계를 맺고 있다. 문법 개념망에서 각 개념들은 다양한 관계로 연결되어 있으며, 이로 인해 특정 문법 항목의 개념망은 그 내부에 다양한 하위 개념망이 중첩되어 있는 다층적 성격을 지닌다. 문법 개념망에 관한 연구는 아직 전문가와 학습자가 가지고 있는 문법 개념망을 핍진하게 설명하는 단계까지 이르지는 못하였다. 이러한 점을 고려하여 이 글에서는 문법 개념망의 양상을 실증적으로 살펴보고자 한다.

3. 어떤 방법으로 전문가의 문법 개념망을 밝혀낼 수 있을까

차선의 선택, 간접 측정

이 글에서는 문법서에 담긴 문법 개념망을 분석한다. 그렇다고 해서 문법서에 담긴 문법 개념망과 전문가가 가지고 있는 문법 개념망을 동일한 것으로 간주하는 것은 아니다. 문법서를 분석하는 까닭은 문법서에 전문가의 문법 개념망이 온전히 담겨 있다는 비약적 믿음에 기반하고 있는 것이 아니라, 전문가의 문법 개념망은 다각도의 연구가 종합되어야 규명 가능하다는 믿음에 기반하고 있다.[더 알아보기 2]

문법서를 분석하는 작업은 이와 같은 다각도의 연구 중 하나로 시도되는 것이다. 문법서에 전문가의 문법 개념망이 온전히 반영되어 있는 것은 아니지만, 적어도 부분적으로 혹은 특정한 방식으로 반영되어 있다고 가정할 수는 있기 때문이다. 다소 불완전하더라도 개인이 구축할 수 있는 작은 규모의 자료를 토대로 한 연구가 지속적으로 이루어지면, 이어지는 연구에서는 기존 연구 결과를 바탕으로 더 진실에 가까운 논의가 가능해진다.

다음으로 분석 대상과 분석 방법에 관한 세부 사항을 살펴보자. 문법 개념 간의 관계 데이터 구축을 위한 자료로 전문가가 생산한 연구 논문, 문법 개론서, 문법교육론 서적, 문법 교과서 등을 고려해 볼 수 있다. 그런데 문법 교과서는 교수·학습 상황을 고려하여 집필되는 것이기 때문에 전문가의 개념망이 그대로 반영된다고 보기 어렵다. 연구 논문의 경우 연구자의 이론적 배경과 논문의 주제에 따라 특정 영역에 한정된 논의를 하는 경우가 있어 이를 토대로 산출된 개념망은 편향성이 클 것이라고 예상할 수 있다.

문법 개론서와 문법교육론 서적은 해당 문법 개념에 관해 포괄적인 설명을 제공하기 때문에 문법 개념망의 편향성이 상대적으로 작다. 이러한 점을 고려하여 이 글에서는 가능한 집필자가 중복되지 않도록 하여 개론적 성격을 지닌 문법서 및 문법교육론 서적 5종을 분석 대상으로 선정하였다. 구체적 선정 결과는 다음과 같다.

분석 대상
- 구본관·박재연·이선웅·이진호·황선엽(2015), 「한국어 문법 총론Ⅰ」, 집문당, 219-236.
- 남기심·고영근(2004), 「개정판 표준국어문법론」, 탑출판사, 237-264.
- 이관규(2012), 「(제3판) 학교문법론」, 월인, 212-221.
- 왕문용·민현식(1993), 「국어 문법론의 이해」, 개문사, 198-203.
- 최경봉·김윤신·이동석·주세형(2017), 「국어 선생님을 위한 문법교육론」, 창비교육, 177-189.

앞서 언급하였듯이 이와 같은 방식은 분석 대상의 협소함으로 인하여 일정 부분 편향성이 생길 수밖에 없다. 이 글에서는 이러한 한계를 고려하여 분석 결과를 과도하게 일반화하지 않고 잠정적인 것으로 간주하고 논의한다.

네트워크 분석, 이렇게 했다

위의 텍스트를 다음과 같은 절차에 따라 관계 데이터로 전환하였다. 우선, 위의 텍스트에서 문장의 주성분과 관련된 부분을 대상으로 삼아 문장을 분석 단위로 하여 문법 개념어를 추출한다. 이때 한 문장에서 공출현하는 문법 개념은 상호 관련성을 지닌 것으로 간주한다. 문장 내 공출현이 개념 간의 관련성을 보증하는 것은 아니지만, 문장 내 공출현은 언어 네트워크 분석에서 개념 간 관련성을 파악하기 위해 많이 사용되는 방식이다(강명구, 2000; 이수상, 2014).

물론, 한 문장에 함께 출현하는 개념들 간에도 관련을 맺는 방식과 관련성의 정도에 차이가 있겠지만, 분석의 일관성을 고려하여 이와 같은 방식으로 관계 데이터를 구축하였다.[더 알아보기 3] 이와 같은 방식으로 추출한 개념들로 노드 목록(node list)을 작성하였다. 노드 목록을 구축하는 과정을 예시하면 다음과 같다.

표 3-1. 노드 목록 구축 과정 예시

대상 문장	관계 노드 정리	노드 목록 구축	
		노드 1	노드 2
주어는 체언이나 체언의 기능을 하는 말에 주격 조사가 붙어서 된다. (남기심·고영근, 2004:238)	°주어-체언-체언의 기능을 하는 말-주격 조사	주어	체언
		주어	체언의 기능을 하는 말
		주어	주격 조사
		체언	체언의 기능을 하는 말
		체언	주격 조사
		체언의 기능을 하는 말	주격 조사

한 문장에 공출현하는 문법 개념이 두 개인 경우에는 노드 목록을 한 행만 작성하면 되지만 세 개 이상인 경우에는 조합의 가짓수가 두 개 이상이 되므로, 한 문장에 공출현하는 문법 개념이 n개인 경우 위와 같은 방식으로 $_nC_2$ 개의 행을 작성하여 각 개념 간의 관계가 모두 노드 목록에 담길 수 있도록 하였다. 이러한 절차를 거쳐 총 1,917행으로 이루어진 노드 목록을 작성하였다. 완성된 노드 목록은 네트워크 분석 도구인 UCINET(Ver.6)을 사용

하여 256개의 노드가 각각 행과 열에 배치된 정방형 일원 매트릭스로 변환하였다. 노드 간 방향성은 없지만 노드 간 연결 횟수의 차이는 존재하므로 '방향성이 없는 가중 네트워크(undirected weighted network)'를 구축하였다. 연결 횟수는 네트워크상에서 각 노드 간 연결선(edge)의 굵기로 표현되도록 하였다.

연결 강도 중심성 분석 시에는 가중형 데이터를 그대로 사용하였고, 연결 정도 중심성, 매개 중심성 분석 시에는 UCINET을 사용하여 해당 데이터를 이진형으로 변환하여 사용하였다. 아이겐벡터(eigenvector) 중심성은 이진형과 가중형 데이터 모두 사용 가능하지만, 본 논의의 특성상 특정 노드와 연결된 노드의 연결 강도보다는 연결 정도가 더 중요하다고 보고 이진형 데이터를 기반으로 아이겐벡터 중심성을 산출하였다.

이 글에서 네트워크 분석을 통해 확인할 개념망은 연구자의 해석을 기다리는 또 다른 자료가 된다. 이 자료는 문헌 자료를 기반으로 생성된 2차 자료로서, 문헌 자료를 특정한 방식으로 표상하고 있어 해석적 가치가 높다. 이 글에 제시된 네트워크 분석은 양적 분석의 결과물이 또다시 연구자의 해석을 기다리는, 연구자의 사유를 촉진하는 자료로 기능함을 보여준다.

4. 문법 개념에 대한 네트워크 분석 결과 살펴보기

네트워크 분석 결과가 알려주는 것들

네트워크 분석 결과 문장의 주성분 전체 네트워크는 각 노드가 '하나 이상의 경로로 연결된 하위 집단'인 컴포넌트(component)가 7개로 이루어져 있음이 확인되었다. 총 7개의 하위 집단 중 하나의 하위 집단에 총 256개의 노드 중 242개가 포함되어 있고 나머지 하위 집단은 각각 노드를 2~3개씩만 포함하고 있는 것으로 나타났다.[1] 즉, 문장의 주성분 개념망에서 대부분의 문법 개념은 하나 이상의 경로로 연결되어 있다.

다음으로 연결 강도 중심성, 연결 정도 중심성, 매개 중심성, 아이겐벡터 중심성을 살펴보자. 우선 연결 강도 중심성과 연결 정도 중심성[2] 분석 결과 상위 20위 이내인 문법 개념은

---

1. 가장 큰 하위 집단을 제외한 나머지 6개 집단에 포함된 문법 개념은 다음과 같다. [집단 2] 도입문, 발화 / [집단 3] 두 자리 느낌 형용사, 한 자리 성상 형용사 / [집단 4] 변형설, 심층 구조, 표면 구조 / [집단 5] 서술어 중심 언어, 주어 중심 언어 / [집단 6] 완전자동사, 완전형용사, 한 자리 서술어 용언 / [집단 7] 의존 형용사, 지정 형용사

다음과 같다.

표 3-2. 연결 강도 중심성 상위 20위

순위	항목	연결 강도 중심성	표준화 연결강도 중심성	순위	항목	연결 강도 중심성	표준화 연결강도 중심성
1	주어	333	0.037	11	체언	59	0.007
2	서술어	236	0.026	13	생략	56	0.006
3	목적어	162	0.018	13	자동사	56	0.006
4	보어	146	0.016	14	목적격 조사	46	0.005
5	주격 조사	83	0.009	15	서술절	42	0.005
6	동사	78	0.009	17	문장 성분	37	0.004
7	부사어	75	0.008	17	보조사	37	0.004
8	형용사	70	0.008	18	부사격 조사	35	0.004
9	타동사	66	0.007	19	필수적 부사어	31	0.003
10	용언	60	0.007	20	두 자리 서술어	30	0.003

표 3-3. 연결 정도 중심성 상위 20위

순위	항목	연결 정도 중심성	표준화 연결정도 중심성	순위	항목	연결 정도 중심성	표준화 연결정도 중심성
1	주어	124	0.486	13	부사격 조사	27	0.106
2	서술어	99	0.388	13	생략	27	0.106
3	보어	70	0.275	13	타동사	27	0.106
4	목적어	64	0.251	15	목적격 조사	24	0.094
5	주격 조사	45	0.176	15	문장 성분	24	0.094
6	용언	40	0.157	16	자동사	23	0.09
8	동사	39	0.153	18	보격	21	0.082
8	부사어	39	0.153	18	서술절	21	0.082
9	체언	32	0.125	19	격 조사	20	0.078
10	형용사	30	0.118	20	조사	19	0.075

---

2. 연결 정도 중심성(degree centrality)은 "네트워크 내에서 하나의 노드가 다른 노드와 연결되어 있는 링크의 수로, 네트워크에서 노드의 중요성을 나타낸다(Freeman, 1979, 정성훈, 2014:60에서 재인용)". 연결 강도 중심성 (strength centrality)은 노드 간 연결선의 강도를 고려한 중심성이다(정성훈, 2014: 62).

위의 결과를 살펴보면, 주성분에 해당하는 '주어, 서술어, 목적어, 보어'는 연결 강도 중심성과 연결 정도 중심성이 모두 높은 것으로 나타났다. 이는 주성분을 다룬 부분을 분석 대상으로 삼았기 때문이다.

연결 강도와 연결 정도 모두 '주어, 서술어'가 '목적어, 보어'보다 높게 나타났다. 단, 목적어와 보어의 경우 연결 강도 중심성과 연결 정도 중심성에서 미세한 차이가 나타났다. 연결 강도는 목적어가 보어보다 높지만 연결 정도는 보어가 목적어보다 더 높게 나타났다. 미세한 차이지만 이는 목적어보다 보어를 이해하는 데 더 다양한 개념들이 동원될 가능성이 있다고 해석할 수 있다.[3]

주성분을 제외하고 연결 강도 중심성과 연결 정도 중심성이 모두 상위 10위 이내에 포함된 문법 개념은 '주격 조사', '용언', '동사', '부사어', '형용사'였다.[4] 이러한 결과는 최종적 결과물이 아니라 해석을 필요로 하는 또 다른 자료가 된다. 즉, 문장의 주성분 개념망에서 왜 특정한 문법 개념들의 연결 정도가 높게 나타났는가 하는 문제에 답해야 한다.

주성분 개념망에서 문장 성분뿐 아니라 여러 품사 개념의 연결 정도가 높게 나타났고, 특히 '주격 조사' 같은 경우 조사의 하위 유형 중 하나로서 다른 개념들과 층위가 구분되기 때문에, 왜 다른 조사가 아니라 특히 주격 조사의 연결 정도 중심성이 높은지에 대한 탐색도 요구된다.

네트워크 중심성 분석과 관련하여 다양한 지표들이 개발되어 있다. 연결 강도 중심성과 연결 정도 중심성이 높게 나타난 문법 개념들이 어떠한 문법교육적 함의를 갖는지를 밝히려면 연결 강도 중심성, 연결 정도 중심성 외에 매개 중심성과 아이겐벡터 중심성도 함께 확인해야 한다. 매개 중심성과 아이겐벡터 중심성[5] 분석 결과는 다음과 같다.

---

3. 단, 이 글에서 분석 대상으로 삼은 표본이 작기 때문에 이 문제가 표본의 특수성에 의한 것인지 주성분 개념망 자체의 문제인지는 더 큰 관계 데이터를 토대로 다시 확인해 볼 필요가 있다.

4. '주격 조사, 용언, 동사, 형용사'는 품사 차원의 개념이고 '부사어'는 문장 성분 차원의 개념이기 때문에, 문장 성분 이해에 품사 지식이 많이 동원되고 있음이 실증적으로 확인되었다고 볼 수 있다.

5. 매개 중심성(betweenness centrality)은 "노드가 네트워크 내 노드쌍 간의 최단경로상에 위치하는 정도(즉 횟수)를 측정하여 계산(곽기영, 2014:199)"된다. 매개 중심성은 통상 네트워크 내의 정보교환이나 자원 흐름에 대한 통제 능력을 나타내는 지표(곽기영, 2014:200)이지만, 문장의 주성분 네트워크에서 매개 중심성을 어떻게 해석할지는 좀 더 고민이 필요하다. 아이겐벡터 중심성(eigenvector centrality)은 "연결된 노드의 개수뿐만 아니라 연결된 노드가 얼마나 중요한지도 함께 고려하여 연결 정도 중심성의 개념을 확장한 것으로 연결된 다른 노드의 중심성을 가중치로 하여 계산된 연결 관계 정도(곽기영, 2014:212)"이다.

표 3-4. 매개 중심성 상위 20위

순위	항목	매개 중심성	표준화 매개 중심성	순위	항목	매개 중심성	표준화 매개 중심성
1	주어	9798.074	30.255	11	동사	1238.341	3.824
2	서술어	7057.729	21.793	12	이중 목적어 구문	953.000	2.943
3	보어	3702.419	11.433	13	구	887.814	2.741
4	목적어	2465.337	7.613	14	체언	865.299	2.672
5	주격 조사	2411.141	7.445	15	문장 성분	708.384	2.187
6	격 조사	1663.464	5.137	16	보조 용언	694.238	2.144
7	격 관계	1484.351	4.583	17	생략	658.934	2.035
8	초점화	1468.343	4.534	18	부사어	632.721	1.954
9	목적격 조사	1407.753	4.347	19	관형어	565.787	1.747
10	용언	1313.568	4.056	20	부사격 조사	552.372	1.706

표 3-5. 아이겐벡터 중심성 상위 20위

순위	항목	아이겐벡터 중심성	표준화 아이겐벡터 중심성	순위	항목	아이겐벡터 중심성	표준화 아이겐벡터 중심성
1	주어	0.35	49.462	11	자동사	0.144	20.416
2	서술어	0.305	43.179	12	체언	0.135	19.058
3	보어	0.257	36.282	13	부사격 조사	0.121	17.178
4	목적어	0.25	35.319	14	두 자리 서술어	0.121	17.106
5	부사어	0.183	25.857	15	한 자리 서술어	0.112	15.810
6	동사	0.18	25.484	16	조사	0.109	15.419
7	용언	0.174	24.625	17	문장 성분	0.108	15.223
8	형용사	0.171	24.146	19	불완전형용사	0.108	15.206
9	주격 조사	0.158	22.376	19	불완전자동사	0.108	15.206
10	타동사	0.157	22.137	20	불완전타동사	0.107	15.170

이러한 결과가 의미하는 바는 무엇일까? 우선, '주격 조사', '용언'은 연결 강도 중심성, 연결 정도 중심성, 매개 중심성, 아이겐벡터 중심성이 모두 상위 10위 이내로 나타났다. '동사', '부사어', '형용사'는 매개 중심성을 제외하고 연결 강도 중심성, 연결 정도 중심성, 아이겐벡터 중심성이 모두 상위 10위 이내로 나타났다. '격 조사, 격 관계, 초점화, 목적격 조사'

의 경우 다른 중심성에서는 상위 10위 이내에 포함되지 못하였는데, 매개 중심성에서는 상위 10위 이내로 나타났다. 이러한 중심성 분석 결과는 다음과 같은 질문들로 이어진다.

- '주격 조사', '용언'이 여러 중심성 분석 결과에서 높은 순위를 차지한 이유는 무엇이고, 이러한 결과가 갖는 문법교육적 함의는 무엇인가?
- 중심성 유형에 따른 문법 개념의 순위 차이를 어떻게 해석할 것이고, 이러한 해석의 결과를 문법교육적으로 활용하는 방안은 무엇인가?

'문법 개념망 내 문법 개념 간 위상 차이', '개념망을 구성하는 문법 개념의 유형' 두 측면에 대해 논의함으로써 위의 물음들에 답해 보기로 한다.

문법 개념망에도 허브(hub)가 있다?: 허브 문법 개념

문장 주성분 개념망의 노드 총 256개 중 중심성이 높은 노드는 매우 적었다. 이는 연결 강도 중심성, 연결 정도 중심성, 매개 중심성, 아이겐벡터 중심성의 순위 그래프가 다음과 같은 분포를 나타낸다는 점을 통해서도 확인할 수 있다.

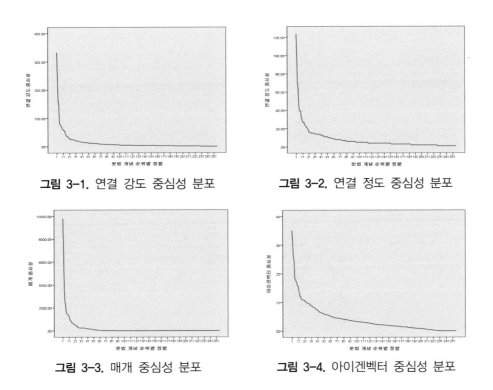

그림 3-1. 연결 강도 중심성 분포 그림 3-2. 연결 정도 중심성 분포

그림 3-3. 매개 중심성 분포 그림 3-4. 아이겐벡터 중심성 분포

다음 그래프에서 확인할 수 있는 바와 같이 문장의 주성분 개념망에서 일부 문법 개념들은 다른 대부분의 개념들과 달리 연결성이 매우 높은 특성을 지니고 있다. 이를 통해 문장의 주성분 개념망에 존재하는 문법 개념들의 개념망 내 위상에 차이가 있음을 짐작할 수 있다.

이러한 점을 고려할 때, 연결 정도 중심성, 매개 중심성, 아이겐벡터 중심성이 모두 높은 항목은 문장의 주성분 개념망에서 '허브 문법 개념(hub grammar concept)'이 될 가능성이 있다고 할 수 있다. 여기서 '허브 문법 개념'이란 "문법 개념망 내에서 다른 문법 개념들과의 연결 관계가 문법교육적으로 유의미한 방식으로 집적(集積)된 문법 개념"을 의미한다.[더 알아보기 4]

특정한 문법 개념이 허브의 역할을 할 수 있는지는 네트워크 분석을 통해 산출된 양적 정보만으로 판단할 수 없다. '허브 문법 개념'의 정의에서 단순히 "연결 관계의 집적"이라고 표현하지 않고 "문법교육적으로 유의미한 방식으로"라는 단서를 단 것은 네트워크 분석을 통해 산출된 양적 정보에 대한 전문가의 해석적 판단이 종합되어야 해당 문법 개념에 타당한 위상을 부여할 수 있음을 시사한다.

중심성 분석은 '허브 문법 개념'의 후보군을 1차 추출해 준다는 점에서 의의가 있다. 네트워크 분석을 통해 추출된 허브 문법 개념의 후보군 중에는 허브 개념이 아님에도 불구하고 다른 요인으로 인하여 중심성이 높게 나타난 것도 있을 것이다. 따라서 전문가의 해석이 반드시 이루어져야 한다.

문장의 주성분인 '주어, 서술어, 목적어, 보어'를 제외하고 위 네 가지 유형의 중심성 값이 모두 높게 나타난 문법 개념인 '주격 조사'와 '용언'에 대해 좀 더 세밀히 들여다 보자. 우선

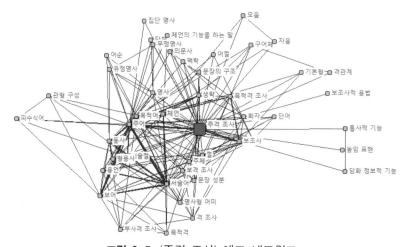

그림 3-5. '주격 조사' 에고 네트워크

'주격 조사'의 에고 네트워크는 다음과 같다.

주격 조사의 중심성 값들이 높게 나타난 이유는 무엇이고, 이러한 결과가 시사하는 바는 무엇일까? 우선 첫 번째 문제와 관련하여 주격 조사가 네트워크상에서 어떤 개념들과 연결되어 있는지 확인하고, 각 개념들과의 관련 양상을 살펴볼 필요가 있다. 주성분 개념망에서 주격 조사와 연결된 개념 목록은 다음과 같다.

표 3-6. '주격 조사'와 연결된 개념 목록

구 분		'주격 조사'와 연결된 개념
'주어' 단원		격 조사/격관계/구/구어체/기본형/높임 표현/단어/단체 명사/담화 정보적 기능/동사/맥락/명사/명사형 어미/모음/목적격 조사/목적어/무정명사/문장 성분/문장의 구조/보조사/생략/어순/어절/유정명사/의문사/자음/절/주어/주체/집단 명사/체언/체언의 기능을 하는 말/통사적 기능/화자
'주어'를 제외한 주성분 단원	'서술어' 단원	목적격/부사격 조사/서술어/주어/체언/보격 조사/서술어/용언/형용사/
	'목적어' 단원	목적격 조사
	'보어' 단원	관형 구성/보격 조사/보어/보조사적 용법/주어/피수식어/보격 조사/보어/보조사/서술절/주어/체언

위의 표에서 확인할 수 있듯이 주격 조사는 주성분 개념망에서 다양한 개념들과 종횡(縱橫)으로 연결되어 있다. 주격 조사와 연결된 개념의 목록을 살펴보면, 주격 조사는 주어의 개념을 설명하는 데에만 동원되고 마는 것이 아니라, 범주화의 기준에 따라 다양한 개념들과 관계를 맺고 있어 여러 개념을 설명하는 데 다각도로 동원되고 있음을 알 수 있다.

주격 조사는 격 조사의 하위 유형이라는 측면에서 '목적격 조사', '서술격 조사', '보격 조사'와 연결되어 있을 뿐 아니라, 보격 조사와 형태 차원의 동일성을 갖는다는 점 때문에 주어와 보어의 구분 문제에도 관여한다. 격의 구분 문제는 '격'이 무엇인가 하는 보다 심층적인 문제로 이어지는데, 주격 조사는 이러한 심층적 문제의식이 형성되는 과정에 필수적으로 관여한다.

또한, '이/가'가 보조사적으로 쓰이는 사례가 존재하기 때문에 주격 조사는 보조사와 격 조사의 관계 문제에도 관여하는데, 이는 목적어의 보조사적 용법 문제와도 동형성을 갖는다.

주격 조사는 통사 층위와 의미역 층위의 관계 문제에도 관여한다. 주격 조사와 결합하는 성분이 '주체'인지 '대상'인지의 문제는 통사 층위와 의미역 층위의 접면(interface) 문제에 해당하는데, 두 층위 간의 관련성을 설명할 때 통상 주격 조사를 언급하게 된다.[6]

이런 점에서 주격 조사는 문장의 주성분 개념망에서 '허브 문법 개념'이 될 가능성이 높다. 연결 관계의 질을 판단하는 공인된 기준이 확립된 것은 아니지만, 주격 조사가 보여주고 있는 연결의 다양성, 다층성, 심층성은 주격 조사가 문장의 주성분 개념망에서 구축하고 있는 연결 관계가 문법교육적 차원에서 유의미함을 방증하기 때문이다. 물론, 주격 조사를 주성분 개념망에서 허브 역할을 하는 문법 개념으로 확정할 수 있는가 하는 문제는 한 명의 개인 연구자가 판정할 수 없다. 특정한 문법 개념을 허브로 규정할 수 있을지는 문법교육 전문가의 다양한 해석이 충분히 누적되어야 가능하다.

허브 개념이 될 가능성이 높은 주격 조사는 주어 관련 부분에서만 언급할 것이 아니라 다른 주성분을 설명하는 과정에서도 적극적으로 활용해야 한다. 주격 조사를 매개로 개념들이 연결되면 학습자는 좋은 문법 개념망 구축에 한발 더 다가서게 된다. 주격 조사는 종횡으로 활용되며 개념망 속 개념들을 긴밀히 연결하는 역할을 한다.[더 알아보기 5]

'용언'은 '주격 조사'와 사정이 다르다. 용언은 중심성 분석 결과 상위 10위 이내에 포함되었으나, 연결 강도 중심성 10위, 연결 정도 중심성 6위, 매개 중심성 10위, 아이겐벡터 중심성 7위로 주격 조사에 비해 전반적으로 순위가 낮다. 용언은 동사와 형용사를 포괄하는 개념인데, 동사와 형용사 역시 매개 중심성을 제외하고 다른 중심성 분석 결과에서 10위 이내에 포함되어 있어 동사, 형용사가 아닌 용언만 허브 역할을 하는지 단정하기 어렵다. 중심성 유형에 따라 용언의 순위가 동사나 형용사의 순위보다 낮은 경우도 있다.

네 가지 중심성 값에서 상위권에 들었다는 이유만으로 용언을 문장 주성분 개념망의 허브 문법 개념으로 단정해서는 안 된다. 물론 용언이 동사, 형용사를 포괄하는 개념이고, 용언과 동사, 형용사의 중심성 값이 대체로 높다는 점을 고려할 때 이 세 개념이 주성분 개념망 내에서 중요한 역할을 할 가능성은 여전히 남아 있다. 참고로 '용언'의 에고 네트워크는 다음과 같다.

---

6. 이 경우 '주격 조사가 두 층위 간 관계의 본질적 차원에 관여하는 것이라고 보기는 어렵지만, 교수학적 차원에서 동원되는 개념이라고 볼 수는 있다.

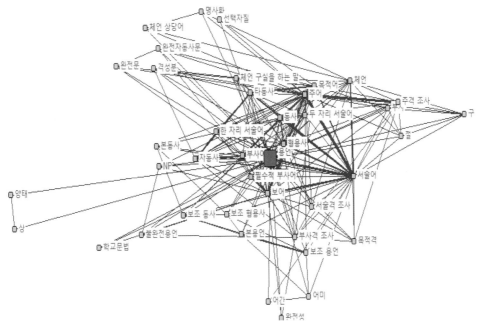

그림 3-6. '용언' 에고 네트워크

다음으로 중심성의 유형별 특성을 살펴보자. 우선, 매개 중심성의 경우 '격 관계'와 '초점화'가 다른 중심성 순위에서는 20위 안에 들지 못했는데 매개 중심성에서는 각각 7위와 8위를 차지한 것이 눈에 띈다. '초점화'와 직접적인 연결 관계를 맺고 있는 노드만을 표상한 1차 에고 네트워크와 1차 에고 네트워크에서 한 단계의 연결 관계를 추가로 표상한 2차 에고 네트워크는 다음과 같다.

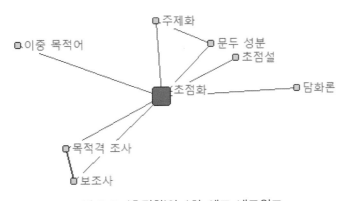

그림 3-7. '초점화'의 1차 에고 네트워크

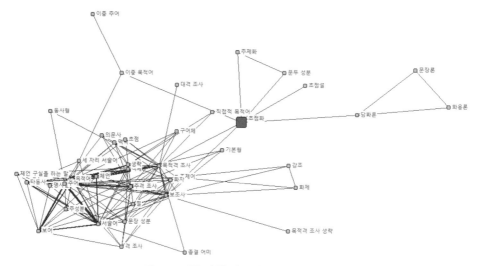

그림 3-8. '초점화'의 2차 에고 네트워크

초점화의 에고 네트워크를 살펴보면, 문장의 주성분이라는 통사적 개념이 '주제화', '초점설', '담화론', '화용론'과 같은 화용론적 개념으로 연결되는 접면에 '초점화'가 위치하고 있음을 알 수 있다. 초점화의 매개 중심성이 높게 나타났다는 것은 초점화가 맺고 있는 연결 관계는 많지 않지만 해당 개념이 통사론과 화용론의 접면에 위치하며 두 층위를 매개하는 역할을 담당하고 있음을 의미한다.

다음으로 아이겐벡터 중심성 분석 결과를 살펴보자. '부사어'는 아이겐벡터 중심성과 연

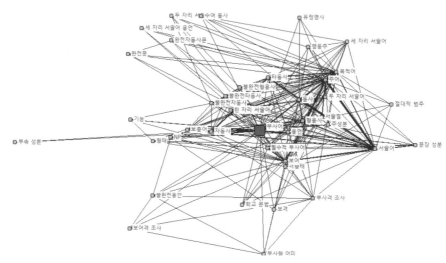

그림 3-9. '부사어' 에고 네트워크

결 정도 중심성이 모두 높은 편이다. '생략'은 연결 정도 중심성이 12위를 차지했으나 아이겐벡터 중심성은 27위를 차지하여 상대적으로 두 중심성 값의 순위 차이가 큰 편이다. 우선 '부사어'의 에고 네트워크는 다음과 같다.

부사어는 주성분 개념망에서 연결되어 있는 개념들의 수가 많으면서 동시에 연결된 개념들도 다른 개념들과 연결 정도가 높다. 부사어는 문장의 주성분 개념망에서 '연결 정도가 높은 항목'과 많은 연결 관계를 맺고 있기 때문에, 주성분에 대한 설명 과정에 빈번히 동원된다. 부사어는 문장의 주성분 네 개를 제외하고 아이겐벡터 중심성이 가장 높은 항목으로 연결 정도 중심성 상위 20위 이내에 포함된 항목 중 자기 자신과 '주격 조사, 체언, 생략, 목적격 조사, 격 조사, 조사'를 제외하고 '주어, 서술어, 보어, 목적어, 용언, 동사, 형용사, 부사격 조사, 타동사, 문장 성분, 자동사, 보격, 서술절'의 13개 항목과 모두 직접적인 연결 관계를 맺고 있다.

다음은 '생략'의 에고 네트워크이다.

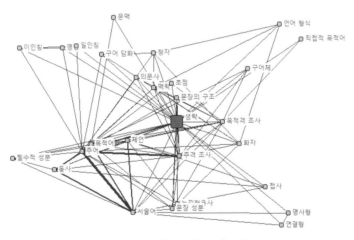

그림 3-10. '생략' 에고 네트워크

아이겐벡터 중심성 값과 연결 정도 중심성 값 사이의 차이가 큰 것은 '생략'이 연결 관계를 맺고 있는 개념들의 수는 많지만 연결된 개념들의 연결 정도 총합은 상대적으로 작음을 의미한다. 이는 '생략'과 연결된 개념들 중에 '주어, 서술어, 목적어' 등 주성분 개념망 내에서 연결 정도가 높은 개념도 있으나, 그 외 많은 개념들이 생략의 조건을 기술하기 위해 동원된 것이라 주성분 개념망 내에서 연결 정도가 높지 않음을 의미한다.

문법 개념에도 '역할'이 있다.

어떤 개념을 중심으로 하느냐에 따라 활성화 양상이 달라진다. 활성화되는 개념이 달라질 수도 있고, 동일한 개념이 활성화되었다면 그 역할이 달라진다. 예를 들어, '주어'와 '서술어'는 개념망 내에서 긴밀히 연결되어 있으므로 주어를 설명할 때 서술어도 활성화되고 서술어를 설명할 때 주어도 활성화된다. '주어'를 설명하기 위해 활성화된 개념망에서 '서술어'는 주어를 설명하기 위해 동원된 개념이고, '서술어'를 설명하기 위해 활성화된 개념망에서 '서술어'는 설명 대상이 되는 개념이다.[더 알아보기 6]

중심성 지표가 높게 나온 주어의 경우를 살펴보자. 주어를 설명하기 위해 어떤 개념들이 동원되는지를 확인하기 위해 주어 단원에서만 추출한 노드 목록을 바탕으로 주어 에고 네트워크를 만들었다. 주어가 어떤 개념을 설명할 때 동원되는지를 확인하기 위해 주어 단원을 제외한 다른 주성분 단원에서만 추출한 노드 목록을 바탕으로 주어 에고 네트워크를 만들었다.

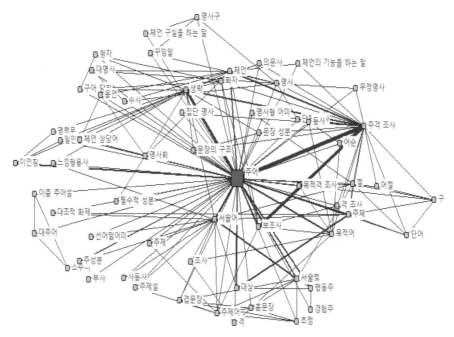

그림 3-11. 주어 단원의 '주어' 에고 네트워크

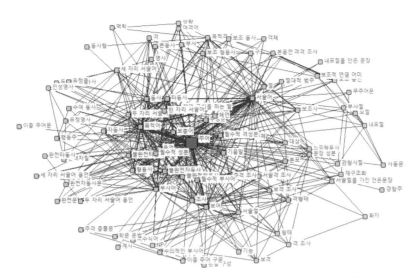

그림 3-12. 주어를 제외한 주성분 단원의 '주어' 에고 네트워크

두 개념망에서 공통적으로 나타나는 개념과 그렇지 않은 개념은 무엇일까? 그리고 이러한 차이가 갖는 의미는 무엇일까?

표 3-7. 주어 관련 개념의 위상별 목록

구분	두 개념망에서 공통적으로 나타나는 개념	두 개념망에서 공통되지 않은 개념
주어 단원에서 '주어'와 연결된 개념들		겹문장/구어 담화/꾸밈말/단어/단체 명사/대명사/대조적 화제/대주어/명령문/명사구/명사형 어미/명사화/무정명사/문장의 구조/사동사/선어말어미/소주어/수사/어순/어절/의문사/이인칭/이중 주어설/일인칭/주제/주제설/주제어/집단 명사/청자/체언 상당어/체언의 기능을 하는 말/초점/홑문장
주어를 제외한 주성분 단원에서 '주어'와 연결된 개념들	격/격 조사/경험주/구/느낌형용사/대상/동사/명사/목적격 조사/목적어/문장 성분/보조사/부사/생략/서술어/용언/절/조사/주격 조사/주성분/주체/체언/체언 구실을 하는 말/필수적 성분/행동주/화자	NP/객체/격성분/격형태/계사/관형 구성/관형사절/기능/기움말/내포절/내포절을 안은 문장/동사형/두 자리 서술어/두 자리 서술어 용언/두 자리 형용사/맥락/모절/무주어문/보격/보격 조사/보어/보조 동사/보조 용언/보조 형용사/보조적 연결 어미/보충어/본동사/본용언/부사어/부사절/분포/불완전자동사/불완전타동사/불완전형용사/사동문/서술격 조사/서술절/서술절을 가진 안은문장/선택자질/세 자리 서술어/세 자리 서술어 용언/수여 동사/수의적인 부사어/여격어/완전문/완전자동사문/완전타동사/유정명사/유정물/이중 주어 구문/이중 주어문/인성명사/자동사/재구조화/절대적 범주/주격 중출문/주어/타동사/피수식어/필수적 격성분/필수적 부사어/학문 문법/한 자리 서술어/형용사/형태

두 개념망에 공통적으로 나타난 개념들에 주목해 보자. "격/격 조사/경험주/구/느낌형용사/대상/동사/명사/목적격 조사/목적어/문장 성분/보조사/부사/생략/서술어/용언/절/조사/주격 조사/주성분/주체/체언/체언 구실을 하는 말/필수적 성분/행동주/화자"는 주어 단원에서 주어를 설명하기 위해 동원된 개념이면서, 동시에 주어를 제외한 문장의 주성분 단원에서 주어와 함께 나타난 개념이다. 이러한 개념들은 두 개념망에 공통적으로 나타났다는 점에서는 한 부류로 묶일 수 있으나, 두 개념망 내에서의 기능이 단일하지 않기 때문에 각 개념을 유형별로 세분화할 필요가 있다.

예를 들어, '필수적 성분'이라는 개념은 주어를 설명할 때뿐 아니라 다른 주성분을 설명할 때에도 비슷한 방식으로 동원된다. '필수성'은 두 경우 모두 설명에 동원되는 개념이다. 동원되는 방식도 유사하다.

이에 비해 '주체'는 주어를 설명할 때 기본적으로 동원되지만, 목적어를 설명할 때에도 '대상'과 대비하기 위해 동원된다. '주체'는 두 경우 모두 설명 대상 개념이 아니라 설명에 동원되는 개념이다. 그러나 각 경우 활용 방식에는 차이가 있다. 첫 번째 경우에는 설명 대상 개념의 '속성'으로 동원된다. 두 번째 경우에는 설명 대상 개념의 속성을 명확히 설명하기 위한 '대비적 속성'으로 동원된다.

다음은 '필수적 성분'과 '주체'의 에고 네트워크이다.

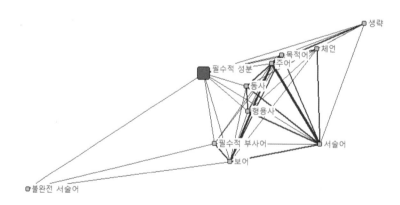

그림 3-13. '필수적 성분'의 에고 네트워크

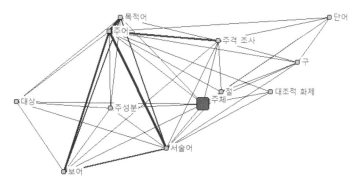

그림 3-14. '주체'의 에고 네트워크

한편, '주성분', '문장 성분' 역시 주어를 설명할 때뿐 아니라 다른 주성분을 설명할 때에도 비슷한 방식으로 동원된다. '필수성'이 설명 대상 개념의 '속성'인데 비해, '주성분', '문장 성분'은 상위 개념의 자격으로 동원된다. '목적격 조사'는 '주격 조사'와 계열체를 형성하고 있으므로 주어 단원과 목적어 단원에서 모두 동원될 수 있다.

종합하면, '동원 방식의 동일성'을 기준으로 개념들을 1차 분류할 수 있다. '필수적 성분'과 '주성분, 문장 성분', '목적격 조사'는 하위 개념망별 동원 방식이 동일한 유형이다. '주체'는 하위 개념망별 동원 방식이 다른 개념이다.

1차 분류 결과 같은 범주로 묶인 개념들도 다시 하위 분류된다. '필수적 성분'은 '주어', '서술어', '목적어', '보어'라는 개념을 '필수성'이라는 관점에서 일이관지(一以貫之)하는 특성을 지니고 있다.[더 알아보기 기] '주성분, 문장 성분'은 '주어', '서술어', '목적어', '보어'의 상위 개념이라는 자격으로 동원된다. '목적격 조사'는 격 조사의 계열체를 구성하는 요소라는 자격으로 동원된다. 이상의 내용을 다음과 같이 정리할 수 있다.

표 3-8. 문장의 주성분 개념망 내 문법 개념의 하위 유형

설명 대상 개념	예) 주어, 서술어, 목적어, 보어		
설명에 동원된 개념	하위 개념망별 동원 방식 동일	상위 개념	예) 주성분, 문장 성분
		일이관지(一以貫之)	예) 필수적 성분
		계열성	예) 목적격 조사
	하위 개념망별 동원 방식 상이	속성/대비적 속성	예) 주체

5. 세 번째 이야기를 마무리하며

세 번째 이야기는 문법 전문가의 머릿속이 궁금하지만 직접 들여다 볼 수는 없다는 한계를 인식하는 데에서 출발하였다. 문법서와 문법교육론 서적을 뒤적이며 공출현하는 문법 개념들도 관계 데이터를 구축한 것도 이 때문이었다.

한계가 예상되는 작업이었지만 성과도 있었다. 네트워크 분석을 통해 "문법 개념망 내에서 다른 문법 개념들과의 연결 관계가 문법교육적으로 유의미한 방식으로 집적(集積)된 문법 개념"이 있다는 가설을 세웠다. 그리고 이러한 개념에 '허브 문법 개념'이라는 이름도 붙여 보았다.

문법 개념망을 구성하는 개념들의 역할에도 차이가 있다는 점을 깨달은 것도 큰 성과이다. '설명 대상 개념'과 '설명에 동원된 개념'을 나누었다. 설명에 동원된 개념은 다시 '상위 개념', '일이관지(一以貫之)', '계열성', '속성/대비적 속성' 유형으로 세밀히 나누었다.

세 번째 이야기는 여기까지이지만, 문법 전문가의 머릿속 탐구 자체는 여전히 진행 중이다. 앞으로 연구 방법의 다각화와 분석 대상의 확충을 통해 전문가의 문법 개념망을 보다 실제에 가까운 형태로 규명해야 한다. 전문가의 문법 개념망과 더불어 학습자의 문법 개념망[더 알아보기 8]에 대한 연구도 함께 이루어져야 할 것이다.

더 알아보기

1. 교육 연구에서 전문가에 주목하는 이유

전문가에 주목하는 것이 교육 연구에서 그리 낯선 풍경은 아니다. 브루너가 물리학자에 주목하며 물리학자와 물리학을 배우는 학생이 하는 일이 본질적으로 동일해야 한다는 대담한 가설을 제시한 것(Bruner, 1960, 이홍우 역, 2010:63-64)이나, 슐만이 교수학적 내용 지식(PCK)을 체계화하기 위한 연구에서 능숙한 교사인 낸시(Nancy)에 주목한 것(Shulman, 1987:1-3) 모두 전문가를 주목한 사례이다. 문법교육 연구에서도 문법 탐구 경험의 본질을 규명하기 위해 전문가의 문법 탐구 행위에 주목해 왔으며(남가영, 2008; 주세형, 2008), 학습자와 더불어 전문가의 수행에 주목하는 경향은 이후의 문법교육 연구에서도 지속적으로 이어져 왔다. 물론, 전문가에 주목하는 이유나 방법이 모두 동일하지는 않았다. 연구 목적에 따라 전문가를 규정하는 방식, 주목하는 양상, 다루는 방식에 차이가 있었다. 그러나 어떠한 경우든 모든 연구자가 전문가에 주목함으로써 궁극적으로 확인하고자 했던 것은 외현적으로 드러난 전문가의 수행 그 자체가 아니라 그러한 수행을 가능케 하는 이면의 지적 기반이었다. 슐만이 교수학적 내용 지식의 실현태에 주목하기보다는 그 이면에 존재하는 지적 기반에 주목해야 한다고 주장한 것(Shulman, 1987:20)도 같은 맥락에서 이해할 수 있다.

2. 근사치의 진실

개인이 수행한 단일 연구는 어떠한 방법론을 사용하더라도 '측정된 결과'와 '실제 전문가의 문법 개념망' 간의 괴리가 문제가 된다. 물론, 다수의 전문가와 학술적인 대화를 굉장히 오랜 시간 나눈 후 이를 전사한 자료가 편향성을 무시할 수 있을 정도로 크다면, 추출 방법의 타당성과는 별도로 해당 자료에 전문가의 개념망이 상당 부분 반영되어 있을 것이라고 생각해 볼 수 있다. 그러나 이 역시 완벽하지 않으며 이러한 자료를 통해서도 근사치(近似値)의 진실만을 확인할 수 있을 뿐이다. 이와 같이 큰 규모의 자료는 사고 실험을 통해 가상적으로 상정해 본 것일 뿐 개인 연구자가 구축하기 어려우며 완전하지도 않다. 이런 이유 때문에 전문가의 문법 개념망을 규명하기 위해서는 다각도의 연구 결과를 종합하는 작업이 필요하다.

3. 공출현 분석 단위 설정의 쟁점

공출현 분석 단위를 '문장'이 아니라 '절'로 설정하는 방식도 고려해 볼 수 있다. '문장'을 분석 단위로 삼을 경우 관련성을 맺는 방식, 관련성의 정도에서 차이가 있는 문법 개념들이 모두 동일한 관계 데이터로 추출되는 데 비해, '절'을 분석 단위로 삼으면 추출된 관계 데이터가 비교적 직접적인 관련성을 맺는 것으로 제한된다. 그러나 관련된 문법 개념들이 '절' 단위에 한정되어 나타나는 것이 아니기 때문에 '절'을 분석 단위로 삼을지의 문제는 신중히 접근할 필요가 있다. 예를 들어 두 문법 개념의 관련성을 설명하면서, 해당 문법 개념을 각각 문장 내 다른 절에서 언급할 수 있는데 '절'을 분석 단위로 삼을 경우 이러한 문법 개념 간의 관계성을 포착할 수 없다. 또 다른 대안으로 'T-unit'을 생각해 볼 수도 있다. 그러나 공출현을 확인하기에 문장보다 더 나은 단위인지는 실증적 검증이 필요하다. 무엇을 분석 단위로 삼는 것이 가장 효과적인지는 현재로서 단정하기 어렵다. 어떤 방식이 더 현상을 정확하고 핍진하게 드러낼 수 있는지에 대해서는 추후 다각도의 규명 작업이 이어져야 할 것이다.

4. 허브 문법 개념과 연결소

'허브 문법 개념'은 다른 문법 개념들과 연결 관계를 갖는다는 점에서 제민경(2012, 2015)에서 논의된 '연결소'의 특수한 형태라 할 수 있다. 이 글에서 제안한 '허브 문법 개념'은 일종의 연결소이기는 하지만, 연결 관계의 '집적(集積)'을 전제로 요구한다는 점에서 특수성을 띤다. '허브 문법 개념'의 실체를 규명하기 위해서는 개념 간 연결 관계의 '유의미성'에 어떤 하위 유형이 있는지를 밝혀야 할 것이나 이 글에서는 자료의 제약으로 인해 허브 문법 개념의 양상을 규명하는 데에까지는 나아가지 못하였다.

5. 인지 유연성 이론에서 제안한 '교차조망'

학습자들이 문법 개념을 다양한 경로로 접근해 보도록 해야 한다는 주장의 이론적 근거는 인지 유연성 이론에서 제안한 '교차조망(criss-crossed landscape)' 개념에서 찾을 수 있다. 교차조망은 비트겐슈타인(Wittgenstein)이 지식의 조직과 학습을 설명하기 위해 창안한 은유를 스피로 외(Spiro et al., 1987)에서 차용하여 정련화한 개념이다. 교차조망은 풍경을 이해하기 위해 다양한 경로의 탐색이 필요하듯이, 특정한 개념적 대상을 온전히 이해하려면 개념에 대한 비선형적이고 다차원적 종횡(縱橫)이 필요함을 시사한다.

6. 지식구조 수렴 범주와 지식구조 확장 범주

문법 개념망을 구성하는 개념들의 역할을 설명할 때 주세형(2008)이 제안한 '지식구조 수렴 범주'와 '지식구조 확장 범주'는 매우 유용한 개념이다. 주세형(2008: 307)에서는 '특정 문법 지식구조에서 중핵을 이루고 있는 범주'를 '지식구조 수렴 범주'로, '설명 대상인 문법 지식구조와 관련이 있기는 하지만, 동시에 또 다른 지식구조에서 중핵을 이루는 범주'를 '지식구조 확장 범주'로 개념화하였다. 이러한 범주를 활용하면 "학자들은 '품사'를 다루는 데 있어 '단어 형성법'과 '문장 구조'를 지식구조 확장 범주 중 대표 격으로 간주(주세형, 2008:307)"한다와 같이 서로 다른 개념망을 이루는 지식범주 간의 관계를 명료하게 설명할 수 있다.

7. 일이관지(一以貫之)와 문법 개념

'일이관지(一以貫之)'는 『논어(論語)』「이인편(里仁篇)」의 '吾道一以貫之(오도일이관지)'라는 구절에서 인용한 용어로, 하나의 문법 개념이 여러 층위의 문법적 현상을 꿰뚫는 양상을 가리키기 위해 조진수(2018ㄴ:178)에서 사용된 바 있다. 그간 '의존성(박진호, 1994; 조진수, 2014)', '타동성(조진수, 2016)', '관형성(오현아, 2017)' 등이 이러한 유형의 문법 개념으로 다루어져 왔다. 이 글에서는 '필수성'이 이러한 유형의 문법 개념 목록에 추가될 수 있다고 보았다.

8. 좋은 문법 개념망이란

학습자가 좋은 문법 개념망을 구축할 수 있도록 해야 한다는 목표는 '좋은 문법 개념망'이 무엇인지의 문제와 '현재 학습자들이 구축하고 있는 문법 개념망'이 어떠한지의 문제를 선결 과제로 요구한다. 이 글에서는 전문가의 문법 개념망을 제한적으로 논의했을 뿐 학습자의 문제는 다루지 못하였다. 다만, 후자의 문제는 다른 교과의 연구 결과를 참고할 수 있다. 과학 교과에서는 "학습자의 과학 지식은 다양한 조각들이 유기적으로 뭉쳐진 형태"로, "개개의 학생들은 다른 형태의 조각 지식들을 가지고 있으며 각 조각 지식들의 구조 역시 다르다(diSessa, 2008, 이준기·하민수, 2012:824에서 재인용)"고 보고 있다. 이를 참고하면 학습자의 문법 개념망 역시 다양한 형태의 조각 지식들로 이루어져 있을 가능성이 있다. 따라서 차후 연구에서 학습자 문법 개념망의 전체 모습뿐 아니라 하위 개념망의 분절 양상이 어떠한지도 다룰 필요가 있다.

02

문법교육학,
인간의 다층적 사유 방식을 탐구하다

2부에서는 문법교육의 내용과 용어의 문제를 대상으로 삼아 인간의 다층적 사유 방식에 대해 논의한다.

4장에서는 '문장 확대'를 사례로 들어 문장에 대한 인간의 인식이 다층적이라는 말이 어떤 의미인지에 대해 구체적으로 논의한다. 5장에서는 문장 구조를 통사구조로 한정하지 않고, 논항구조, 정보구조로까지 확장하는 관점에 근거하여 정보구조의 문제를 다룬다. 특히, 유표적 정보구조의 기능에 관해 논의함으로써 인간의 문법적 사유 방식이 지닌 특징을 드러내고자 하였다.

6장에서는 학교 문법의 용어 표상성 문제를 다룬다. 용어의 표상 방식이 문법 개념의 이해 방식과 관련이 있다는 발상을 토대로, 문법교육에서 용어를 어떻게 다루어야 할지 논의한다.

문장에 대한 인간의 인식도 다층적이다[*]

모든 문장 확대 방식을 하나씩 따져 보아야 하는 것은 아니지만,
어떤 문장 확대 방식들은 특별히 따져 보아야 할 필요가 있다.
명제 의미가 아닌 문장 형식에 담겨 있는 의미가 특히 중요한 순간이 있기 때문이다.
연극이나 영화에서 특별히 미장센에 주목해야 하는 순간이 있는 것처럼.

(본문 중에서)

[*] 4장은 국어교육학회 학술지 〈국어교육학연구〉 50(3)호(2015.9.)에 게재되었던 "'문장 확대' 교육 내용의 다층
성 연구"를 이 단행본의 체제에 맞게 일부 수정하여 실은 것임. 2015년 연구에서는 냅과 왓킨스의 장르 개념
을 수용하여 장르 층위를 설명하였으나, 이후 연구에서는 호주 체계기능언어학의 장르 개념이 다변화되고
있다는 인식 속에서 마틴과 로즈의 '장르 관계' 이론을 수용하여 장르 층위를 설명하였음. 4장은 2015년 논문
의 내용을 최대한 살려 기술한 것으로, '장르 관계' 개념에 대한 논의는 『문법 문식성과 문법교육(조진수,
2021ㄴ)』 참조.

1. '문장 확대' 교육에 대한 새로운 접근이 필요한 까닭

문장 확대, 무엇을 가르쳐 왔는가

문장을 홑문장과 겹문장으로 나눈다. 겹문장을 안은문장과 이어진문장으로 나눈다. 안은문장과 이어진문장을 다시 하위 분류한다. 이러한 방식은 과거 문법교육에서 문장 확대 교육 내용의 공식과도 같았다.

물론, 겹문장의 유형 분류 체계를 학습자가 무조건 수용해야 할 지식으로만 다루어 온 것은 아니다. 겹문장의 유형 분류 문제는 종속 접속절을 부사절로 볼 수 있는지, 접속과 내포가 구조적으로 구분되는 것인지 등에 대해 치열한 국어학적 논쟁이 이루어졌다.[1] 이러한 국어학적 논쟁은 '탐구학습'이라는 이름으로 선택교육과정 수준의 문법교육 내용으로 수용되기도 하였다. 국어학적 쟁점의 탐구는 국어학적 논쟁에 담긴 학자들의 '안목'을 학습할 수 있다는 점에서는 유의미하지만, 논의의 범위가 문장 내부 구조에 갇혀 있다는 한계가 있다.[2]

문장 확대, '표현 의도'를 만나다

문장 확대를 과정이 아닌 결과물로 다루어 온 국어학적 연구 전통을 고려할 때, 2009 개정 국어과 교육과정에서 '문장 확대 방식'과 '표현 의도'를 관련지은 것은 중요한 변화이다. 2007 개정 교육과정에서 '문장의 확대'[3]는 "문장의 짜임새를 설명한다."라는 성취 기준의 내용 요소로 제시되었다. 2009 개정 교육과정에서는 "다양한 구조의 문장들을 표현 의도와 연관 지어 분석"한다와 같이 문장 확대와 표현 의도 간의 관련성이 명시적으로 드러난다.

이러한 변화는 문장 확대를 표현하는 사람의 의도를 표현하는 '과정'으로 보았다는 점에서 의의가 있다. 그동안은 문장 확대를 결과물로 보아 왔다. 그래서 확대 결과 만들어진 문장의 구조를 분석하는 데 주력했다. 문장 확대를 '과정'으로 보는 것은 새로운 관점이다. 문장 확대는 확대되는 과정 그 자체를 가리킨다.

문장 확대를 '과정'으로 본다는 것은 문법을 '결과물로서의 체계'로만 규정하는 문법관의

---

1. '접속', '내포'와 관련된 문장 분류 체계상의 쟁점에 대한 연구사는 이관규(2002ㄱ), 유현경(2011) 참조.
2. 주세형(2006:258-264)에서도 그간 문장에 대한 문법 교육이 문장 내부 구조에 대한 분석에 경도되어 있었음을 지적하였다.
3. 2007 개정 교육과정에서는 '문장의 확장'이라는 용어가, 2009 개정 교육과정(2012 고시본)에서는 '문장의 확대'라는 용어가 사용되었으나, 두 용어는 개념적으로 동일하다.

한계를 극복하고 문법 지식이 가진 '기능성'까지 인식했음을 의미한다. 이러한 의의에도 불구하고 문장 확대 교육 내용에는 여전히 몇 가지 아쉬운 점이 있다.

우선, 문장 확대가 표현 의도와 어떤 관련을 맺는지가 불분명하다. 이러한 불명확함은 교육 내용을 구체화하는 단계에서 어려움으로 작용한다.

다음으로 '사회적 실천 행위'로서 문장 확대가 갖는 의의가 충분히 다루어지지 않고 있다. 국어 인식과 관련된 앎은 '체계', '목적적인 의사소통 행위', '사회적 실천 행위'라는 세 층위로 구성된다(김은성, 2008, 2013). 이미 신명선(2002)에서 '어휘화', '재어휘화', '범주화', '명사화', '양태', '수동화' 등을 예로 들어 담론적 실천이나 사회적 실천 차원의 분석을 실제 사례로 보여주었다는 점을 고려할 때, '문장 확대'도 사회적 실천 행위 차원에서 더 검토되어야 한다.[더 알아보기 1]

이 글에서는 이러한 문제의식을 바탕으로 '문장 확대'가 '구조-기능-장르 및 이데올로기'의 세 층위에 존재하는 다층적 현상임을 이야기해 보려고 한다. 우선 문장 확대를 과정으로 본다는 말이 어떤 의미인지부터 자세히 알아보자.

2. '문장 확대' 교육을 위해 꼭 필요한 생각들

'문장 확대'가 과정이라고?

문장 확대 교육 내용이 다층적이라는 인식은 문장 확대를 과정적 개념으로 이해하는 데에서 출발한다. 그간의 국어학 연구에서는 문장 확대의 결과로 생성된 겹문장의 유형을 분류하는 데 주력해 왔기 때문에, '문장 확대'가 과정적 현상이라는 점에 주목하지 않았다. 문장을 확대하는 것이 과정적 속성을 지닌 현상이라면, 발신자(필자 또는 화자)가 그 과정에서 확대 여부나 확대 방식을 선택하게 될 것이다. 그렇다면 문장 확대 방식은 다른 문법 요소와 마찬가지로 발신자가 선택해야 하는 문법적 자원이 된다.

문장 확대 여부나 확대 방식이 표현 과정에 동원되는 문법적 자원이라면, 문장 확대 역시 다른 문법 요소와 마찬가지로 정확성뿐 아니라 적절성, 타당성 층위와 관련된다. 김은성(2008:351)에서 제시한 〈그림 4-1〉[4]은 국어에 대한 앎이 '체계', '목적적인 의사소통 행위', '사

---

4. 〈그림 4-1〉은 Ivanič(1990:126)에서 제시한 '언어에 대한 비판적 관점을 상정할 때 가능한 세 가지 언어 접근'을

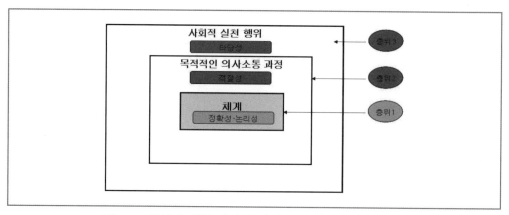

그림 4-1. 국어에 대한 메타적 이해의 세 층위(김은성, 2008)

회적 실천 행위'의 세 층위로 구성되어 있음을 보여준다. 문장 확대 교육은 '층위 1'뿐 아니라 '층위 2'와 '층위 3'에도 존재한다.

구조 층위(층위 1)의 문장 확대 교육은 겹문장의 유형 분류에 주력하며 문장 내부의 문제에 초점을 둔다. 기능 층위(층위 2)의 문장 확대 교육은 문장이 탈맥락적으로 존재하지 않는다고 전제하고 문장이 놓인 맥락에 주목한다. 기능 층위에서 보면 전달하고자 하는 명제 의미가 동일해도 맥락에 따라 다른 문장 확대 방식이 선택될 수 있다. 문장 확대 방식은 명제적 의미와는 구분되는 화용적 차원의 의미를 지닌다.

문장 확대 방식의 선택이 화용적 의미 실현과 관련된다는 점은 문장 확대 교육 내용이 기능 층위 차원에서 구성될 수 있는 근거가 된다. 문장은 담화를 통한 정보의 효율적인 전달과 관련한 정보구조도 가지는데, 정보구조는 문장의 형태와 구조에 반영된다(정희원, 2001:3). 따라서 정보구조 이론을 통해 기능 층위에 존재하는 문장의 정보구조가 통사 층위의 문장 확대 방식에 어떻게 반영되었는지를 밝힌다면 기능 층위의 문장 확대 교육 내용의 구성이 가능하다.

사회적 실천 행위 층위(층위 3)에서 문장 확대는 장르 및 이데올로기와 관련된다. 이 문제를 이야기하기 위해 우선 '장르'를 어떤 관점에서 이해해야 할지부터 생각해 보자.

김은성(2008:351)이 재구성한 것이다. 층위 3의 '타당성'이라는 용어는 신명선(2008:373)에서 새롭게 사용한 것을 김은성(2008)에서 수용한 것이다.

'장르'는 텍스트를 분류한 결과일 뿐인가

장르는 결과물로 존재하는 텍스트를 분류한 것인가? 그렇게 보는 것도 하나의 관점일 것이다. 그러한 관점에 서면 어떤 장르의 글에 어떤 유형의 문장 확대 방식이 나타나는지 찾는 데 주력하게 된다. 이러이러한 장르의 글에는 이러이러한 구조의 문장을 쓰라는 지침이 교육 내용이 될 가능성이 높아진다.

예를 들어, 학술개론서와 학술강의 텍스트를 계량적으로 비교하여 학술강의 텍스트는 홑문장의 비율이 상대적으로 높고, 학술개론서 텍스트는 겹문장의 비율이 상대적으로 높음을 밝힌 연구(남길임, 2006)를 생각해 보자. 이 연구는 텍스트 종류에 따른 문장 확대 방식의 차이를 말뭉치 분석을 통해 밝혔다는 점에서 국어학적 의의가 크다. 그러나 이를 그대로 문법교육에 적용하여 이런 장르에서는 홑문장을 많이 쓰고 저런 장르에서는 겹문장을 많이 쓰라고 하기는 어렵다. 결과물로서의 장르 개념을 문법교육에 그대로 적용할 경우 특정 텍스트 유형에 빈번히 나타나는 문장 확대 유형이 무엇인지를 아는 것으로 장르 차원의 문장 확대 교육 내용이 제한될 수 있다.

장르를 결과물로서의 텍스트의 분류와 관련된 것으로 보는 관점이 야기할 수 있는 문제에 대해서는 이미 다른 연구에서도 논의된 바 있다. 예를 들어, 냅과 왓킨스는 호주 뉴사우스웨일즈 주의 MEDSP(Metropolitan East Disadvantaged School Program)에 의해 개발된 '3단계 교육과정 모델'에서, 장르가 텍스트 유형 혹은 텍스트 산물로 이해됨에 따라 텍스트 유형의 반복 재생산을 조장하는 방향으로 흘러간 문제가 있음을 지적하였다. "'모형화하기', '같이 쓰기', '혼자 쓰기'만 거쳐서는 텍스트 형식의 다양성을 창조적으로 조율하거나 점검할 수 있는 여지가 거의 없다(Knapp·Watkins, 2005, 주세형 외 역, 2007:69)"라는 비판은 결국 장르를 결과물로 보는 관점이 문법과 쓰기 교육을 왜곡할 수 있음을 지적한 것이다. 이러한 지적은 문장 확대 교육에서도 유효하다.

그렇다면 사회적 실천 행위로서의 장르란 무엇인가? 그리고 이러한 관점은 문법교육에서 어떻게 구체화될 수 있을까? 다음 장에서는 구체적 사례를 들어 이 문제에 대해 좀 더 이야기해 보자.

3. '문장 확대' 교육 내용은 다층적이다
: '구조'에서 '기능', '장르', '이데올로기'까지

문장 확대를 기능 층위에서 바라본다면

문장 확대를 기능 층위에서 바라본다는 말은 어떤 의미일까? 문장 확대를 기능 층위에서 본다는 것은 화용론적 관점에서 통사적 실현 형태를 이해함을 의미한다.[더 알아보기 2]

화용론적 정보에도 여러 종류가 있겠지만 여기서는 특히 발신자의 표현 의도에 주목해 보고자 한다. 이런 관점에 서면, "표현 의도가 문장 확대 방식에 어떻게 반영되었나?", "문장 확대 방식의 선택을 통해 표현 의도가 어떻게 드러나는가?"와 같은 질문을 하게 된다. 이러한 질문에 답하기 위해서는 표현 이전의 '선택' 단계를 고려할 수 있는 이론의 구축이 필요하다.

이를 가능하게 하는 이론이 체계기능언어학이다. 체계기능언어학에서는 표현된 결과물 그 자체가 아닌 표현 이전의 선택 가능한 '체계(system)'에 주목한다. 여기서 '체계'는 표현 이전의 잠재적 선택항들을 가리킨다.[더 알아보기 3]

의미는 표현되기 이전에 존재하는 잠재적 선택항의 체계를 모두 고려할 때 온전히 이해될 수 있다. 할리데이가 '의미'가 아니라 '의미 잠재력(meaning potential)'이라는 표현을 사용하는 것도 이 때문이다(Halliday, 1975:124). 문장 확대 방식도 잠재적 층위에서 선택항 체계를 이루고 있으므로, 표현 과정에서 특정한 확대 방식이 선택되는 과정을 거친다. 체계기능언어학은 이러한 방식으로 문장 확대 방식이 표현 의도에 따라 선택되는 과정을 설명한다.[5]

체계기능언어학의 '체계' 개념을 바탕으로 문장 확대에 관한 선택항 체계를 규명하면, 표현 이전의 단계에서 발신자가 문장 확대와 관련하여 어떠한 선택 가능성을 가지는지가 드러난다. 그러나 선택 가능한 체계를 보여주는 것만으로는 충분하지 않다. 특정한 문장 확대 방식을 선택하는 것이 어떠한 효과를 가져오는지도 설명해야 한다. 따라서 체계기능언어학의 관점과 내용을 수용하되, 기존 정보구조 이론 등에서 다루어 온 내용도 활용하여 기능 층위의 문장 확대 교육 내용을 구성할 필요가 있다.

선택항으로서 문장 확대 방식이 지닌 기능적 성격은 어떻게 확인할까? 명제 내용은 동일하지만 문장 확대 방식을 달리한 문장 쌍을 비교해 보는 방법이 효과적이다.[6]

---

5. 할리데이 이론의 국어교육적 의미에 대해서는 주세형(2009) 참조.

고등학교 2학년 학습자가 작문 수업 시간에 다시쓰기를 하여 작성한 텍스트를 예로 들어보자. 원래 텍스트의 명제 내용을 유지하면서 문장 구조를 달리한 것이므로, 특정한 문장 확대 방식이 갖는 기능성에 대한 인식을 확인할 수 있다.

원 텍스트

플라톤 이래로 철학자들은 실재의 본성을 논해왔다. 고전과학은 진짜 외부 세계가 있고 그 세계의 속성들은 관찰자에게 대해서 독립적으로 확정되어 있다는 믿음을 기초로 한다. 고전 과학에 따르면, 대상들은 존재하고 속도와 질량 등의 물리적 속성들을 지니고 있으며, 그 속성들은 **잘 정의된 값을 지니고 있다**. 이 관점을 채택하면, 우리의 이론들은 그 대상들과 그 속성들을 기술하려는 노력이며, 우리의 측정과 지각은 그 속성들에 부합된다. 관찰자와 관찰 대상은 둘 다 객관적으로 존재하는 세계의 일부이며 둘 사이의 구분은 대수롭지 않다. 〈Hawking & Mlodinow(2010, 전대호 역, 2010)〉

학습자 A의 다시쓰기 결과 생산된 텍스트

플라톤 후의 철학자들은 실재의 본성을 논해왔다. 고전과학의 기초는 외부 세계가 존재하고, 속성들이 관찰자에게 독립적으로 확장되어있다는 것이다. 고전과학에 따르면 대상들은 속도와 질량 등의 **정의된 값을 가지는** 물리적 속성을 지니며 존재한다. 이 관점에서 우리의 이론들은 대상들과 속성들을 기술하려는 노력이며, 측정과 지각은 속성들에 부합된다. 관찰자와 관찰 대상은 차이가 거의 없고, 객관적으로 존재하는 세계의 일부분이다. 〈학습자 A〉

학습자의 다시쓰기 텍스트에서 밑줄 친 문장의 확대 방식이 변경되었다. 원 텍스트에서 "(그 속성들은) 잘 정의된 값을 지니고 있다"는 이어진문장을 구성하는 절로서 대상들이 속도나 질량 등의 물리적 속성을 지닌다는 내용의 절 뒤에 제시되었다. 그러나 학습자의 다시쓰기 텍스트에서는 "정의된 값을 가지는"과 같이 관형사절로 그 위상이 바뀌었다.

이러한 변화가 어떠한 기능적 차이를 유발하는가? 우선 "정의된 값을 가지는"과 같이 관형사절로 표현될 경우, 원 텍스트에서와는 달리 '전제'의 성격을 지니게 된다. 전제는 문장에서 화자와 청자가 공유하고 있다고 화자가 가정하는 정보를 가리킨다(Jackendoff, 1972, 정희원, 2001:27에서 재인용). 관형사절은 전제 유발 장치(presupposition trigger)의 하나이다. 따라서 관형사절이라는 문장 확대 방식을 선택한 것은 필자가 해당 내용을 독자와 공유하고 있다고

---

6. 이러한 문장 쌍을 '변이문'(류남혁, 2000) 혹은 '이형동의문장들'(정희원, 2001)이라고 할 수 있다. 문장의 정보구조 연구는 선택된 문장과 선택되지는 않았으나 주어진 명제를 표현하기 위해 선택 가능한 문장 간의 비교를 통해 이루어진다(정희원, 2001:8).

가정했기 때문이라고 해석할 수 있다.

그러나 해당 명제 내용이 독자에게 새로운 것이라도 필자가 이를 관형사절로 표현할 가능성도 존재한다. 이에 대한 설득력 있는 설명은 기본(Givón)의 제한적 관계절에 대한 정의에서 찾을 수 있다(Givón, 1993, 김은일·박기성·채영희 역, 2002:170-180). 기본은 제한적 관계절의 화용적 기능을 "관계절에 의해 기술되는 상황과 사건은 청자에게 익숙하고(familiar), 잘 알려져(known) 있거나 접근 가능하거나, 혹은 새로운 정보로 도전받지 않을 것 같다고 화자가 가정"하는 것으로 설명한다.[더 알아보기 4]

'새로운 정보로 도전받지 않을 것 같다고 화자가 가정'한다는 설명은 관형사절이 독자와 공유하고 있다고 가정하는 정보를 필자가 표현한다는 설명보다 설득력이 있다. '공유에 대한 가정'보다 '새로운 정보도 도전받지 않을 것 같다는 가정'이 더 유연하여 다양한 상황을 포괄할 수 있기 때문이다.

이상의 논의를 다음과 같이 정리할 수 있다.

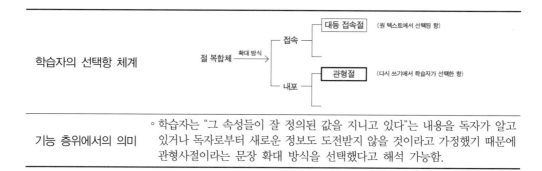

학습자의 선택항 체계	절 복합체 ──확대 방식──▶ 접속 ─── 대동 접속절 (원 텍스트에서 선택된 항) / 내포 ─── 관형절 (다시 쓰기에서 학습자가 선택한 항)
기능 층위에서의 의미	◦ 학습자는 "그 속성들이 잘 정의된 값을 지니고 있다"는 내용을 독자가 알고 있거나 독자로부터 새로운 정보도 도전받지 않을 것이라고 가정했기 때문에 관형사절이라는 문장 확대 방식을 선택했다고 해석 가능함.

이 글에서는 체계기능언어학과 정보구조 이론을 토대로 기능 층위의 문장 확대 교육 내용에 대해 이야기하였다. 하지만 기능 층위의 문장 확대 교육 내용이 특정한 언어학적 관점에서만 이루어지는 것은 아니다.[7] 기능 층위의 문장 확대 교육 내용의 체계화를 위해서는 다양한 관점의 기반 연구가 이어져야 한다.

---

7. 예를 들어, 김억조(2014)에서는 '전경-배경' 이론에 근거하여 종속접속문과 부사절을 안은문장의 의미 차이에 대해 논의하였다.

문장 확대를 장르 층위에서 바라보다

여러 이야기를 거쳐 다시 장르 문제로 되돌아왔다. 앞에서 장르를 결과물로 보는 관점도 있지만 과정으로 보는 관점도 있다고 하였다. 그렇다면 다시 장르를 과정으로 본다는 말은 어떤 의미일까?

다음 사례를 통해 그 의미를 생각해 보자. 다음은 앞서 '기능 층위'에서 다루었던 다시쓰기 사례 중 다른 학습자의 텍스트이다. 이 사례는 장르를 과정으로 보는 관점이 문법교육적 차원에서 왜 유용한지 잘 보여준다.

원 텍스트
고전 과학에 따르면, 대상들은 존재하고 속도와 질량 등의 물리적 속성들을 지니고 있으며, 그 속성들은 잘 정의된 값을 지니고 있다. 이 관점을 채택하면, 우리의 이론들은 그 대상들과 그 속성들을 기술하려는 노력이며, 우리의 측정과 지각은 그 속성들에 부합된다. 관찰자와 관찰 대상은 둘 다 객관적으로 존재하는 세계의 일부이며 둘 사이의 구분은 대수롭지 않다. 바꿔 말해서, 만일 당신이 주차장에서 자리다툼을 하는 얼룩말 떼를 본다면, 그것은 진짜로 주차장에서 자리다툼을 하는 얼룩말 떼가 있기 때문이다. 그 광경을 보는 다른 모든 관찰자들은 똑같은 속성들을 측정할 것이며, 누가 보든 말든, 그 얼룩말 떼는 그 속성들을 가지고 있을 것이다. 철학에서는 이런 믿음을 일컬어 실재론이라고 한다. (Hawking & Mlodinow, 2010, 전대호 역, 2010)

학습자 B의 다시쓰기 결과 생산된 텍스트
고전과학에 따르면 대상들은 존재하고, 물리적 속성들(속도, 질량 등)을 지니고 있다. 또한 각 속성들은 잘 정의되어 있다. 이 관점으로 보면, 우리의 이론은 그 대상들과 속성들을 기술하기 위한 것이고, 우리의 측정과 지각은 그 속성들에 의한 것이다. 관찰자와 관찰 대상은 둘 다 객관적으로 존재한다. 예를 들어서, 당신이 자리다툼을 하는 얼룩말 떼를 본다면, 그것은 진짜로 자리다툼하는 얼룩말 떼가 있기 때문이다. 모든 관찰자들은 같은 속성들을 측정할 것이고, 관찰자의 유무에 관계없이 얼룩말 떼는 그 속성을 가지고 있을 것이다. 철학에서는 이런 믿음을 실재론이라고 한다. (학습자 B)

원 텍스트는 스티븐 호킹이라는 과학자가 대중 교양 저서로 집필한 『위대한 설계』라는 책에서 발췌한 것이다. 현대 과학 이론의 관점을 설명하면서 철학의 실재론을 소개하는 부분이다.

결과로서의 장르 개념에 입각하여 이 텍스트의 장르를 밝히고 이를 문장 확대 교육의 내용으로 삼고자 한다면 어려움에 직면할 수 있다. 대중 교양서적은 과학 전문 서적과 달리 양식(mode) 차원에서 문어성과 구어성이 혼재되어 있고, 혼재된 정도가 책마다 다르다. 또한, 다양한 문장 확대 방식이 사용되어 이를 일정한 경향성을 지닌 것으로 가르치기도 어렵다.

이런 어려움을 해결하기 위해 몇 가지 방법을 생각해 볼 수 있다. 우선, 어려움이 있더라도 과학 대중 교양서에 나타나는 문장 확대 방식의 패턴을 찾는 방법이다. 컴퓨터 언어학의 발전으로 텍스트를 벡터화하여 임베딩(embedding)하고 이 정보를 의미 차원에서 해석하는 기술이 고도화되고 있으므로, 텍스트의 의미와 문장 확대 방식을 연결하는 작업이 불가능한 것은 아니다. 하지만 당장 구현하기는 어렵고 앞으로 많은 연구가 필요한 방법이다.

다른 방법은 장르를 과정으로 보고, 하나의 텍스트에 다양한 장르적 과정이 혼합되어 있다고 설명하는 것이다.[8] 냅과 왓킨스가 이러한 장르 개념을 취하였다. 그들은 장르를 사회적 과정으로 보았다(Knapp·Watkins, 2005).[더 알아보기 5]

냅과 왓킨스의 관점은 매우 독창적이다. 그리고 그들이 제안한 '다중 장르적(multi-generic) 텍스트'라는 개념은 매우 유용하다. 장르는 사회적 과정이고 하나의 텍스트에는 다양한 사회적 과정이 복합적으로 구현될 수 있다. 예컨대, 하나의 텍스트에 설명하기, 묘사하기, 주장하기가 공존할 수 있다. 이러한 관점은 대중 교양서와 같이 복합적 성격을 지닌 텍스트의 장르적 특성을 설명할 때 매우 유용하다. 냅과 왓킨스는 "장르를 과정으로 보는 접근법은 이러한 다중 장르적 텍스트를 다루는 데 아무 문제가 없다(Knapp·Watkins, 2005:16)"라고 말한다.

이러한 관점에서 다시쓰기 사례를 살펴보자. 원 텍스트와 다시쓰기 결과 생산된 텍스트의 문장 확대 방식을 비교해 보자. 그러면 학습자가 해당 텍스트의 다중 장르성을 어떻게 인식하고 있는지가 드러난다.

이 학습자는 '누가 보든 말든'을 '관찰자의 유무에 관계없이'로 바꾸었다. 원 텍스트에서 절로 존재하였던 명제 내용을 '관찰자의 유무'라는 명사구와 부사격 조사 '에', 그리고 부사 '관계없이'를 활용하여 구 수준에서 표현하였다. 그 결과 문장 확대 방식의 변화가 발생하였다.

---

8. 이때 장르가 잠재적 층위에 존재한다는 점도 언급해 두고자 한다. 제민경(2014:405)에서는 "Martin의 연구에서 텍스트는 장르의 '발현'으로서 존재한다. 곧 사회적 실천으로서의 장르에 대한 인식이 레지스터를 통해 구체화되어 언어로 발현되는 지점이 텍스트인 것이다."라고 언급하고 있다. 텍스트와 장르는 동일한 층위에 존재하지 않는다. 체계기능언어학에서 개별 텍스트는 발현된 '실현태'로, 장르는 발현되기 이전에 존재하는 '잠재태'로서 다른 층위에 존재한다.

원 텍스트	다시쓰기 결과 생산된 텍스트
바꿔 말해서, 만일 당신이 주차장에서 자리다툼을 하는 얼룩말 떼를 본다면, 그것은 진짜로 주차장에서 자리다툼을 하는 얼룩말 떼가 있기 때문이다.	예를 들어서, 당신이 자리다툼을 하는 얼룩말 떼를 본다면, 그것은 진짜로 자리다툼하는 얼룩말 떼가 있기 때문이다.
그 광경을 보는 다른 모든 관찰자들은 똑같은 속성들을 측정할 것이며, 누가 보든 말든, 그 얼룩말 떼는 그 속성들을 가지고 있을 것이다.	모든 관찰자들은 같은 속성들을 측정할 것이고, 관찰자의 유무에 관계없이 얼룩말 떼는 그 속성을 가지고 있을 것이다.

절을 명사구를 이용한 표현으로 바꾸어 문장 확대 차원의 변화를 가져왔다. 여기서 이 글의 장르성에 대한 학습자의 생각을 읽어낼 수 있다. 할리데이는 절과 명사적 구성이 선택항을 이루어 과학 텍스트에서는 명사화의 경향이 나타난다고 보았다(Halliday, 2004:35-36). 이는 과정적 현상이라 할지라도 구성 요소 간의 관계로 설명해 내려는 과학 텍스트의 장르성이 문법 층위에서 나타난 것이다.[더 알아보기 6] 다시 말해, '누가 보든 말든'이라는 절을 '관찰자의 유무와 관계없이'와 같이 명사구를 활용하여 표현한 것은 과정적 현상을 구성 요소 간의 관계로 표현한 것이다. 과학 영역에서의 '설명하기'라는 장르적 특성이 발현된 사례이다.

흥미로운 점은 바로 앞 문장의 "자리다툼을 하는 얼룩말 떼가 있기 때문이다"의 경우에는 명사화를 통해 "얼룩말 떼의 존재 때문이다."로 고칠 수 있었음에도 불구하고 그렇게 하지 않았다는 것이다.

그 이유는 이 텍스트가 다중 장르적 성격을 가지고 있다는 데에서 찾을 수 있다. 이 텍스트는 과학적 지식을 다루고 있다는 점에서 과학적 설명의 성격을 지니고 있다. 그러나 대중 교양서적이라는 점에서는 과학적 설명과는 다른 장르적 과정도 구현될 수 있다. 학습자가 '얼룩말 떼가 있기'라는 절을 '얼룩말 떼의 존재'로 고치지 않은 것은 이 부분이 일상적 현상에 대한 경험적 설명일 뿐, 현상의 요인을 밝히는 과학적 차원의 설명은 아니라고 생각했기 때문이라고 해석해 볼 수 있다.

장르 차원의 문장 확대 교육 내용이 단순히 문어에는 구어보다 복문이 많이 사용된다는 식으로 귀결되어서는 안 되는 이유를 여기서 확인할 수 있다. 냅과 왓킨스에 따르면 하나의 텍스트에 여러 장르가 복합적으로 구현될 수 있다. 한 편의 글 속에 담긴 문장들 간에도 장르의 발현 양상이 다를 수 있고, 한 문장 내에도 복합적인 장르성이 구현되어 있을 수 있다.

이데올로기 차원의 문제

이제 이데올로기 차원의 문제를 생각해 보자. 먼저 문장 확대 방식이 명제 간의 관계를 표상해 낼 수 있는 문법적 자원임을 분명히 할 필요가 있다. 절은 명제 의미를 담고 있는 언어적 형식이다. 따라서 절과 절의 관계를 나타내는 문장 확대 방식은 결과적으로 명제 간의 관계를 표상하는 기능을 하게 된다.

특정한 문장 확대 방식의 선택은 특정한 문장 확대 방식의 배제를 전제한다. 이는 명제와 명제 사이에 존재하는 특정한 관계를 드러낼 것인가 은폐할 것인가의 문제로 이어진다.

문장 확대 방식이 이데올로기 층위에서도 유의미한 선택항으로 기능한다는 점은 페어클로의 논의(Fairclough, 1995, 2003)에서 확인할 수 있다. 이데올로기 층위의 교육 내용은 기능 층위에서 규명된 내용을 바탕으로 한다. 예를 들어, 기능 층위에서 종속절과 주절이 '배경-전경'의 관계를 갖는다고 할 때, 어떠한 명제 내용을 종속절로 표현할 것인지 주절로 표현할 것인지는 이데올로기적 선택의 문제가 된다.

페어클로는 주절의 정보가 전경화되고 종속절의 정보가 배경화됨을 고려하여 신문 기사에 사용된 문장 확대 방식에 이데올로기적 판단이 개입됨을 설명했다(Fairclough, 1995, 이원표 역, 2004:185-187). 명제 내용 층위에서 '무엇이' 표현되는가만 파악하는 것이 아니라, 문장 확대 방식 차원에서 '어떻게' 표현되는가에도 주목한다. 그래야 표현 이면의 이데올로기적 의도까지 읽어낼 수 있다. 예를 들어, 신문 기사에서 특정 현상이 문장의 주절로 표현되었는지 종속절로 표현되었는지를 분석함으로써 이를 신문 기사의 이데올로기적 특성과 관련짓는다.[9]

텍스트에 특정한 문장 확대 방식이 우세한 현상을 통해서도 이데올로기적 층위의 교육 내용을 구성할 수 있다. 페어클로는 많은 현대 정치 텍스트가 현상에 대한 심도 있는 분석과 설명을 제시하는 것보다 현상 그 자체를 나열하는 것을 선호하는 경향이 있다고 보고, 이에 따라 대등절이 우세하고 종속절이 상대적으로 적게 나타난다는 점을 지적하였다(Fairclough, 2003:95-98).

우리는 새 시대에 살고 있습니다. 정보와 세계 경쟁의 시대입니다. [부연] 익숙한 확실성과 일을 하는 옛날 방식들이 사라지고 있습니다. [순접] 우리가 일하는 산업체와 산업에서 필요한 기술들이 바뀜에 따라, [순접] 우리가 가진 직업의 유형도 변화되었습니다. [순접] 동

---

9. 물론, 종속절과 주절을 배경과 전경에 일대일로 대응하는 것이 아니고, 문장 이면의 표현 의도는 문장 확대 방식 이외에도 다양한 요인에 의해 해석되어야 타당성을 담보할 수 있다. 문장 확대 방식은 해석의 여러 단서 중 하나일 뿐이며 타당한 해석을 위해서는 더 많은 단서가 필요하다.

시에 우리의 삶을 더 낫게 바꾸기 위한 새로운 기술들의 잠재성을 깨달음에 따라, [순접] 새로운 기회들도 활짝 열리고 있습니다. [순접, ?결과] 우리는 이 새로운 시대를 준비할 도리밖에 없으며, 성공의 열쇠는 지속적인 교육과 인간의 정신 및 상상에 대한 계발이 될 것입니다.[10]　　　　　　　　　　　　　　　(Fairclough, 2003:94-95, 김지홍 역, 2012:218)

위 글은 대등절이 우세한 현상을 단적으로 보여준다. 현상 이면에 놓인 문제에 대한 정치한 분석을 위해서는 이유, 목적, 조건 등의 관계를 표상할 수 있는 종속절과 같은 문법적 자원이 동원되어야 한다. 그럼에도 대등절을 주로 사용하며 현상 그 자체를 나열하는 데 주력하는 데에는 모종의 의도가 숨어 있다고 비판적 담화 분석에서는 이야기한다. 페어클로는 분석의 결여와 현상의 나열은 주어진 현상을 불가피한 지평으로 수용하게 만들려는 의도[11]가 내재해 있으므로, 현상을 나열하며 설명하는 텍스트라 할지라도 '특정한 행위를 권장하는' 성격을 지니고 있다고 보았다(Fairclough, 2003:95-96).

비판적 담화 분석의 관점은 이데올로기 층위의 문장 확대 교육 내용을 구성하는 이론적 근거가 된다. 물론, 이데올로기적 해석이 타당하게 이루어지려면 다양한 근거가 적절히 활용되어야 하므로, 타당성이 결여된 해석이 되지 않도록 유의해야 할 것이다.

4. 네 번째 이야기를 마무리하며

문장 확대 방식을 가지고 이렇게 복잡하게 생각할 이유가 있느냐고 반문할지도 모르겠다. 당연히 글을 읽고 쓸 때마다 글에 사용된 문장 확대 방식을 모두 다 따져 보아야 하는 것은 아니다. 그렇게 할 수도 없고 그렇게 할 필요도 없다.

모든 문장 확대 방식을 하나씩 따져 보아야 하는 것은 아니지만, 어떤 문장 확대 방식들은 특별히 따져 보아야 할 필요가 있다. 명제 의미가 아닌 문장 형식에 담겨 있는 의미가 특히 중요한 순간이 있기 때문이다. 연극이나 영화에서 특별히 미장센에 주목해야 하는 순간이 있는 것처럼.

---

10. 이 텍스트는 1998년 영국의 교육 및 고용노동부 발간 사무국에서 간행한 전문가 자문보고서 『학습 시대』의 서론 중 일부이다(Fairclough, 2003).

11. 물론 독자가 필자의 의도대로 텍스트를 해석할 것이라는 보장은 없다. 그럼에도 불구하고 Fairclough(1995, 이원표 역, 2004:189)에 따르면 텍스트에 대한 우세한 해석은 존재할 수 있기 때문에, 필자는 텍스트가 특정 방식으로 해석될 가능성이 높게 의도적으로 명제들을 구조화할 수 있다.

문장 확대 방식에 주목해야 하는 특별한 순간이 언제이고, 그 특별한 문장 확대 방식을 어떻게 알아볼 수 있는지는 앞으로의 숙제다.[12] 이 숙제가 한 편의 연구로 해결되지는 않을 것이다. 이러한 과제를 해결하기 위해 앞으로 다양한 각도의 기반 연구가 이루어져야 할 것이다.[더 알아보기 7]

---

12. 필자는 네 번째 이야기에 담긴 연구를 2015년에 수행한 이후 이 문제를 계속 고민하여 조진수(2018ㄴ)에서 '문법 문식소'라는 개념을 제안하기도 하였다. 하지만 숙제를 완료한 것은 아니다. 문법적 장치에 주목해야 하는 특별한 순간에 대한 연구는 앞으로도 여러 각도에서 계속 이어져야 한다.

더 알아보기

1. 문법적 장치와 장르성

특정한 문법적 장치를 통해 텍스트의 장르성을 읽어낼 수 있음을 보여주는 문법교육적 연구가 지속적으로 이루어져 왔다(e.g. 남가영, 2009; 주세형, 2010ㄱ, 2010ㄴ; 이관희, 2010, 2012ㄱ; 제민경, 2011, 2013; 박진희, 2020). 이 글은 '문장 확대 방식' 역시 사회적 실천 행위로서의 장르와 밀접하게 관련된 문법적 자원으로 보는 관점을 취하고 있다.

2. 통사론과 화용론의 접면

문장 확대를 기능 층위에서 바라보는 것은 화용론과 통사론의 접면 작용으로 볼 수 있다. 통사구조를 화용적 관점에서 설명하기 때문이다. 여기서 접면이란 언어학적 차원이 서로 직접적인 상호작용을 할 수 있도록 맞닿은 면을 가리킨다. 관형절이라는 통사구조를 화용론적 차원의 전제화와 관련지어 설명하는 것도 문장 확대 차원에서 일어나는 접면 현상의 좋은 예다. 참고로 체계기능언어학에서도 '접면'이라는 용어를 사용한다. Davies(2014)에서는 체계기능언어학의 발전 과정을 개괄하면서 '문법과 담화의 접면'이라는 표현을 사용하고 있다. 단, 여기서 문법은 '어휘-문법(lexico-grammar)'을 의미하는 체계기능언어학적 용어이다. 문법교육에서는 문법을 포괄적으로 규정하여 담화에 대한 문법적 분석도 담화 문법으로 포괄하지만, 체계기능언어학에서 '어휘-문법'은 특정한 층위에 속하는 개념이다. '어휘-문법'의 위상을 포함하여 체계기능언어학에 대한 개괄적 설명은 이관규 외(2021), 체계기능언어학의 국어교육적 의의는 주세형(2009) 참조.

3. 잠재태와 실현태

체계기능언어학에서 '텍스트'란 하나의 '사례(instance)'일 뿐이다. 텍스트는 실현태로서 잠재태로 존재하는 체계가 발현된 산물이다. 또 하나 중요한 것은 사회문화적 맥락이 상황 맥락과 동일한 층위에 존재하는 것이 아니라는 점이다. 사회문화적 맥락은 상황 맥락과 달리 실현태로서 존재하는 것이 아니라 잠재태로서 존재한다(Halliday·Matthiessen, 2004:28). 사회문화적 맥락을 잠재태로 보는 관점은 할리데이의 스승 중 한 명인 퍼스(Firth)에서 비롯된 것이다. 잠재태와 실현태의 논리에 바탕을 둔 체계기능언어학의 맥락 개념에 대한 원형적 모습은 퍼스(Firth, 1957a, 1957b)에서 확인할 수 있다.

4. 특정적인 비한정 표현

전영철(2013:28-29)에서는 청자에게 생소하더라도 발화 상황에 닻 내리기로 인하여 상대방이 그럴 수 있다고 보고 이의나 의문을 제기하지 않으리라는 가정이 화자에게 있을 때, 의미상 한정성에 육박하는 명사구가 지시적 주어짐성(referential givenness)의 성격을 지닐 수 있음을 지적하였다. 그리고 이를 '특정적인 비한정 표현'이라고 하였다. 이러한 설명은 관형절에 관한 것은 아니지만, 한정성을 정도성의 관점에서 보고 있다는 점에서 기본(Givón)의 논의와 일정 부분 관련을 맺고 있다. 한정성을 정도의 문제로 파악하는 관점은 Gundel et al.(1993)의 '주어짐성 위계(givenness hierarchy)'를 참고할 수 있다.

5. 장르 연구의 세 가지 흐름과 체계기능언어학 내 장르 연구의 분기

하이온(Hyon, 1996)은 장르의 개념을 ESP(English for specific purpose), 북미의 신수사학, 체계기능언어학으로 나누어 살폈다. 냅과 왓킨스(Knapp·Watkins, 2005)는 체계기능언어학적 장르 개념 중 하나이다. 연구 전통에 따른 장르 개념의 분류와 의의에 대한 문법교육적 논의는 제민경(2014)에서 상세히 이루어졌다. 더하여, 체계기능언어학 내에서도 장르 개념의 차이가 존재하는데, 이에 대한 상세한 논의는 조진수(2018ㄴ)를 참고할 수 있다. 조진수(2018ㄴ)는 마틴과 로즈의 장르 관계(Genre relations) 이론(Martin & Rose, 2008; Martin, 2014a, 2014b, 2015; Rose, 2015)을 수용하여 장르를 "장르 체계 내에서 다른 장르와 관련하여 갖게 되는 자질의 담지체"로 규정하였다.

6. 문법적 은유

할리데이는 사물(개체)은 명사 또는 명사구로, 과정은 동사 또는 동사구로 표현되는 것이 일반적이라고 보고 이를 '일치 상태(congruent mode)'로 보았다(Halliday, 2004). 과학의 언어는 '명사화'와 같은 '문법적 은유'를 통해 이러한 일치 상태를 전복시킨다. 과학의 언어는 명사화를 통해 '과정'도 가상적 개체로 바꾸어, 세상을 개체들 간의 관계로 표상하기 때문이다. '문법적 은유'에 대한 연구사적 정리는 Devrim(2015)을 참고할 수 있다. 국어 문법교육에서 문법적 은유에 대한 연구는 소지영(2018), 소지영·주세형(2017, 2018), 소지영·성경희·주세형(2018), 정려란(2018), 신희성(2019) 등 현재도 활발히 이루어지고 있다.

7. 기반 연구

주세형(2014ㄴ:62)에서는 그간 국어 문법교육학계에서 이론적 층위 인식이 명확하지 않아서 문법교육 논저 한 편에 이론과 실천의 모든 면을 다 담아야 하는 과도한 요구가 존재했음을 지적하였다. 이 글은 문장 확대 교육 내용의 구성 방안을 논의하기 위해 문장 확대가 다층적 성격을 띠고 있음을 규명하는 작업이 선행되어야 한다고 보고 후자에 초점을 두고 논의하였다는 점에서 일종의 기반 연구에 해당한다. 문장 확대의 다층성을 고려한 구체적인 문법교육 내용 마련에 대해서는 후고를 기약한다.

인간의 인식은 통사구조에만 머물지 않는다[*]

필자가 독자의 앎의 상태에 부합하는 정보구조만 선택하는 것이 아니라,
때로는 필자의 의도에 맞게 독자의 정보구조를 조정하기 위해
독자의 앎의 상태와 상치되는 정보구조를 선택하는 경우도 있다는 관점이 필요하다.
(본문 중에서)

---

* 5장은 한국문법교육학회 학술지 〈문법교육〉 34호(2018.12.)에 게재되었던 「유표적 정보구조의 기능에 관한 연구
  -지시적 신정보가 관계적 구정보로 표상되는 유형을 중심으로」를 이 단행본의 체제에 맞게 일부 수정하여 실은
  것임.

1. 문장의 정보구조에 주목해야 하는 이유

문장 구조와 통사구조, 같은 의미인가

문장 구조하면 통사구조가 떠오른다. 흔히 문장 구조를 분석한다는 말이 통사구조를 분석한다는 말과 같게 이해된다. 그러나 꼭 그렇게만 보아야 할까?

구본관 외(2015)에서는 문장 구조에 통사구조뿐 아니라 정보구조도 있다고 보았다. 조진수(2015, 2018ㄴ)에서는 문장 구조를 통사구조뿐 아니라 논항구조, 정보구조를 포괄하는 넓은 개념이라고 보았다. 즉, 문장 구조를 문장에 존재하는 다층적인 구조들로 본 것이다. 이렇게 보면 '문장 구조'는 '통사구조'에 한정되지 않는다.

이 글에서는 문장 구조 중 '정보구조'에 주목해 보려고 한다. 정보구조적 개념들을 살펴보고, 특히 '지시적 신정보가 관계적 구정보로 구조화되는 유형'에 대해 이야기한다.

정보구조 개념의 혼란과 극복

어느 분야나 초기 연구에서는 용어와 개념이 혼란스럽다. 정보구조도 초창기에는 신정보, 구정보 개념이 층위 구분 없이 사용되어 혼란스러웠다. 보통 문장의 화제는 구정보이다. "그 식당 어때?"라는 물음에 "그 식당은 참 괜찮지."라고 답한 상황을 생각해 보자. 대답에서 '그 식당은'이 문장의 화제이고 구정보이다. 그런데 가끔은 신정보가 화제가 되는 경우가 있다. 그리고 구정보가 초점이 되는 경우도 있다. 이런 경우 어떻게 설명해야 할지 초기 연구에서는 혼란이 있었다.

정보구조에 대한 연구가 깊어지면서, 정보구조를 지시적 차원과 관계적 차원으로 구분하는 관점(Gundel, 1988; Gundel & Fretheim, 2004)이 제안되었고 널리 수용되었다(전영철, 2006, 2013; 임동훈, 2012; 박철우, 2015; 박진호, 2015; 최윤지, 2016; 조진수, 2018ㄴ). 신정보, 구정보의 개념 정의가 더 정교해졌고 다양한 정보구조 현상을 설명할 수 있게 되었다.

유표성을 띤 정보구조에 주목하는 이유

기술 문법적 체계성만을 고려한다면 정보구조와 관련된 모든 언어 현상을 남김없이 설명하는 것이 필요하다. 하지만 문법교육 내용 구성을 염두에 두면, 유표성을 띤 정보구조에 주목하는 것이 효율적이다. 이러한 이유로 여기서는 '지시적 신정보가 관계적 구정보로 구조화되는 유형'에 주목한다.

레빈슨(Levinson)이라는 학자는 발신자는 이유 없이 유표적 표현을 사용하지 않는다고 하였다(Huang, 2007, 이해윤 역, 2009:62). 잘 생각해 보면 당연한 말이면서도 곰곰이 따져 볼 만한 가치가 있는 지적이다.

유표적 표현은 수신자 관점에서 특정한 표현 의도가 담긴 것으로 해석될 가능성이 높다. 물론 이러한 해석이 항상 맞는 것은 아니다. 말한 사람이 특별한 의도가 없었다고 할 수도 있다. 말한 사람은 자신이 그렇게 표현했는지조차 의식하지 못했을 수 있다. 그렇지만 무표적 표현과 비교해 보면 유표적 표현은 특정한 의도가 담겨 있다고 해석될 가능성이 높은 것도 사실이다.

최근 문법교육에서는 언어 표현에 담긴 표현 의도에 주목한다. 따라서 이 글에서는 정보구조의 여러 양상 중 유표성을 띤 정보구조부터 살펴보고자 한다.

그렇다면 '지시적 신정보가 관계적 구정보로 구조화되는 유형'은 왜 유표적일까? '지시적 신정보'란 '수신자가 그 정보를 알지 못할 것이라고 발신자가 가정하는 정보'이다. '관계적 구정보'란 화제, 초점 등으로 나누는 것이 가능한 정언문(categorical sentences)에서 화제의 기능을 하는 정보이다. 화제는 보통 구정보인 경우가 많기 때문에, 지시적 신정보가 화제로 구조화되는 유형은 유표성을 띤다.

이 글은 '지시적 신정보가 관계적 구정보로 구조화되는 유형'이 통사적으로 실현되는 양상 중 특히 관형사절에 주목한다. 그간의 연구에서도 '지시적 신정보가 관계적 구정보로 구조화되는 유형'은 주목을 받아 왔다. 하지만 이정민(1992), 전영철(2013)은 주로 명사구에 한정하여 논의하였고, 조진수(2018ㄴ)는 교육적 의의에 초점을 두고 논의하였다. 이런 이유로 관형사절에 특히 초점을 맞춘 본격적 논의는 찾아보기 어렵다.

2. 유표적 정보구조란 무엇인가

정보구조, 어떻게 나눌 것인가

정보구조를 지시적 차원과 관계적 차원으로 나누는 데 많은 연구자들이 합의한다. 하지만 정보구조 분절 방식은 합의가 이루어졌다고 보기 어렵다. 정보구조 분절 방식으로 '화제-평언의 이분 구조¹', '전제-초점 구조', '초점-바탕(연결부-꼬리부) 구조', '화제-초점-배경' 등 다양한 방식이 제안되어 왔다(함병호, 2016).

정보구조 분절 방식이 쟁점적인 이유는 무엇인가? 조진수(2018ㄴ)에서도 지적한 바 있듯이 '화제-평언' 구조는 화제 개념으로 설명할 수 없는 전제 요소가 존재하고, '전제-초점' 구조는 전제 중 화제를 뺀 나머지 부분에 특정한 정보 지위를 부여하지 않는 문제가 발생한다. '화제-초점-배경'은 전제 중 화제에 해당하지 않는 요소를 '배경'으로 명명하는 방식인데, 이 방식은 계층적 현상을 단일 층위로 표현했다는 점에서 문제가 있다.

(1) ㄱ. Q: 초롱이는 뭐해?
　　　A: [초롱이는]화제 [빵 먹고 있어]초점.
　　ㄴ. Q: 초롱이는 아침에 뭐 먹었니?
　　　A: [초롱이는]화제 [아침에]배경 [빵]초점 [먹었어]배경.　　　　　(함병호, 2016:331)

함병호(2016)에서는 Erteschik-Shir(2007)의 관점에 따라 '화제', '초점'뿐 아니라 '배경' 개념을 도입하여 (1ㄴ)과 같이 전제 중 화제를 제외한 나머지 부분을 배경으로 처리하는 방안을 제안하였다. 그러나 조진수(2018ㄴ)에서는 "화제가 아닌 비초점 영역에 별도의 명칭을 부여하는 것은 문법교육의 관점에서 불필요한 교육 내용이 추가되는 것"이라고 보고, "'화제', '전제', '초점'이라는 용어를 사용하되, '전제'는 초점과 상보적 관계를 이루는 비초점 영역으로 규정하고, '화제'는 '전제'의 부분 집합으로 규정"하는 방식을 사용하였다.

이와 같은 방식은 "화제가 아닌 비초점 영역에 별도의 명칭을 부여하지 않고도 초점과 비초점을 대비적으로 살필 수 있고 화제와 초점의 정보 지위에 대해서도 논의(조진수, 2018ㄴ:85)"할 수 있다는 장점이 있다. 조진수(2018ㄴ)에서 제안한 방식은 향후 문법교육 내용 구축을 염두에 두고 있다는 점에서 의미가 있다. 하지만 기술 문법 차원까지 고려한 보다 포괄적인 정보구조 분절 방식이 필요하다.

---

1. 구본관 외(2015:213)에서도 이와 같은 이분 구조를 채택하여 정보 전달의 대상을 '주제(topic)'라고 하고 전달되는 정보를 '언급(comment)'이라고 한다고 보았다. 이 글에서는 'topic'을 '화제'로 명명하였다.

상보적 분절과 비상보적 분절을 구분하다

이 글에서는 그간의 논의를 종합적으로 고려하여 상보성(相補性)을 기준으로 정보구조의 분절을 두 층위로 나누어 실시하는 방안을 제안한다. 정보구조적 요소를 남김없이 분석하는 '상보적 분절 층위'에서는 '전제-초점'을 정보구조 분절 방식으로 채택한다. 여기서 '전제'는 '비초점 영역'을 가리키는 개념으로 이와 같은 방식을 사용하면 특정 요소의 누락 없이 정보구조를 분절할 수 있다.

정보구조적 요소를 남김없이 분석하는 데 목적이 있는 것이 아니라 목적에 따라 특정한 정보구조적 요소만 선별적으로 다루는 데 목적이 있는 방식을 '비상보적 분절' 또는 '선별적 분절'이라고 명명한다. 이 층위는 '비상보적 분절 층위' 또는 '선별적 분절 층위'가 된다.

'전제'만을 대상으로 '화제-비화제'로 분절하거나,[2] '화제가 아닌 비초점 영역'을 제외하고 '화제-초점'만을 선별적으로 분절하는 방식이 이에 해당한다. 이러한 방식은 애초에 정보구조적 요소를 선별적으로 다루는 것을 목적으로 하기 때문에 특정 요소의 누락이 문제가 되지 않는다. 이 글의 정보구조 분절 방식을 사용하면 (1)의 예문을 다음과 같이 분석할 수 있다.

> (2) '상보적 분절'의 예
>> ㄱ. Q: 초롱이는 뭐해?
>>> A: [초롱이는]전제 [빵 먹고 있어]초점.
>> ㄴ. Q: 초롱이는 아침에 뭐 먹었니?
>>> A: [초롱이는 아침에]전제 [빵]초점 [먹었어]전제.

> (3) '비상보적 분절(선별적 분절)'의 예
>> ㄱ. 화제, 초점만 분석
>>> Q: 초롱이는 뭐해?
>>> A: [초롱이는]화제 [빵 먹고 있어]초점.
>>> Q: 초롱이는 아침에 뭐 먹었니?
>>> A: [초롱이는]화제 아침에 [빵]초점 먹었어.

---

2. 두임림(2014:25)에서는 문장의 정보구조가 일차적으로 '화제-비화제'로 구분된다고 언급한 바 있다. 정보구조 분절이 단계적으로 수행된다는 관점을 취하면 이러한 분절도 한 방법일 수는 있겠으나, 문장 전체를 '화제-비화제'로 구분할 경우 '비화제'에 초점과 초점이 아닌 것이 공존하여 재분석이 필요하게 된다. 이런 이유로 이 글에서는 '화제-비화제' 분절은 '전제'만을 대상으로 수행하도록 하고 이를 선별적 분절의 한 유형으로 처리하였다.

ㄴ. 전제만을 대상으로 분석

    Q: 초롱이는 아침에 뭐 먹었니?

    A: [초롱이는]화제 [아침에]비화제 빵 [먹었어]비화제.

위와 같은 이원적 정보구조 분절 방식을 채택하면, '화제', '초점'의 식별을 목적으로 한 정보구조 분석 시 불필요한 정보구조적 범주를 추가로 분석할 필요가 없다. 또한, 화제, 초점을 제외한 나머지 요소의 존재가 분석의 정합성에 영향을 끼치지도 않는다.

유표적 정보구조를 도식으로 표현하다

특별히 주목해야 할 정보구조는 어떻게 찾을 수 있을까? 유표성이 하나의 단서가 될 수 있다.[3] 그렇다면 유표성은 어떻게 확인할까? 정보구조 차원에서는 지시적 층위와 관계적 층위가 서로 관련을 맺는 방식을 살펴봐야 한다. 이에 대해서는 그간 많은 연구가 있어 왔다.[4]

전영철(2013:27)은 주어짐성(givenness)을 '지시적 차원'과 '관계적 차원'으로 구분하는 관점(Gundel, 1988; Gundel & Fretheim, 2004)을 수용한다. 그리고 지시적 구정보, 지시적 신정보, 관계적 구정보, 관계적 신정보 간의 관계를 〈그림 5-1〉 같이 제시하였다.

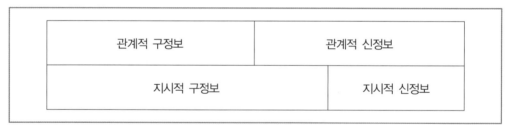

그림 5-1. 관계적 주어짐성과 지시적 주어짐성 간의 관계(전영철, 2013)

위의 도식은 지시적 신정보뿐 아니라 지시적 구정보도 관계적 신정보인 '초점'이 될 수 있음을 보여준다. 즉, 발신자와 수신자 모두 이미 알고 있는 정보라도 문장에서 초점으로 사용될 수 있음을 잘 보여준다.[더 알아보기 1]

---

3. 유표성의 개념은 Lyons(1977), 유승만(2006), 김형민(2016) 참조.
4. 전영철(2013), 박진호(2015)의 논의는 조진수(2018ㄴ)에서도 일부 검토된 바 있지만, 이야기의 흐름상 조진수(2018ㄴ)의 〈그림 5-5〉 도식이 제안되기까지의 연구사적 흐름을 확인할 필요가 있어서 선행 연구들을 다시 한번 언급하였음을 밝혀 둔다. 이 글에는 최윤지(2016, 2018), 함병호(2018)를 검토 대상으로 새롭게 추가하였다.

이런 이유로 〈그림 5-1〉은 이후 정보구조에 관한 국어학적 연구(두임림, 2014; 최윤지, 2016)에도 널리 수용되어 왔다. 그러나 위 도식은 오직 지시적 구정보만이 관계적 구정보가 될 수 있음을 전제하고 있다. 그래서 지시적 신정보가 관계적 구정보가 되는 유표적 현상이 반영되어 있지 않다.[더 알아보기 2]

그렇다면 이 문제를 어떻게 해결할까? '인가 화제', '비인가 화제'라는 개념을 도입하면 된다. '인가 화제'는 "이전 담화에서 이미 화제로 확립되어 있어 관계적으로나 지시적으로나 모두 구정보인 화제"이고 '비인가 화제'는 "현재 발화에 의해 담화에 새로 도입된 화제로 관계적으로는 구정보이지만 지시적으로는 신정보인 화제"이다(박진호, 2015:384). 박진호(2015:390)에서 제시한 '주어 정보 역할의 현대 한국어 의미 지도'에서 인가 화제와 비인가 화제를 확인할 수 있다. 우리가 관심을 갖는 현상은 비인가 화제라는 개념으로 설명할 수 있다.

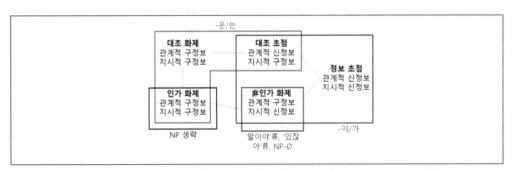

그림 5-2. 주어 정보 역할의 현대 한국어 의미 지도(박진호, 2015:390)

일부 화제가 지시적으로 신정보의 특성을 지닐 수 있음은 함병호(2018)에서도 이야기되었다. 함병호(2018:52-53)는 전영철(2013)의 〈그림 5-1〉을 검토하며, "화제도 구정보로 한정되는 것은 아니"라는 점을 지적했다. 그리고 관계적 층위와 지시적 층위의 관계를 다음과 같이 제시하였다.

한편, 최윤지(2016)는 기존 연구에서 지시적 주어짐성이 주로 명사구가 나타내는 실체를 대상으로 하고, 관계적 주어짐성은 문장을 대상으로 한다는 점에 착안했다. 이에 따라 문장을 대상으로 한 절대적 정보 지위를 새롭게 추가하여 다음과 같은 도식을 제안하였다(최윤지, 2018).

관계적	지시적
화제	구정보
	신정보
초점	구정보
	신정보

그림 5-3. 화제, 초점과 지시적 구/신정보와의 관계 (함병호, 2018:53)

'문장의 절대적 정보지위'는 문장을 대상으로 했다는 점에서는 관계적 층위와 관련이 있다. 또, 정보 지위가 절대적이라는 점에서는 지시적 층위와도 관련이 있다. 최윤지(2016)는 이 부문을 명시적으로 제시했다는 점에서 의미가 있다(최윤지, 2018:145). 그러나 〈그림 5-4〉는 전영철(2013), 박진호(2015), 함병호(2018)의 도식과 달리 지시적 층위와 관계적 층위의 관계 그 자체를 명시적으로 보여주지 않는다. 그래서 지시적 신정보가 관계적 구정보가 되는 유형에 주목하는 이 글에서 활용하기는 어렵다.

대상	실체	문장	문장
성격	절대적 정보지위	절대적 정보지위	상대적 정보지위

그림 5-4. 최윤지(2016)의 정보구조 하위 부문(최윤지, 2018:145)

기존 논의 중 박진호(2015), 함병호(2018)의 〈그림 5-2〉, 〈그림 5-3〉은 지시적 신정보 역시 관계적 구정보인 화제가 될 수 있음을 명시적으로 보여준다는 점에서 이전 논의와 구분된다. 이러한 관점은 조진수(2018ㄴ)에서도 찾을 수 있다. 조진수(2018ㄴ)에서 제안한 아래 도식은 지시적 차원과 관계적 차원에서 정보의 신구(新舊)가 일치하는 유형뿐 아니라, 지시적 차원과 관계적 차원 간 정보의 신구가 상치되는 유형까지 모두 보여준다.

다음의 도식은 지시적 신정보와 화제의 접면이 지시적 구정보와 화제의 접면보다 좁다. 지시적 구정보와 초점의 접면은 지시적 신정보와 초점의 접면보다 좁다. 즉, 접면을 비대칭적으로 분할하여, 유표적 정보구조와 일반적 정보구조 유형이 도식에서 시각적으로 변별된다.

지시적 신정보	관계적 구정보
지시적 구정보	(화제)
지시적 신정보	관계적 신정보
지시적 구정보	(초점)

그림 5-5. 지시적 주어짐성과 관계적 주어짐성의 관계 (조진수, 2018ㄴ:83)

3. 유표적 정보구조를 사용하는 이유는 무엇일까
: '관형사절'의 사례 분석

관형사절에 주목하는 이유

지시적 신정보가 관계적 구정보로 표상되는 유형에 대해 그간 전혀 논의가 없었던 것은 아니다. 이정민(1992), 전영철(2013)에서 '특정적인 비한정 표현'에 대해 이야기했었다. 하지만 그 대상을 명사구로 한정했기 때문에, 지시적 신정보가 관계적 구정보로 표상되는 유형을 총체적으로 살피는 데 한계가 있었다. 최윤지(2016:278)에서도 "청자 지식의 관점에서 새로운 실체라도 화자가 그것을 화제로 설정하여 발화하는 것이 불가능하지는 않다"라고 했다. 하지만 예문을 들어 이 문제를 구체적으로 이야기하지는 못했다.

박진호(2015)의 경우 지시적 신정보가 관계적 구정보가 되는 유형을 명시적으로 구분해 냈다. 이를 '비인가 화제'라 하면서, 구체적 실현태로 '말이야'류, '있잖아'류, 'NP-ø'를 제시하였다. 그러나 '말이야'류, '있잖아'류가 주로 구어에서 사용되는 표현이라는 점을 고려할 때 문어에서 나타나는 양상에 대한 분석도 필요하다.

이 글에서는 지시적 신정보가 관계적 구정보로 표상되는 사례가 주로 명사구 차원, 구어 차원에 한정되어 왔다는 점을 고려하여 복문의 절 차원에 해당하는 관형사절을 대상으로 이야기한다.

모든 관형사절이 아니라 '어떤' 관형사절인 이유

지시적 신정보가 관계적 구정보로 표상되는 사례를 관형사절에서 찾을 수 있다. 하지만 관형사절이 항상 지시적 신정보를 관계적 구정보로 표상하는 것은 아니다.

(4) ㄱ. 오랜 노력 끝에 국내 ○○ 연구팀은 새로운 태양 전지 설계 기술을 개발하였다. … 이번에 새로 **개발된** 태양 전지 설계 기술은 우리의 삶을 변화시킬 것이다.

ㄴ. 이 제품은 30년 넘게 꾸준히 판매되어 왔다. … 이 제품의 **변함없는** 인기 비결은 무엇일까? 이 질문에 대한 답은 여러 측면에서 찾을 수 있다.

(4ㄱ)과 (4ㄴ)은 '개발된'과 '변함없는'이 사용된 문장 앞에 이에 대한 내용이 진술되어 있다. 따라서 밑줄 친 부분은 지시적 신정보가 아닌 지시적 구정보를 관계적 구정보로 나타내고 있다. 앞의 문장에 그 내용이 제시되어 있을 경우 필자는 그 내용을 독자도 알고 있으리라 가정한다. 그래서 지시적 구정보가 된다.[5]

관형사절은 다음 예문과 같이 괄호 속에 제시된 특정 맥락에서 유표적 정보구조를 띠게 된다.

(5) ㄱ. (독자들이 해당 기술이 새로 개발되었는지 모를 것이라고 생각하면서 다음 문장을 작성한 경우, 텍스트 내에서도 관련 내용 처음 언급) 이번에 새로 개발된 태양 전지 설계 기술은 우리의 삶을 변화시킬 것이다.

ㄴ. (독자들이 해당 제품의 인기가 변함없이 유지되었는지 모를 것이라고 생각하면서 다음 문장을 작성한 경우, 텍스트 내에서도 관련 내용 처음 언급) 이 제품의 변함없는 인기 비결은 무엇일까? 이 질문에 대한 답은 여러 측면에서 찾을 수 있다.

(5ㄱ)과 (5ㄴ)은 관형사절이 지시적 신정보를 관계적 구정보로 표상하는 데 사용될 수 있음을 보여준다. 괄호 속에 제시한 바와 같이 필자는 독자가 해당 기술이 개발되었음을 인지하지 못하고 있음을 알면서도, 해당 제품의 인기가 변함없음을 인지하지 못하고 있음을 알면서도 위와 같은 문장을 사용할 수 있다. 이러한 경우는 지시적 신정보가 관계적 구정보로 구현된 사례이다.[더 알아보기 3]

관형사절이 이처럼 유표적인 정보구조에 활용될 수 있다는 점은 (6)과 같이 동일한 명제

---

5. 이하 본문에서 수행되는 정보구조 분석은 목적에 따라 필요한 정보구조적 요소만 확인하는 '선별적 분절'에 해당한다.

의미를 관형사절이 아닌 다른 구조로 표현해 보면 더욱 분명해진다.

> (6) ㄱ. (독자들이 해당 기술이 새로 개발되었는지 모를 것이라고 생각하면서 다음 문장을 작성한 경우) 이번에 태양 전지 설계 기술이 새로 개발되었다. 이 기술은 우리의 삶을 변화시킬 것이다.
>
> ㄴ. (독자들이 해당 제품의 인기가 변함없이 유지되었는지 모를 것이라고 생각하면서 다음 문장을 작성한 경우) 이 제품의 인기는 변함없다. 이러한 인기 비결은 무엇일까? 이 질문에 대한 답은 여러 측면에서 찾을 수 있다.

(5)에서 '개발된', '변함없는'과 같이 관형사절로 실현되었던 내용이 (6)에서는 '개발되었다', '변함없다'와 같이 서술어로 실현되었다. (5)는 관형사절이 관계적 구정보인 화제의 일부였으나, (6)은 그렇지 않다. (6ㄱ)에서 '개발되었다'는 문장 초점인 제언문(thetic sentences)의 일부로 사용되었고, (6ㄴ)에서 '변함없다'는 '초점'으로 사용되었다.

그간의 연구에서는 필자가 해당 내용을 독자가 모를 것이라고 생각한 상황이라면 (5)와 같이 이를 화제 혹은 화제의 일부로 구현하는 것보다는 (6)과 같이 초점으로 실현하는 것이 일반적이라고 보았다(Lambrecht, 1994). 그러면서도 (5)와 같은 방식도 용인될 수 있다고 보았다. 중요한 것은 위와 같은 상황에서 (6)과 같은 문장 구조를 선택할 수도, (5)와 같은 문장 구조를 선택할 수도 있다는 점이다.

선택항 체계로 표현하다

상식적인 수준에서 생각해 보면 독자가 해당 내용을 모를 것이라고 예상되면 (6)과 같이 그 내용을 초점으로 삼거나 문장 초점을 사용해야 할 것 같다. 하지만 (5)와 같이 해당 내용을 관계적 구정보로 처리하는 것도 용인된다. (5)와 (6)은 일종의 선택 관계에 놓인다. 따라서 체계기능언어학에서 제안된 선택항 체계의 구성 논리(Halliday & Matthiessen, 2004)를 참고하면 다음과 같이 도식화할 수 있다.

표 5-1. 정보구조 선택항 체계

(5ㄱ)과 (6ㄱ)의 선택항 체계	(5ㄴ)과 (6ㄴ)의 선택항 체계
┌ 관형사절(지시적 신정보, 관계적 구정보)	┌ 관형사절(지시적 신정보, 관계적 구정보)
└ 서술어(지시적 신정보, 제언문의 일부)	└ 서술어(지시적 신정보, 관계적 신정보)

혹자는 위 표가 서로 다른 층위의 언어학적 단위를 계열 관계로 나타냈다고 비판할지도 모르겠다. 하지만 사용을 기반으로 하는 기능주의 문법의 관점에서 보면 언어학적 단위가 혼재되는 것이 별 문제가 되지 않는다. 동일한 명제 내용을 다른 문장 구조로 나타낼 때, 어떠한 문법적 장치가 선택 관계에 놓이는지 보여주는 것이 목적이기 때문이다.

유표적 정보구조를 왜 선택할까

상대가 알고 있다고 생각하는 정보를 출발점으로 삼아 새로운 내용을 언급하는 것은 매우 자연스러운 현상이다(Chafe, 1994, 김병원 외 역, 2006:106). 이런 관점에서 지시적 구정보를 관계적 구정보인 '화제'로 삼는 것은 자연스러운 현상이다. 그러나 이러한 현상이 자연스럽다고 하여, 이를 엄격하게 적용하면 언어 사용에 매우 불편이 생길 것이다.

만약에 독자들이 특정한 기술이 새로 개발되었는지 모를 것이라고 필자가 생각하는 경우에 "(6ㄱ) 이번에 태양 전지 설계 기술이 새로 개발되었다. 이 기술은 우리의 삶을 변화시킬 것이다."와 같은 방식으로만 써야 한다면 어떻게 될까? 이런 방식만 가능하다고 해 놓고, "(5ㄱ) 이번에 새로 개발된 태양 전지 설계 기술은 우리의 삶을 변화시킬 것이다."와 같이 '개발되다'를 관형사절로 실현하여 화제의 일부로 삼는 것은 안 된다고 제한하면 어떻게 될까?

당연히 (5ㄱ)과 같이 표현하면 왜 안 되느냐는 불만이 나올 것이다. 만약 (5ㄱ)과 같은 표현을 못 쓰게 한다면 우리의 언어 생활이 엄청나게 불편해질 것이다.

이러한 현상은 '지시적 신정보'에 담긴 '수신자의 앎'이라는 개념에 대해 다시 생각해 보게 한다. 그간의 연구에서도 수신자의 앎의 상태를 '친숙성'을 기준으로 수준별로 분류하거나(Prince, 1981)[더 알아보기 4] 지시적 주어짐성을 정도성의 문제로 보고 등급화하는 시도가 있었다(Gundel et al., 1993). 또 담화 차원과 수신자 차원을 구분하여 구정보와 신정보를 설명(Prince, 1992; 최윤지, 2016)하기도 하였다. 그러나 앞의 방식은 친숙성 혹은 등급의 수준이 모호하다는 문제가 있었다. 뒤의 방식은 '담화'와 '수신자'를 함께 고려하기는 하였으나 '담화-신, 수신자-신' 정보가 결과적으로 '지시적 신정보'로 처리되어 수신자의 앎을 이분적으로 처리하는 것과 큰 차이가 없었다. 이런 이유에서 기존 논의의 틀에서는 담화에 도입된 바 없고 수신자도 알지 못하는 '지시적 신정보'가 관계적 차원으로 구현될 때 '지시적 구정보'와 유사한 양상을 보이는 현상을 설명하기 어려웠다.

'전환의 용이성'을 도입하는 까닭

정보구조 차원에서 수신자의 미지(未知)/기지(既知) 가정과 별도로 '전환의 용이성'을 추가적 고려 요인으로 설정해 보면 어떨까? 그러면 수신자의 앎의 상태를 〈표 5-2〉과 같이 재구조화할 수 있다. 수신자의 앎의 상태를 다음과 같이 재구조화하면, (5ㄱ)과 같은 정보구조가 용인 가능하다는 점을 보다 잘 설명할 수 있다.

위 표는 '미지/기지'의 차원뿐 아니라 '전환(미지→앎)의 용이성'이라는 차원을 함께 고려하여 수신자의 앎의 상태를 중층적으로 설명한다. 수신자의 미지가 가정되더라도 그것이 정보제시 후 즉각 앎으로 전환될 수 있다고 판단되면, 지시적 구정보와 마찬가지로 관계적 구정보인 화제로 구현될 수 있다.

즉, 정보 수용을 통해 수신자의 미지가 즉각 앎으로 전환 가능하다고 가정되면, 논리적으로는 '지시적 신정보'라도 언어로 실현되는 차원에서는 '지시적 구정보'처럼 다루어질 수 있다. (5ㄱ)의 경우 '개발되다'는 현 상태에서 지시적 구정보는 아니지만, 정보 제시 후 즉각 지시적 구정보로 전환될 가능성이 높다고 필자가 판단할 수 있다. 그렇게 되면 소통 과정에서 지시적 구정보와 유사하게 다루어진다.

이 지점에서 기본(Givón, 1993)의 주장을 떠올려 보자. 기본은 "관계절에 의해 기술되는 상황과 사건은 청자에게 익숙하고(familiar), 잘 알려져(known) 있거나 접근 가능하거나, 혹은 새로운 정보로 도전받지 않을 것 같다고 발신자가 가정"하는 것으로 보았다(조진수, 2015: 281-282). 여기서 '새로운 정보로 도전받지 않을 것 같다고 발신자가 가정'하는 정보가 바로

표 5-2. 수신자의 앎의 상태 재구조화

발신자의 고려 요인		수신자의 앎의 상태	
(수신자의) 미지/기지		수신자의 미지(未知) 가정	수신자의 기지(既知) 가정
전환의 용이성	낮음	높음 (정보 확인을 통해 수신자의 미지(未知)가 즉각 앎으로 전환되는 것이 용이하다고 가정됨.)	
지시적 차원	지시적 신정보	논리적으로는 '지시적 신정보'이지만, 관계적 차원으로 실현 시 '지시적 구정보'와 같은 범주로 다루어지기도 함.	지시적 구정보

관계적 구정보로 실현되는 지시적 신정보이다.

"새로운 정보로 도전받지 않을 것 같다고 발신자가 가정(Givón, 1993)"한다는 기본의 관점은 특수한 현상을 잘 포착한 결과이다. 하지만 현상을 있는 그대로 기술할 뿐 왜 새로운 정보로 도전받지 않을 것 같다고 발신자가 가정했는지 설명하지 못한다. 이 글에서 발신자의 고려 요인으로 '전환의 용이성'을 추가한 것은 이러한 현상을 설명할 이론적 틀을 마련하기 위해서이다. '전환의 용이성'을 발신자의 고려 요인에 추가함으로써, 그 정보가 수신자에게 새로운 정보로 '도전'받지 않으리라고 발신자가 가정한 이유를 발신자 관여 요인 차원에서 설명할 수 있다.[더 알아보기 5]

지시적 신정보가 관계적 구정보로 실현되는 유표적 정보구조는 선택의 유연성을 높인다. 정보구조의 선택에는 현재 수신자의 앎의 상태만이 고려되는 것이 아니다. 앎의 상태가 전환되는 것이 용이한지의 문제도 함께 고려된다. 이러한 기제를 통해 수신자에게 새로운 정보일 것이라 예상되더라도 미지의 앎이 기지의 앎으로 전환되는 것이 용이할 경우 관계적 구정보로 실현될 수 있는 것이다.

정보구조 선택에 대한 새로운 접근

지시적 신정보가 관계적 구정보로 실현되는 유형은 또 다른 기능을 지닌다. (5ㄴ)의 "이 제품의 변함없는 인기 비결은 무엇일까?"라는 문장이 제품 홍보를 목적으로 한 글에 사용되었다고 생각해 보자. 여기서 '(인기가) 변함없다'라는 정보를 관계적 구정보로 처리한 데에 특별한 의도가 담겨 있을 수도 있지 않을까?

물론, '(인기가) 변함없다'라는 정보가 독자에게 즉각 수용되어 앎의 상태가 전환되는 것이 용이하다고 판단했을 수도 있다. 하지만 그렇지 않았다면? 전환의 용이성이 아니라면 어떤 이유를 생각해 볼 수 있는 것일까?

그간의 정보구조 연구에서는 지시적 신정보가 관계적 구정보로 실현되는 것을 다소 예외적인 현상으로 취급했다. 그래서 이 현상을 필자의 의도적인 정보구조 선택이라는 관점에서 접근하지 못했다.[더 알아보기 6]

필자가 독자의 앎의 상태를 가정하여 그에 부합하는 방식의 정보구조를 사용한다는 기존의 관점은 다수의 일반적 언어 현상을 잘 설명해 주었다. 하지만 (5ㄴ)과 같이 그에 어긋나는 현상도 존재한다. 그렇다면 기존 설명에 문제가 있었던 것은 아닐까?

(5ㄴ)과 같은 현상을 설명하기 위해서는 필자가 독자의 앎의 상태에 부합하는 정보구조만 선택하는 것이 아니라, 때로는 필자의 의도에 맞게 독자의 정보구조를 조정하기 위해 독자의 앎의 상태와 상치되는 정보구조를 선택하는 경우도 있다는 관점이 필요하다. 이를 다음과 같이 정리할 수 있다.

표 5-3. 정보구조 선택의 두 가지 기제

유형	선택 기제
유형 1(수신자 중심)	수신자의 앎의 상태를 가정하여 그에 부합하는 정보구조 선택
유형 2(발신자 중심)	발신자의 의도에 맞게 수신자의 정보구조를 조정하려는 목적으로, 예상되는 수신자의 앎의 상태와 상치되는 정보구조 선택

이러한 관점을 수용하면, (5ㄴ)과 같은 표현을 다음과 같이 해석할 수 있다. (5ㄴ)의 괄호에 제시된 대로 해당 제품의 인기가 변함없다는 점을 독자가 모를 것이라고 필자가 가정한 상황에서, 필자가 〈표 5-3〉의 '유형 1'과 같이 독자의 앎의 상태에 부합하는 정보구조를 선택한다면 (5ㄴ)보다는 (6ㄴ)을 선택했을 가능성이 높다. (5ㄴ)이 지시적 신정보를 관계적 차원에서 구정보로 구현한 데 비해, (6ㄴ)은 지시적 신정보를 관계적 신정보로 구현했기 때문이다.

따라서 (6ㄴ)이 아니라 (5ㄴ)을 선택했다는 점을 통해 〈표 5-3〉의 '유형 1'이 아닌 '유형 2'의 관점에서 생각해 봐야 한다. 즉, 필자의 자신의 의도에 맞게 독자의 정보구조를 조정하려는 목적으로, 예상되는 독자의 앎의 상태와 상치되는 정보구조를 선택했을 가능성이 있다. '관형사절'이 '전제 유발 장치(presupposition trigger)'에 해당한다는 기존 논의를 참고하면, 여기서 필자가 의도하는 독자의 앎의 상태는 '(해당 제품의 인기가) 변함없다'는 것을 신정보가 아닌 구정보로 수용하도록 하는 것이라고 예상해 볼 수 있다.

지시적 신정보가 관계적 구정보로 실현되는 유표적 정보구조는, 정보구조 선택이 때로는 필자의 의도 관철을 위해 독자의 현재 앎의 상태와 상치하는 방향으로 이루어질 수도 있음을 보여준다. 이 문제는 향후 장르와의 관계를 고려하여 보다 정밀하게 논의되어야 할 것이다.

4. 다섯 번째 이야기를 마무리하며

다섯 번째 이야기에서 다룬 유표적 정보구조는 앞으로 학교문법에서도 다루어 볼 만한 주제라고 생각한다.[6] 물론, 쉽고 익숙한 개념은 아니다. 하지만, 문법 지식이 언어적 소통 현상을 어떻게 설명할 수 있는지를 잘 보여준다는 점에서 의미가 있다. 통사 층위를 통사 층위에만 한정해서 다루는 것이 아니라 화용 층위와도 적극적으로 연결 짓는다는 점에도 특히 그러하다.

교육에 도입하려 했을 때는 난도가 가장 큰 걸림돌이 될 것이다. 하지만 방법이 없지는 않을 것이다. 어려운 개념이나 용어부터 가르치기보다는 의미 있는 예문에서 시작하는 것도 방법이다. 이 광고에서 왜 "(이 과자의 인기는) 변함없다."라고 하지 않고 "변함없는 (이 과자의 인기는)"이라고 표현했을까? 이런 정도의 질문부터 시작해 보면 어떨까? 충분히 생각할 시간을 준다면 "'변함없는'이라고 하니까 변함없다는 건 모두 인정한다고 보고 말한다는 느낌이 들어요." 정도의 답변이 나올 수 있지 않을까? 그렇다면 그런 느낌을 받은 이유를 묻는 것으로 물음을 이어갈 수 있을 것이다.

물론, 이러한 질문에서 출발하여 〈표 5-3〉에 제시한 정보구조 선택의 두 가지 기제에 대한 이해까지 도달하는 것이 쉽지는 않을 것이다. 교육 내용화에 앞서 이론적 측면에서 아직 다듬어야 할 부분도 많다. 많은 과제가 남아 있지만 교육적 가치가 있다고 판단되는 만큼 지속적인 연구가 필요하다.

---

6. 정보구조는 현행 교육과정의 문법 영역에 체계적으로 수용되고 있지는 않으나, 정보구조를 문법교육 내용으로 삼기 위한 연구는 지속적으로 이루어지고 있다(주세형, 2007, 2010ㄷ; 제민경, 2007; 오현아, 2010; 조진수, 2015, 2018ㄴ; 최경봉 외, 2017).

더 알아보기

1. 지시적 구정보가 관계적 신정보인 '초점'이 되는 사례

어떤 경우에 지시적 구정보가 관계적 신정보인 '초점'이 될까? 다음은 전영철(2013:26)이 제시한 예문이다. 화자 B가 발화한 문장에서 '사과'는 지시적 구정보임에도 불구하고 관계적 신정보인 초점으로 실현되었다.

화자 A: 어제 사과와 배 중 뭐 샀니?
화자 B: 사과 샀어.

2. 지시적 신정보의 개념을 대단히 좁게 규정하는 입장의 경우

'지시적 신정보'의 개념을 규정하는 방식에 따라 〈그림 5-1〉과 같이 지시적 신정보가 관계적 구정보가 될 수 없는 도식이 성립할 수도 있고 그렇지 않을 수도 있다. 예를 들어, 최윤지(2018:144)에서는 "우리 옆집에 있는 개 한 마리는 나만 보면 짖는다.(이정민, 1992:401)"를 예문으로 들어 지시적 신정보에 가까운 '우리 옆집에 있는 개 한 마리'가 관계적 구정보로 쓰일 수 있지만, 해당 명사구가 수식구에 의해 발화 상황에 닻 내려져 있기 때문에 이를 완전한 지시적 신정보로 간주하기는 어렵다고 보았다. 이와 같이 [-한정성], [+특정성] 자질을 가진 대상을 "지시적 주어짐성이 매우 낮아 상대적으로 지시적 신정보에 가깝지만 지시적 신정보와는 구분되는 것"으로 처리하는 관점도 존재할 수 있다.

이렇게 할 경우 관계적 구정보로 실현되는 모든 대상은 지시적 구정보로 간주된다. 즉, 지시적 신정보의 개념을 대단히 좁게 규정하여, 특정성만 지닐 뿐 한정성을 지니지 못한 정보를 지시적 신정보에서 배제하면, 〈그림 5-1〉은 성립 가능하다. 즉, 〈그림 5-1〉의 도식은 매우 엄격하고 좁은 지시적 신정보의 개념을 전제한다. 지시적 신정보의 개념을 어떻게 규정할지는 관점에 따라 달라진다. 이 글에서는 〈그림 5-1〉과 달리 [-한정성], [+특정성] 자질을 가진 대상, 즉 발신자는 알지만 수신자는 모른다고 가정되는 정보는 지시적 신정보로 보는 관점을 취했다.

3. 관형사절의 정보 지위, 명사의 정보 지위

이 글에서는 관형사절에 초점을 맞추어 지시적 신정보가 관계적 구정보로 실현되는 사례를 논의하였다, 그런데 이러한 관형사절은 화제에 해당하는 명사구(NP) 내부에 존재하는 수식어이다. 따라서 관형사절의 수식을 받는 명사의 정보 지위도 함께 고려해야 한다는 점이 지적될 수 있다. 예를 들어, "친구와 다툰 명수는 혼나야 한다."라는 문장이 있을 때 '친구와 다툰'이라는 관형사절의 정보 지위와, '명수'라는 명사의 정보구조적 지위를 모두 고려하여 화제의 정보 지위를 설명해야 한다.

수식어인 관형사절을 'A', 수식을 받는 명사를 'N'이라고 하면 (A, N)은 이론적으로 (지시적 신정보, 지시적 신정보)[유형 1], (지시적 신정보, 지시적 구정보)[유형 2], (지시적 구정보, 지시적 신정보)[유형 3], (지시적 구정보, 지시적 구정보)[유형 4]의 네 가지 유형 중 하나가 된다. 이 글은 관형사절이 지시적 신정보인 경우를 논의의 대상으로 삼고 있으므로 [유형 1]과 [유형 2]를 주목하는 셈이다. [유형 2]와 같이 관형사절이 지시적 신정보라도 수식을 받는 명사가 지시적 구정보면 어떻게 될까? 즉, '친구와 다툰'이 수신자에게 새로운 정보일 것이라고 발신자가 간주하더라도 '명수'가 지시적 구정보라면 이 때문에 조사 '는'이 선택되었을 가능성은 없을까? 이러한 문제 제기는 매우 타당하다. 이러한 문제까지 다루지 못한 것은 이 글의 한계이며 앞으로의 과제이다.

4. 프린스의 '가정된 친숙성'

프린스는 '가정된 친숙성(assumed familiarity)'이라는 개념을 제안하고 〈표 5-4〉에 제시된 정보들이 '{E, E^s} 〉 U 〉 I 〉 I^c 〉 BN^A 〉 BN'와 같은 친숙성 위계를 갖는다고 주장한 바 있다(Prince, 1981:245). 프린스의 논의는 정보의 친숙성이 정도의 문제임을 지적했다는 점에서 큰 의미가 있다. 하지만 친숙성의 정도 차이에 대한 완벽한 합의에 이르기 어렵다. 또, 발신자와 수신자의 인식 문제가 고려되고 있지 않아 지시적 신정보가 관계적 구정보로 표상되는 경우를 설명하기 적합하지 않다.

표 5-4. 프린스(Prince, 1981)의 가정된 친숙성 분류

환기된 정보	문맥 환기 정보(E: (Textually) evoked)		
	상황 환기 정보(E^s: Situationally evoked)		
추론 가능한 정보	추론가능한 명사구 안에 추론의 근거가 되는 요소가 포함된 정보(I^c: Containing Inferrable)		
	추론가능한 명사구 안에 추론의 근거가 되는 요소가 포함되지 않은 정보 (I: (Noncontaining) Inferrable)		
신정보	청자가 알고 있는 것으로 여겨지나 현재 문맥에서 환기되지 않은 정보(U: Unused)		
	청자가 알지 못하고 담화에도 처음 등장하는 정보 (BN: Brand-new)	다른 명사구에 닻이 내려져 있는 정보(BN^A: Brand-new Anchored)	
		다른 명사구에 닻이 내려져 있지 않은 정보(BN: Brand-new (Unanchored))	

5. 정보구조적 요소의 선택과 유형론, 그리고 통시적 양상

박진호(2015)는 일본어의 'は'에 한국어 '은/는'뿐 아니라 '이/가'가 대응하는 경우도 있음을 지적하면서, 일본어의 경우 주어가 지시적 신정보일 때 이를 관계적 구정보로 처리하여 제언문이 아니라 정언문을 사용하는 경향이 있음을 지적한 바 있다. 통시적 변화와 관련해서는 향가와 석독구결 자료, 중세 국어 자료 분석을 통해 담화에 새로 도입되는 지시적 신정보에 '이'를 붙이게 된 것이 14세기 무렵부터라는 추정(박진호, 2015)도 이루어졌다.

6. 비판적 담화 분석과 정보구조

비판적 담화 분석(Critical Discourse Analysis) 연구에서는 필자가 의도적으로 특정한 의견을 전제로 표상하여 독자가 이를 당연한 것으로 인식하도록 만든다는 점을 여러 차례 지적한 바 있다 (Fairclough, 2003). 이때 체계기능언어학, 정보구조 등 다양한 기능 언어학적 자원이 도구로 활용된다. 인접 학문 영역에서 이러한 지적이 있었음에도 불구하고, 정보구조에 관한 기존 연구들에서는 대체로 발신자가 수신자의 앎의 상태를 고려하여 그에 부합하는 정보구조를 선택했다는 가정하에 문장의 정보구조를 분석하는 경우가 많았다. 조진수(2018ㄹ)은 인접하지만 상이한 두 학문 분야에서 각각

독자적으로 논의되고 있던 내용을 통합하여, 정보구조의 선택 기제를 수신자 중심과 발신자 중심으로 체계화하였다는 점에서 연구사적 의의를 찾을 수 있다.

최근에는 정보구조 연구 분야에서도 정보구조의 선택 문제에 관심을 보이고 있다. 정보구조에 대한 최근 연구인 최윤지(2021)는 "화자가 청자의 지식 및 인지 상태에 대한 가정에 어긋나는 정보구조를 선택할 수 있음"을 지적하였는데, 이는 조진수(2018ㄹ)에서 정보구조 선택의 두 기제 중 하나로 지적한 '발신자 중심의 선택'과 관련된다. 최윤지(2021)는 앞으로 정보구조적 조정에 관여하는 변인들에 대한 연구가 필요함을 제언하였다. 이러한 연구는 문법교육 내용화를 위한 기초 연구로서도 매우 필요하다.

여섯 번째 이야기.

하나의 문법 용어, 다층적 표상 방식을 품다[*]

불완전하고 동시에 그 자체로 목표인 것은 아니지만
그 나름대로의 중요한 교육적 가치를 지닌다는 점에서
문법 용어는 '달을 가리키는 손가락'을 닮은 구석이 있다.
(본문 중에서)

---

* 6장은 국어교육학회 학술지 〈국어교육학연구〉 52(1)호(2017.3.)에 게재되었던 "학교 문법 용어의 표상 방식 유형화 연구"를 이 단행본의 체제에 맞게 일부 수정하여 실은 것임.

1. 왜 문법 용어의 표상 방식인가

용어는 본질적으로 불완전하다

왜 문법 용어의 표상 방식에 주목하는가? 보다 근본적으로는 왜 문법 용어에 주목하는가? 이러한 질문의 이면에는 개념 학습에서 용어가 갖는 위상에 대한 근본적 회의가 존재한다.

용어는 본질적으로 개념의 모든 부면을 드러낼 수 없다. 용어가 갖는 이러한 태생적 제약으로 인해, 어떠한 용어도 개념의 표상이라는 차원에서 완전할 수 없다. 용어가 개념 표상이라는 차원에서 본질적으로 불완전한 것이라면, 어떤 용어를 사용하는지에 주목하는 것보다 개념 자체의 이해에 주목하는 것이 학습의 측면에서 더 타당하다는 주장이 제기되는 현상도 이해되지 않는 것은 아니다.

문법교육이 추구하는 이상적인 학습자상을 고려할 때 문법 용어의 위상 문제는 더욱 큰 난관에 봉착하는 듯하다. 문법교육이 '명사형 전성어미', '부사절', '서술절'과 같은 문법 용어를 달달 욀 수 있는 성인을 키우고자 하는 것이 아님은 주지의 사실이다.[1] 차라리 문법 용어는 잊을지언정 문법적 지식을 탐구해 본 경험을 보유하고 이러한 경험을 통해 언어적 민감성을 갖춘 성인을 만드는 것이 문법교육의 목표에 가깝다.

달을 가리키는 손가락과 문법 용어

이 글은 문법 용어가 가진 이러한 한계를 모두 인정하는 데에서 출발한다. 즉, 문법 용어가 본질적으로 완벽하게 개념을 표상해 낼 수 없다는 점과 문법 용어의 암기가 문법교육의 본질적 목표가 될 수 없다는 점을 인정한다. 그러나 동시에 이러한 인정이 문법 용어의 교육적 효용을 부정하는 것이 아니라는 점을 분명히 하고자 한다. 불완전하고 동시에 그 자체로 목표인 것은 아니지만 그 나름대로의 중요한 교육적 가치를 지닌다는 점에서 문법 용어는 '달을 가리키는 손가락'을 닮은 구석이 있다.

문법 용어가 달을 가리키는 손가락을 닮았다는 말은 문법 용어가 교육의 국면에서 일종의 방편(方便)적 성격을 지니고 있음을 의미한다.[2] 손가락이 달을 쳐다보게 만드는 방편인

---

1. 문법교육이 추구하는 이상적인 인간상에 대한 논의는 신명선(2007) 참조.
2. 김대행(2002)은 '손가락과 달의 비유를 통해 국어교육에서 '언어'를 '손가락' 수준으로 한정하는 태도의 문제를 지적한 바 있다. 이러한 지적은 국어교육에서 '언어'를 어떻게 개념화해야 하는가와 관련된 문제로, '손가락'으로

것처럼 문법 용어도 문법 개념을 인식하게 만드는 일종의 방편이다.

문법 용어가 달을 가리키는 손가락과 닮은 점도 다른 점도 있을 것이다. 중요한 것은 '달'에 해당하는 '문법 개념'을 학습자가 인식하도록 만드는 방식이 단일하지 않다는 것이다. 문법 용어가 문법 개념을 드러내는 방식, 즉 문법 용어의 표상 방식 자체가 단일하지 않다. 이런 이유로 문법 용어를 통한 문법 개념 인식 방식도 단일하지 않다.

'모음'은 왜 '모음(母音)'인가

국어학과 같은 순수 학문의 국면에서 문법 용어의 표상성은 한 방향의 지향을 갖는다. 개념의 전형적 속성을 잘 드러내든가, 아니면 다른 개념과 구분되는 변별적 지점을 가장 잘 드러내어 해당 개념의 식별을 용이하게 해야 좋은 표상으로 인정받는다. 이 경우 표상의 '전형성', '투명성'이 좋은 표상 여부를 판단하는 기준으로 작용한다. 국어학의 영역에서 문법 용어의 표상성이 태생적으로 완전하지 못하다는 점은 그저 문법 용어의 한계로 존재할 뿐이다.

하지만 문법교육에서는 다르다. 문법 용어의 표상성이 완전하지 못하다는 점은 오히려 특별한 교육적 기능을 수행할 수 있는 잠재력으로 이해된다. 문법 용어의 표상이 투명할 경우 문법 용어가 개념 이해를 쉽게 해 준다는 점에서 순기능을 하지만, 문법 용어의 표상이 불투명한 경우라고 교육적으로 유해한 것은 아니다.

표상의 불완전성과 표상의 불투명함은 문법 용어를 탐구의 대상으로 만든다. 이 개념을 설명하는 데 왜 이런 용어를 썼지? 이런 질문을 하게 한다. 그리고 이런 질문은 문법 개념에 대한 심층적 이해로 연결된다. 따라서 문법교육의 국면에서는 표상의 투명성이라는 단일 기준에 따라 문법 용어가 평가해서는 안 된다. 문법 용어가 문법 개념 인식의 경로를 다양하게 할 수 있음을 전제해야 한다. 그런 후 문법 용어가 표상 방식에 따라 어떤 교육적 기능을 수행하는지 살펴야 한다. 문법 용어를 평가하기 위해서는 이런 과정이 필요하다.

'모음(母音)'을 예로 들어 보자. 모음이라는 용어는 표상성 차원에서 다소 불투명하다. 하지만 이러한 불투명함이 때로는 학습자를 '모음'의 본질적 속성이 무엇인지에 대한 물음으로 이끌 수도 있다. 즉, "'모음'은 왜 '모음(母音)'인가?", "왜 'ㅏ', 'ㅓ'와 같은 음운을 '어머니 음(母音)'과 같은 방식으로 표상하는가?"와 같은 물음은 학습자를 문법 개념에 대한 깊이 있는 사

비유된 방편적 도구의 교육적 가치 자체를 부정하는 것은 아니다.

유로 인도할 수 있다.

표상의 투명성이 유일한 잣대인가

문법 용어에 국한된 논의는 아니지만 이제까지의 문법교육에서 "문법 개념을 어떻게 표상할 것인가의 문제를 고민하기보다는 인식 주체와 거리를 두더라도 가장 정밀하고 정확하게 기술하는 방식으로 문법 개념을 표상해 왔다(이관희, 2015:57-58)"라는 지적은 문법 용어 표상 방식을 다루는 자리에서도 유효하다. 문법교육에서는 표상의 투명성이 문법 용어를 평가하는 유일한 잣대가 될 수 없다. 문법 용어의 표상 방식에 따라 학습자가 얻게 되는 교육적 경험의 양상이 어떻게 달라질 수 있는지를 염두에 두고, 문법 용어의 표상 유형을 살펴야 한다.

이 글에서는 이러한 점을 고려하여 학교 문법 용어의 표상성 문제를 다루고자 한다. 특히 학교 문법 용어의 표상 방식에 어떠한 유형이 존재하는지를 확인하여 이러한 유형화가 갖는 교육적 의미를 생각해 보자.

2. 문법 용어, 어떻게 연구할 것인가

연구 대상을 선정하면서 한 고민들

이 글은 학교 문법 용어를 다룬다. 그렇다면 무엇이 학교 문법 용어인가? 이 글에서는 2011년 교육과학기술부에서 발행한 '교과서 편수자료(Ⅱ)-인문·사회과학/체육·음악·미술편-'에 수록된 '학교 문법 용어'를 분석 대상으로 삼았다.

물론 그간 발행된 모든 교육과정의 모든 국어 교과서에 사용된 문법 용어를 대상으로 삼거나 2012년 고시된 2009 개정 교육과정에 따른 국어 교과서에 사용된 문법 용어를 대상으로 삼는 방법도 존재한다.

그러나 두 방법 모두 선택하기 어렵다. 첫 번째 방식과 같은 전수 조사는 개인 연구에서 수행하기 어려울 뿐 아니라 교육과정 변천에 따른 통시성을 고려해야 한다는 점에서 학교 문법 용어의 표상 유형 연구의 초기 단계에서 실시하기에 부적절하다.

두 번째 방식은 이 글의 의의를 특정 교육과정에 한정시킬 우려가 있을 뿐 아니라, 특정 출판사에서 사용한 독특한 문법 용어까지 논의의 범위로 끌어들일 우려가 있다. 교과서별 문법 용어 사용의 차이를 확인하는 것도 그 자체로 의미 있는 작업이지만, 학교 문법 용어의 표상성을 확인하는 초기 연구에서는 어느 정도의 보편성과 대표성이 필요하기 때문에 두 번째 방식도 적절하지 않다.

그에 비해 교육과학기술부(2011)는 교육과정 개발을 담당하는 공적 기관에서 발행한 편수 자료이기 때문에 이 편수 자료에서 '학교 문법 용어'라는 명칭으로 제시한 문법 용어는 일정 부분 대표성을 담지하고 있다. 물론, 교육과학기술부(2011)에서 제시한 학교 문법 용어가 강제력을 가지고 모든 국어과 교과서에 사용되는 것은 아니다. 학교급에 따라, 출판사에 따라 다른 문법 용어를 사용하는 경우도 존재한다. 그럼에도 불구하고 교육과학기술부(2011)는 교과서 기술을 통어하는 편수 자료이기 때문에, 여기에 '학교 문법 용어'로 명시되어 제시된 목록은 일정 수준의 대표성을 띤다고 볼 수 있다.

교육과학기술부(2011)에서는 학교 문법 용어를 '언어 일반', '말소리', '단어', '어휘', '문장', '의미', '담화', '국어와 규범', '옛말의 문법'의 총 9개 영역으로 나누어 635개의 학교 문법 용어를 제시하고 있다.[3] 이 글에서는 이 중 '말소리', '단어', '문장' 3개 영역에 제시된 학교 문법 용어 376개로 연구 대상의 범위를 한정하였다.

어떤 절차로 연구를 진행할 것인가

학교 문법 용어에 담긴 표상 방식은 어떻게 확인할까? 우선 용어를 하나씩 살피며 개념을 어떻게 표상하는지 생각해 볼 수 있다. 귀납에 가까운 방식이다. 하지만 이러한 작업이 순수하게 귀납적인 방식으로 이루어질 수는 없다. 엄밀한 의미에서 인간에 의해 수행되는 해석 행위는 백지 상태에서 수행될 수 없기 때문이다.[더 알아보기 1]

그래서 학교 문법 용어 목록에 대한 검토에 선행하여 문법 용어의 표상과 관련된 기존 논의를 확인하는 작업이 필요하다. 관련 선행 연구는 문법 용어의 문제를 직접 다룬 연구(김호정 외, 2007; 남가영 외, 2007; 성낙수, 2010)뿐 아니라 문법 용어만을 대상으로 한 것은 아니지만 문법교육에서의 표상성 문제에 주목한 논의(남가영, 2011ㄴ; 김은성, 2012; 이관희, 2012ㄴ, 2015)를

---

3. '센입천장소리'와 '경구개음'과 같이 동일한 의미를 지니는 용어가 2개 이상 존재하는 경우 각각을 별도의 용어로 처리하였다.

포함한다. 또한 국어학에서 용어의 문제가 광범위하게 논의된 연구(이선웅, 2012; 유현경 외, 2014, 2015; 구본관 외, 2015)도 포함한다.

기존 논의를 바탕으로 문법 용어의 표상 방식으로 설정 가능한 항목을 도출하고, 이를 잠정적인 분석 틀로 삼아 학교 문법 용어 목록을 검토한다. 기존 연구를 바탕으로 설명될 수 있는 부분과 그렇지 않은 부분을 확인한다. 이를 통해 기존 연구에서 명시적으로 명명한 바 없지만 문법 용어의 표상 유형으로 새롭게 설정 가능한 부분들을 확인해 간다.

잠정적인 분석 틀을 전제하고 있지만 그 틀을 벗어난 부분에 주목하며 새로운 표상 유형을 찾고자 한다는 점에서 이러한 일차적 작업은 탐색적 성격을 띤다. 특히 분석 틀로 포착되지 않는 부분에 대해서는 연구자가 해당 문법 용어의 표상 특징을 〈표 6-1〉과 같이 핍진하게 묘사하며 자유롭게 기술한다.

표 6-1. 학교 문법 용어의 표상 특성 1차 분석 사례

학교문법용어	영역	표상 특성 기술	비고
어간	단어	• '간(幹)'이 '줄기'를 뜻하므로 비유적 표상에 해당함. • 그러나 어간이 왜 말의 '줄기'에 해당하는지는 직관적으로 파악하기 어려움.[더 알아보기 2] • '어간'이 '어미'와 함께 나오는 개념이라는 점을 고려할 때, '가지'라는 비유가 '꼬리[尾]'라는 표상과 어떻게 연결되는지 이해하기 쉽지 않음.(관련 용어 간의 관계성 문제)	비유적 표상 문제는 이관희(2012ㄴ, 2015) 관련
⋮	⋮	⋮	⋮

이와 같은 일차적 작업을 수행한 다음에는 새롭게 포착된 유형에 대한 기술을 정련화하고, 기존 유형을 포함하여 각 유형 간 위계적 관련성이 존재하는지를 확인한다. 유형 간 관련성 확인을 통해 문법 용어의 표상 유형을 체계화한 후, 국어 교사 및 문법교육 전공자의 검토를 거쳤다.

표상 유형을 정립한 후에는 각 표상 유형들이 상호 결합하는 양상을 확인하기 위하여 군집분석을 하였다. 문법 용어가 지닌 표상적 특성을 표상 유형별로 양화하면, 각 문법 용어에 어떠한 표상 유형이 어느 정도 포함되어 있는지를 양적 수치로 나타낼 수 있다. 이 값을 기반으로 군집분석을 실시한 후 군집별로 각 표상 유형이 어떠한 방식으로 결합되어 있는지를 알아보았다.

3. '학교 문법 용어'는 문법 개념을 어떻게 표상하고 있는가

학교 문법 용어의 표상 유형을 검토한 결과, '표상의 직접성/간접성', '표상의 관계성', '표상의 중층성'이라는 세 가지 대유형을 추출하였다. 각 유형 내 존재하는 하위 유형을 상세화하고 하위 유형별 학교 문법 용어 사례를 제시한다.

문법 개념은 간접적 방식으로 표상되기도 한다

문법 용어가 딱딱하기만 한 건 아니다. 잘 살펴보면 용어 자체가 하나의 비유인 경우도 많다. 앞에서 예로 든 '모음'도 비유적 용어이다. '음'은 비유가 아니지만 '모(母)'는 '어미(모)'로 읽히니 비유이다. 이 글의 분류에 따르면 인간 비유이다.

문법교육에서 비유적 표상은 "교과서의 기술이나 교사의 설명 과정에서 학습자의 지식 구성을 추동(이관희, 2012ㄴ:114)"할 수 있다. 또, 문법 영역 안에서의 풀이에 비해 구체성이 두드러지는 특성(김은성, 2009:304)이 있다. 물론, "비유의 속성상 설명하고자 하는 문법 지식의 특정 속성만을 설명할 수 있을 뿐이어서 오개념을 형성할 여지가 있다(남가영, 2012:21)"는 점도 지적되었다.

이 글에서는 문법 용어에 초점을 맞추어 비유적 표상 양상을 확인하였다.

표 6-2. '직접 표상/간접 표상' 관련 하위 유형 및 사례

대유형	하위 유형	사례
직접 표상	-	콧소리 ⋯
간접 표상	인간 비유	모음4, 자음 ⋯
	신체 비유	체언
	식물 비유	어근, 어간, 음절, 어절
	공간 비유	서술어의 자릿수, 한 자리 서술어, 두 자리 서술어, 세 자리 서술어
	행위 비유	안긴문장, 안은문장
	영역 전이적	1인칭, 2인칭, 3인칭 ⋯

표상의 직접성/간접성에 대한 하위 유형으로 '모음/자음'과 같은 인간 비유형, '체언'과 같

---

4. '평순 모음, 원순 모음, 고모음, 중모음, 저모음, 단모음, 이중모음, 반모음'과 같은 용어도 모음을 포함하고 있으므로 인간 비유 유형에 해당한다. 표에서는 표상성이 가장 명징하게 드러나는 '모음'을 대표 사례로 제시하였다.

은 신체 비유형[더 알아보기 3], '어근, 어간, 음절, 어절'과 같은 식물 비유형, '서술어의 자릿수, 한 자리 서술어, 두 자리 서술어, 세 자리 서술어'와 같은 공간 비유형5[더 알아보기 4], '안긴문장, 안은문장'과 같은 행위 비유형이 존재함을 확인하였다.

또한, '1인칭, 2인칭, 3인칭'의 경우 연극 용어를 문법 용어로 전용한 것으로[더 알아보기 5] 다른 사례들과는 다소 성격이 다르지만 크게 보아 간접적 표상 방식에 해당한다고 보고, 간접 표상의 하위 유형으로 '영역 전이형'을 설정하여 이에 포함하였다.

문법 용어는 탐구 대상이기도 하다

문법 용어는 문법 개념을 직접적 방식뿐 아니라 간접적 방식으로도 표상할 수 있다. 문법 교육에서 문법 용어는 설명의 도구일 뿐 아니라 그 자체로 의미 있는 '탐구' 대상이 될 수 있다.

은유적 과학 용어의 이해 문제를 다룬 김영민 외(2013:733)는 과학에서의 은유는 학습자에게 두 가지 어려움을 준다고 보았다. 첫째는 은유의 의미를 이해하는 것이고 둘째는 그것을 과학 개념에 접목시켜야 한다는 것이다. 은유적 용어가 갖는 이러한 어려움은 과학 교과에만 있는 것이 아니다. '모음', '자음', '체언', '어근', '어간' 등과 같은 비유적 문법 용어에 대해서도 동일한 어려움이 있다.

그러나 다른 관점에서 보면 비유적 문법 용어가 갖는 간접성은 그 자체로 가치 있는 교육적 경험을 제공할 수 있는 가능성을 지닌다. 예를 들어, 'ㅏ, ㅓ'와 같은 음운을 왜 '어머니 음[母音]'이라는 비유로 표상하였는지에 대한 탐구는 그 자체로 국어학자들이 해당 개념을 어떠한 방식으로 다루고 있는지를 이해할 수 있는 경험을 제공한다. 즉, '모음'이라는 용어에 대한 탐구를 통해 모음이 가진 다양한 특성 중 '성절성'이 국어학자들에 의해 중요한 개념으로 인식되었다는 점을 깨달을 수 있다.[더 알아보기 6]

지식의 구조가 해당 교과에서 기본이 되는 원리, 아이디어, 개념뿐 아니라 '이러한 원리, 아이디어, 개념을 다루는 방법적 원리나 태도를 모두 포함(남가영, 2007:342)'한다는 점을 고려할 때, 문법 용어에 대한 탐구는 이처럼 학문 공동체에서 해당 문법 개념을 어떠한 방식으로 다루고 있는지를 이해할 수 있게 한다.

---

5. '자릿수'는 언어학적 관점에서는 '결합가(valency)'와 관련된다. '결합가'는 화학 용어가 문법 용어로 전용된 것이므로 영역 전이형에 속하지만 학교 문법에서는 '결합가'라는 용어가 사용되지 않아 이 글에서는 제외하였다.

문법 용어는 하나의 질문으로 존재한다

김호정 외(2007:276-278)에서는 문법 용어를 문법 교과의 '지식의 구조'를 담고 있는 실체로, 제민경(2012:178)에서는 '문법 지식의 근간이 되는 문법 개념의 절차적 사고를 가능케 하는 하나의 통로이자 노드(node)'로 기능하는 것으로 정의하였다. 또한, 최근 전문용어학 분야에서도 사회용어론(socioterminology), 사회 인지 용어론(terminology socio-cognitive)의 관점에 터하여 전문 용어를 '단순히 개념에 대한 이름이 아니라, 개념화의 과정 속에 있는 인지와 이해의 단위(이현주, 2015:42)'로 규정하고 있다.

이러한 맥락에서 비유적 문법 용어는 탐구를 유도하는 하나의 '질문'으로 존재한다. 의미적 투명성이 낮다는 점은 오히려 지적 호기심을 자극하는 기제로 작용할 수 있다. 문법 용어는 설명의 도구로 존재할 수도 있으나, 그 자체로 하나의 '질문'으로 존재할 수도 있는 것이다.

'일률'과 '전력'은 모두 와트(W)를 단위로 한다

개념은 단독으로 존재하지 않고 일정한 체계망 내에 존재하기 때문에 모든 개념은 다른 개념과 모종의 관련을 맺지 않을 수 없다. 그러나 개념이 상호 관련을 맺고 있다는 사실과 개념을 표상하는 용어가 표상된 언어 형식 차원에서 관련을 맺는지는 별개의 문제이다.

예를 들어, 학생들의 이해력 향상을 위한 물리 용어 개정 방안을 논의한 김인식·김중복(2014)에서는 '일률(Power)'과 '전력(Electric Power)'이 모두 와트(W)를 단위로 사용함에도 불구하고 학습자들이 두 용어 간의 연계성을 인식하지 못한다는 점을 문제로 지적하였다.[6] 이 사례에서 확인할 수 있듯이 '일률'과 '전력'이 개념 차원에서 관련성을 지닌다는 사실이 용어 차원의 관련성을 보장해 주지는 않는다.

이러한 점을 고려하여 이 글에서는 문법 개념 간의 관련성이 문법 용어 차원에서 비교적 명시적으로 드러난 사례를 중심으로 표상의 관계성을 확인하였다. 그 결과 '대조적 표상', '비대칭적 표상', '합성적 표상', '연계적 표상'의 하위 유형이 존재함을 확인하였다.

---

6. 김인식·김중복(2014:25)에서는 같은 단위를 사용하는 물리 용어는 일관된 형태를 갖는 것이 바람직하다고 보고, '전력' 대신 '전기일률'이라는 대안적 용어를 제안하였다.

표 6-3. '관계성' 관련 하위 유형 및 사례

대유형	하위 유형		사례
관계적 표상	대조적 표상		센입천장[경구개]-여린입천장[연구개] 개모음-폐모음 고모음-저모음 단모음-이중모음 양성 모음-음성 모음 전설 모음-후설 모음 평순 모음-원순 모음 긴소리[장음]-짧은소리[단음] 울림소리[유성음]-안울림소리[무성음] 자립 형태소-의존 형태소 실질 형태소-형식 형태소 접두사-접미사 단일어-복합어 자립 명사-의존 명사 단수-복수 자동사-타동사 홑문장-겹문장 안긴문장-안은문장 주체-객체 주체 높임법-객체 높임법 직접 높임-간접 높임 능동 표현-피동 표현 능동문-피동문 능동사-피동사 주동사-사동사
	비대칭적 표상	중심과 주변	본용언-보조 용언 본동사-보조 동사 본형용사-보조 형용사 주성분[주요 성분]-부속 성분
		기본과 변이	기본형-이형태
		일반과 특수	보통 명사-고유 명사
		여집합	불규칙 용언('규칙 용언'의 여집합) 불규칙 동사('규칙 동사'의 여집합) 불규칙 형용사('규칙 형용사'의 여집합) 비격식체('격식체'의 여집합)
	합성적 표상		음운[音+韻] 파찰음(破擦音)[破裂+摩擦]
	연계적 표상		자립 형태소-자립 명사 의존 형태소-의존 명사 지시 대명사-지시 형용사-지시 관형사-지시 부사 접속 조사-접속 부사-접속 부사어

관계적 표상의 여러 모습들

'대조적 표상'에는 '개모음-폐모음', '고모음-저모음', '자립 명사-의존 명사', '단수-복수'와 같이 대조적 의미를 갖고 있는 언어 표지를 포함한 문법 용어가 포함된다. 대조적 표상 유형 안에는 '단수-복수', '홑문장-겹문장'과 같이 상호 배타적인 의미 영역을 갖는 유형과 '고모음-저모음', '전설 모음-후설 모음'과 같이 의미상 중간 영역이 존재할 수 있는 유형이 공존한다.

'비대칭적 표상'은 의미 관계가 대등하지 않은 경우를 가리키는데, '본용언-보조 용언'과 같은 중심과 주변의 관계, '기본형-이형태'와 같은 기본과 변이의 관계, '보통 명사-고유 명사'와 같은 일반과 특수의 관계에 놓인 사례들을 비롯하여, '불규칙 용언'과 같이 여집합으로 표상된 사례가 포함된다.

'합성적 표상'에는 '음운', '파찰음'과 같이 두 개 이상의 문법 개념이 결합되었다는 점이 문법 용어 차원에서 명시적으로 드러난 사례가 포함된다.

'연계적 표상'은 용어 차원에서 연계성을 드러내는 명시적인 언어적 표지가 공유되는 경우를 가리키는데, '자립 형태소-의존 형태소'와 같이 언어 단위에 따른 범주명이 공유되는 사례를 제외하고 '자립 형태소-자립 명사'와 같이 해당 개념의 속성을 나타내는 언어적 표지를 공유한 사례를 포함하였다. 연계적 표상 방식이 나타난 용어에 사용된 '자립', '의존', '지시', '접속'은 언어 단위를 넘나들며 여러 개념을 관통(貫通)하는 성격을 지닌다.

그렇다면 어떻게 가르쳐야 할까

문법 용어 표상 방식의 관계성을 고려할 때 문법 용어 역시 문법 개념과 마찬가지로 다른 문법 용어와의 관계 속에서 교수·학습되어야 한다. 대조적 표상, 비대칭적 표상은 문법 용어 간의 의미 관계에 주목하는 교육이 이루어져야 함을 시사한다.

합성적 표상과 연계적 표상은 문법 용어 그 자체에 대한 분석적 접근이 이루어질 필요가 있음을 보여준다. 특히, 연계적 표상과 관련해서는 학습자들이 문법 용어들이 공유하고 있는 언어적 표지에 주목하여 문법 용어 간 관련성을 인식하고 나아가 문법 개념 간의 관계를 추론해 보는 데에까지 나아갈 수 있도록 해야 한다. 이 경우 문법 용어가 상호 공유하고 있는 언어적 표지는 일종의 '연결소(제민경, 2012)' 기능을 하게 된다.

일상어이면서 전문어인 용어들

다수의 문법 용어는 일상어와 일정 부분 관련을 맺고 있다. 전문어인 문법 용어를 논하는 자리에서 일상어와의 관련성에 주목하는 이유는 '과학적 개념'에 해당하는 교과 지식의 구성 과정이 학습자가 기존에 가지고 있던 '자연발생적 개념'과 무관하지 않기 때문이다(Vygotsky, 1934, 윤초희 역, 2011:311-312). 이런 이유로 그간의 문법교육 연구에서 '과학적 개념이 자발적 개념을 적극 활용하는 방식으로 도입(남가영, 2011ㄱ:127)'되어야 한다는 점이 강조되어 왔고, 문법 용어 차원에서는 학습자가 일상어를 동원하여 문법 개념을 표상하는 양상이 포착되어 교육 내용화 과정의 고려 요인으로 논의(이관희, 2015:277-280)되기도 하였다.

네이션이라는 학자는 전문성의 정도는 특정 단어가 특정 영역에서 얼마나 한정되어 있는 가에 의해 결정된다고 보고 전문 용어를 다음과 같이 네 개의 범주로 구분하였다(Nation, 2011, 김창구 역, 2012:193-194).

범주 1: 어형이 거의 특정 분야에서만 나타난다.
    예) 법: jactitation / 응용언어학: morpheme, lemma
범주 2: 어형이 특정 분야의 내외부에서 모두 사용되지만, 동일한 의미를 가지지는 않는다.
    예) 법: cite / 응용언어학: sense, reference
범주 3: 어형이 특정 분야의 내외부에서 모두 사용되지만, 전부는 아니지만 대다수의 사용
    은 특정 의미로 이 분야에서 사용된다. 이 분야에서 사용되는 특수 의미는 이 분야
    밖에서 사용된 의미를 통해서 단계적으로 접근가능해진다.
    예) 법: accused / 응용언어학: range, frequency
범주 4: 어형이 다른 분야보다 이 분야에서 더 많이 출현한다. 이 분야에 정통한 사람이
    그 의미에 관하여 보다 더 정확한 개념을 가지고 있을 수는 있지만, 의미가 특수하
    지는 않다.
    예) 법: judge / 응용언어학: word, meaning

네이션은 범주 1, 2는 전문 용어라고 분명히 말할 수 있지만 범주 3, 4는 상대적으로 전문 성의 정도가 약하다고 지적한다(Nation, 2011). 순수 전문 용어의 정립이라는 관점에서 보면 범주 3, 4는 처리하기 곤란한 대상이지만, 표상의 중층성에 주목하는 문법교육적 관점에 서 면 범주 3, 4는 전문어와 전문어, 전문어와 일상어 연계의 좋은 소재가 된다. 이러한 점을 고려하여 표상의 중층성 내 하위 유형과 사례를 정리하면 위와 같다.

표 6-4. '중층성' 관련 하위 유형 및 사례

대유형	하위 유형	사례
중층적 표상	일상어와 전문어의 중층적 구성	입안[구강], 코안[비강], 입술, 이, 잇몸, 센입천장, 여린입천장, 목청, 목안, 센입천장소리, 여린입천장소리, 목청소리, 콧소리, 교체, 탈락, 첨가, 고유 명사, 보통 명사, 자립 명사, 의존 명사, 보조 동사, 보조 형용사, 지시 대명사, 지시 형용사, 지시 관형사, 지시 부사, 관계언, 활용, 규칙 형용사, 불규칙 형용사, 부속 성분, 독립 성분, 독립어, 문장의 확대, 이어진문장, 대등하게 이어진 문장, 종속적으로 이어진 문장, 안긴문장, 안은문장, 설명 의문문, 판정 의문문 …
	전문 영역 간 용어 전이	1인칭, 2인칭, 3인칭, 파생, 중화 …
단층적 표상	-	(중층적 표상 사례를 제외한 나머지 사례)

이 글에서는 문법 용어 중 일상어가 전문어로 전용되어 특수한 의미를 획득한 경우에 특히 주목하여, 이를 중층적 표상의 하위 유형 중 '일상어와 전문어의 중층적 구성'에 해당하는 것으로 보았다. '탈락', '첨가'와 같은 사례는 문법 용어 전체가 일상어와 겹치는 경우이고, '보통 명사', '보조 동사', '문장의 확대'와 같은 사례는 문법 용어 중 일부가 일상어와 겹치는 사례이다.

물론, 문법 용어가 일상어에서 유래했는지, 아니면 외국의 전문 용어를 차용했는지는 철저히 규명하기 어려운 문제이다. 또한, 외국의 전문 용어를 차용한 경우라 할지라도 해당 용어가 그 나라의 일상어에 기반을 두고 있을 수도 있기 때문에 문제는 복잡한 양상을 띤다.

이 글에서는 문법 용어 표상의 중층성을 용어의 기원에 근거하여 정확하게 판단하기 어렵다는 점을 고려하여, 현재를 기준으로 공시적 차원에서 일상어적 속성을 가진 요소 중 전문어로 사용되면서 의미가 특수화된 사례를 추출하였다. 이 글의 목적이 용어의 기원을 확인하는 데 있는 것이 아니라, 문법 용어의 표상 방식이 학습자들의 학습과 관련되는 지점을 확인하는 데 있기 때문이다.

전문 영역도 넘나들다

중층적 표상의 양상 중 다른 영역의 전문어가 문법 용어로 전용된 사례가 있었다. 이를 '전문 영역 간 용어 전이'로 이름 붙였다.

'전문 영역 간 용어 전이'는 간접 표상의 하위 유형인 '영역 전이형'과 중복되지만, 동일한 현상을 간접성과 중층성 각각의 관점에서 논의할 수 있다고 보고 표상의 중층성 차원에서도 설정하였다. 본래 연극 영역의 전문어였던 '1인칭', '2인칭', '3인칭'이 '전문 영역 간 용어 전이'에 해당한다.

그런데 문법 용어 중에는 일상어적 속성을 가짐과 동시에 여러 전문 영역에서 활용되는 사례도 있다. 이현주(2015:52)에 따르면 전문용어학의 이론 중 하나인 사회용어론(socioterminology)에서는 용어의 의미가 선험적으로 주어진 것이 아니라 지식 전달과 발화의 사회언어학적 조건하에서 결정되는 것이라 전제한다. 이러한 전제하에서 전문용어와 일반 어휘 간에는 종류의 차이가 아니라 정도, 범위 차이가 존재한다고 본다. 이런 이유로 사회용어론에서는 '전문어(special language)'라는 용어보다 '전문화된 언어(specialized language)'라는 용어를 선호한다.

이현주(2015:52)에서는 여러 전문분야에서 사용되면서 일상어적 의미가 감지되는 용어 중 하나로 '파생'을 들고 있다. '파생'은 언어학, 정보기술(IT), 경제 분야 등에서 사용되는 전문 용어로, 학교 문법에서도 '파생어'와 같은 용어가 사용되고 있다. '중화' 역시 마찬가지로 물리, 화학, 언어학 등 다양한 전문 영역에 사용되고 있으면서도 일상어적 의미가 포착되는 용어이다.

문법 용어의 표상이 중층성을 띤다는 사실은 전문어로서의 문법 용어를 학습하는 과정에 일상어 차원의 이해가 관여할 수 있음을 보여준다. 일상어와의 관련성은 두 방향의 시사점을 주는데, 하나는 전문어로서의 문법 용어가 일상어와 중첩되는 부분을 활용하는 것이고 다른 하나는 일상어와 구분되는 지점을 부각하는 것이다.[7]

4. 하나의 문법 용어에 존재하는 다양한 표상 유형들

문법 용어의 표상 방식을 양적으로 표현하려면

하나의 문법 용어가 하나의 표상 유형에만 대응되는 것은 아니다. 하나의 문법 용어에는

---

7. 이관희(2015:280)에서 단어 형성법 관련 내용을 사례로 들어 "일상 용법과의 의미 차이를 노출함으로써 해당 개념의 구성을 공고화"하는 방안을 제시한 것을 참고할 수 있다.

다양한 표상 유형이 공존한다. 따라서 다양한 표상 방식이 상호 결합하며 하나의 문법 용어에 존재하는 양상을 확인해야 한다.

이를 위해 표상의 '간접성', '대조성', '비대칭성', '합성성', '연계성', '중층성' 6개 변수를 설정했다. 이를 통해 하나의 문법 변수는 6개의 축을 가지게 되었다. 그리고 각 축별로 점수를 매겼다. 그 변수의 속성을 충분히 가지고 있으면 5점, 해당 속성이 일부 존재하면 1~4점, 해당 속성이 없으면 0점을 부여하였다.

예를 들어, '자립 명사'는 '의존 명사'와 대립 관계에 놓이므로 '대조성'에서 5점을 부여했다. '중층성'의 경우는 어떻게 해야 할까? '자립 명사'에서 '자립'은 일상어에서도 사용되는 전문어이다. '명사'는 전문어이다. '자립'에 방점을 두고 중층성에 5점을 주는 방법도 있고, '명사'는 중층적이지 않으므로 3점 정도만 줄 수도 있다. 이 글에서는 '자립 명사'에 대해 중층성 차원에서 3점을 부여하였다. 해당 용어 전체가 일상어에서도 사용되는 경우에는 5점을, 해당 용어의 일부만이 일상어에서도 사용되는 등의 경우는 3점을 부여하는 방식을 선택하였다.

군집분석이라는 연구 방법

문법 용어의 표상적 가치를 양화하여 자료를 구축한 후 군집분석을 실시하였다. 군집화를 위한 측정변수로 '간접성', '대조성', '비대칭성', '합성성', '연계성', '중층성'의 6개 변수를 모두 사용하였고, 2개 이상의 변수에 대한 값을 가지고 있는 59개 문법 용어만을 대상으로 삼았다.

군집분석은 계층적 군집분석(Hierarchical Cluster Analysis)을 실시한 후 비계층적 군집분석을 실시하는 순서로 진행하였다.[더 알아보기 7] 계층적 군집분석은 유사한 개체를 묶어나가는 방식으로 진행되며 한 번 묶으면 다시는 묶음을 풀지 않는다. 계층적 군집분석을 통해 군집 수를 결정한 후에는 여러 차례의 반복 시행을 통해 사용자가 지정한 수로 군집을 구성하는 K-평균 군집분석(K-Means Cluster Analysis)을 실시하였다.[8]

군집의 수를 결정하기 위해 계층적 군집분석 방법 중 와드(Ward) 방식을 사용한 결과 〈그림 6-1〉과 같은 덴드로그램이 나타났다.[더 알아보기 8]

---

8. 군집분석의 절차는 허명회(2014)를 참조하였음.

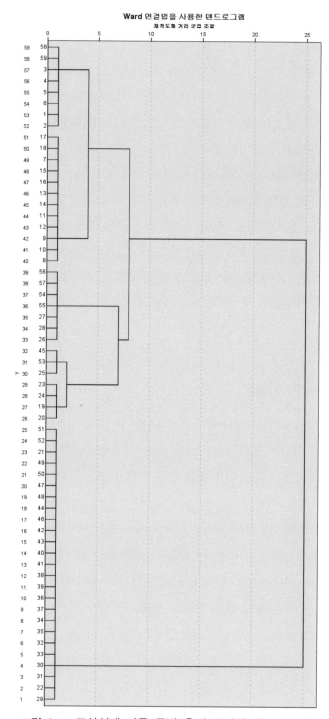

그림 6-1. 표상성에 따른 문법 용어 군집화 덴드로그램

군집분석 시 군집의 수를 결정하는 것은 매우 어려운 일로, "군집의 수는 계층적 군집분석에서 얻게 되는 덴드로그램을 보고 연구자가 결정하는 것이 가장 바람직하다(이훈영, 2015:455-456)"라고 알려져 있다. 여기에서는 〈그림 6-1〉을 고려하여 군집 수를 6개로 보고,[9] K-평균 군집분석을 실시하였다. 군집 수를 더 적게 설정할 수도 있으나, 이 연구의 목적이 최소 군집을 추출해 내는 데 있는 것이 아니라 각 용어를 표상 유형의 결합 방식에 따라 묶어 내는 데 있기 때문에 결합 방식을 세밀히 확인하고자 군집 수를 최대로 설정하였다.

문법 용어를 몇 개의 묶음으로 나누다

군집분석 결과 문법 용어를 아래와 같이 여섯 개의 묶음으로 나누었다.

표 6-5. 문법 용어 군집화 결과 및 군집별 특성

군집	문법 용어	군집 특성
군집 1	센입천장소리, 여린입천장소리, 긴소리, 짧은소리, 울림소리, 안울림소리	표상의 중층성 대조적 표상
군집 2	고유 명사, 보통 명사, 본용언, 보조 용언, 보조 용언, 본동사, 보조 동사, 본형용사, 보조 형용사, 불규칙 용언, 불규칙 동사, 불규칙 형용사 등	표상의 중층성 비대칭적 표상
군집 3	지시 대명사, 지시 형용사, 지시 관형사	표상의 중층성 연계적 표상
군집 4	자립 형태소, 자립 명사, 의존 형태소, 의존 명사	대조적 표상 연계적 표상 표상의 중층성
군집 5	1인칭, 2인칭, 3인칭, 서술어의 자릿수, 한자리 서술어, 두 자리 서술어, 세 자리 서술어	표상의 간접성 표상의 중층성
군집 6	개모음, 폐모음, 고모음, 저모음, 단모음, 이중 모음, 양성 모음, 음성 모음, 전설 모음, 후설 모음, 평순 모음, 원순 모음, 안긴문장, 안은문장	표상의 간접성 대조적 표상 (중층적 표상)

군집 1은 중층적이면서 대조적인 표상 방식을 지닌 문법 용어 집단으로, '센입천장소리, 여린입천장소리, 긴소리, 짧은소리, 울림소리, 안울림소리'가 이에 해당한다. 군집 2는 중층적이면서 비대칭적인 표상 방식을 지닌 문법 용어 집단으로, '고유 명사, 보통 명사, 본용언,

---

9. 덴드로그램을 고려하여 군집 수를 결정하는 과정은 서민원·배성근(2012:133-134) 참조.

보조 용언, 보조 동사, 보조 형용사, 불규칙 형용사, 부속 성분'이 이에 해당한다.

군집 3은 중층적이면서 연계적인 표상을 지닌 문법 용어 집단으로 '지시 대명사, 지시 형용사, 지시 관형사'가 이에 해당한다. 군집 4는 대조적이면서 연계적이고 동시에 중층적인 표상 방식을 지닌 문법 용어 집단으로 '자립 형태소, 자립 명사, 의존 형태소, 의존 명사'가 이에 해당한다.

군집 5는 간접적이면서 중층적인 표상 방식을 지닌 문법 용어 집단으로, '1인칭, 2인칭, 3인칭, 서술어의 자릿수, 한자리 서술어, 두 자리 서술어, 세 자리 서술어'가 이에 해당한다. 군집 6은 간접적이면서 대조적인 표상 방식을 지닌 문법 용어 집단으로 일부 용어는 중층성도 지니고 있다. '개모음, 폐모음, 고모음, 저모음, 단모음, 이중 모음, 양성 모음, 음성 모음, 전설 모음, 후설 모음, 평순 모음, 원순 모음, 안긴문장, 안은문장'이 이에 해당한다.

문법 용어의 표상성을 시각화한다면

군집분석 결과에서 주목할 만한 점은 우선 표상의 중층성이 다수의 문법 용어에 적용된다는 것이다. 중층성은 그 정도는 다르지만 대부분의 문법 용어에 적용되며 다른 유형의 표상 방식과 결합하고 있다. 이는 표상의 중층성을 인식하는 것이 문법 용어 학습 과정에서 중요한 요소로 작용할 수 있음을 보여준다.

그 다음으로 주목할 만한 점은 대조적 표상과 연계적 표상이 함께 나타난 군집 4이다. 다른 군집들이 대체로 표상의 중층성으로 인하여 2개 이상의 표상 유형을 갖게 된 것에 비해 군집 4는 표상의 중층성을 제외하고도 2개의 표상 유형이 공존한다.

'자립 형태소'는 '의존 형태소'와는 대립되지만 '자립 명사'와는 연계되는 속성을 지닌다. 마찬가지로 '의존 형태소' 역시 '자립 형태소'와는 대립되지만 '의존 명사'와는 연계되는 속성[10]을 지닌다. 대조적 표상은 동일 언어 단위 내에서 실현되지만, 연계적 표상은 언어 단위를 넘나들며 실현된다. 군집 4에 포함된 문법 용어 간의 표상 관계는 〈그림 6-2〉와 같이 도식화할 수 있다.

---

10. '의존 명사'에서 '의존'은 통사론적 의존성을 의미하기 때문에, 형태론적 차원의 의존성을 의미하는 '의존 형태소'의 '의존'과는 구분된다(고영근·구본관, 2008; 고영근, 2010; 황화상, 2013; 조진수, 2014).

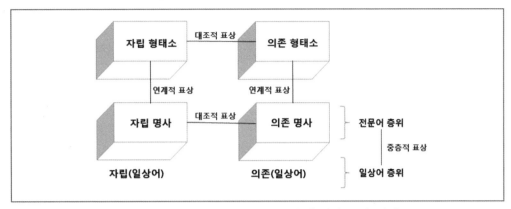

그림 6-2. 군집 4에 해당하는 문법 용어의 표상 관계

〈그림 6-2〉는 하나의 문법 용어에 다양한 표상 유형이 공존하고, 이에 따라 하나의 문법 용어가 다른 여러 문법 용어와 복합적 관계를 맺고 있음을 보여준다. 〈그림 6-2〉와 같은 표상 관계망은 문법 용어의 표상 방식에 대한 이해가 학습자에게 문법 개념 간의 관계에 대한 조망적 인식을 제공할 수 있음을 보여준다.

군집분석이라는 방법의 한계와 가능성

군집분석은 탐색적 성격을 지닌다. 따라서 그 자체로 엄밀한 통계적 검정 결과를 보여준다기보다는 다수의 자료를 분류하는 하나의 가능태를 보여준다는 관점에서 접근할 필요가 있다. 예를 들어 군집 6은 '모음'이 포함된 문법 용어가 많아 군집분석 결과 하나의 군집으로 묶인 경우인데, 이를 하나의 군집으로 설정하는 것이 타당한지는 논란의 여지가 있다.

군집분석은 탐색적 성격을 갖기 때문에 그 결과를 그대로 수용하기보다는 다양한 사유를 촉발하는 계기로 삼는 것이 바람직하다. 표상의 중층성이 여러 군집에 관여한다는 점과 표상의 중층성을 제외하고도 2개의 표상 유형이 공존하는 군집 4에 주목한 것은 군집분석 결과에서 유의미한 해석을 이끌어 낸 사례다. 군집 6의 설정에 재고가 필요하다는 지적은 군집분석 결과를 비판적으로 수용한 사례다.

이 글은 군집분석을 국어 문법 용어 분류에 활용한 최초의 연구로, 향후 문법 용어를 표상 방식에 따라 분류하는 방안과 분류 결과의 문법교육적 가치에 대한 다양한 논의가 이어져야 할 것이다.

5. 여섯 번째 이야기를 마무리하며

지금까지 학교 문법 용어를 여러 각도에서 살펴보았다. 문법 용어에 대한 여러 연구가 이루어지고 있지만, 크게 보아 이러한 연구는 시작 단계에 있다. 지금보다 앞으로 더 많은 연구가 이루어질 것이다. 여섯 번째 이야기를 마무리하며 앞으로 어떤 연구들이 더 이루어져야 할지 생각해 보려 한다.

첫째, 문법교육의 다양한 영역에서 사용되는 용어의 표상 방식에 대한 연구가 필요하다. 이 글에서는 '음운', '단어', '문장' 영역의 학교 문법 용어만을 대상으로 하였으나, '언어 일반', '어휘', '의미', '담화', '규범', '국어사' 영역의 용어에 대해서도 이와 같은 연구가 이루어져야 한다. 다양한 영역의 문법 용어에 대한 표상성 연구가 이루어진다면, 표상 유형을 상세화할 수 있을 뿐 아니라 영역 간 표상 유형에 차이가 존재하는지도 확인할 수 있다.

둘째, 학교 문법 용어뿐 아니라 국어학계에서 사용되는 다양한 문법 용어의 표상성에 대한 비교 검토가 필요하다. 서두에서 지적한 바와 같이 문법교육적 관점에서는 표상의 투명성이라는 단일 기준으로 문법 용어를 평가할 수 없다. 다양한 문법 용어를 비교해 봄으로써 하나의 개념을 표상하는 복수의 방식을 규명하고 각 표상 방식이 갖는 문법교육적 가치를 찾아가는 작업은 문법 용어의 교육적 활용 가능성을 더욱 풍성하게 만들 것이다.

셋째, 다양한 표상 방식이 공존하는 문법 용어를 학습자들이 학습해 가는 과정에 대한 연구가 필요하다. 이 글에서는 군집분석을 통해 표상의 간접성, 관계성, 중층성이 한 문법 용어 안에 공존하는 양상을 확인하였는데, 표상 방식의 공존은 학습의 어려움으로 이어질 수도 있고 경우에 따라 표상 방식의 상호작용으로 학습이 용이해질 가능성도 있다. 이 글에서 제안한 군집 유형을 활용하여 향후 학습자의 학습 양상에 대한 분석이 이루어진다면 문법 용어의 표상 방식을 학습 전략으로 활용하는 방안에 대한 시사점을 얻을 수 있을 것이다.

더 알아보기

1. 질적 연구는 철저히 귀납적이어야 할까

실제로 많은 질적 연구에서 엄밀한 실증주의적 관점보다는 연구자의 선지식 개입을 인정하는 해석적 관점이 수용되고 있다. 근거이론에서 스트라우스와 코빈(Strauss & Corbin)이 엄밀한 실증주의적 관점을 취한 글래이저(Glaser)와 결별하고 연구자의 해석적 관여를 인정하는 패러다임 모형을 제안하였고(이영철, 2014:193-194) 이것이 근거이론의 방법론으로 많이 활용되고 있는 것도 이러한 경향의 한 사례로 볼 수 있다. 또한, 해석적 관여에 대한 인정은 구성주의 근거이론에서 더 두드러지게 나타난다(Charmaz, 2006, 2012; 조진수, 2018ㄴ; 박혜진, 2019). 이 글은 근거이론에 입각한 것은 아니지만 질적 연구 수행에서 이러한 관점을 참고할 수 있다.

2. '어간'이라는 용어에 대하여

초창기 한국어 문법 용어에 대한 연구인 오옥매(2008:91-93)에 따르면, '어간'에 해당하는 용어로 유길준은 '原語'를, 김희상은 '原列'를 사용하였다. 최현배(1930)는 '어간'을 '씨줄기', '어미'를 '씨끝'이라고 명명하고 변화 여부로 이 둘을 구분하였다. 이러한 용어사적 흐름을 고려할 때, '어간'과 '어미'라는 표상의 관계에서 주목해야 할 부분은 활용에서의 변화 여부라 할 수 있다. 따라서 '어간'이라는 용어에서 어간의 위치 정보뿐 아니라 변화 여부에 대한 인식도 읽어낼 수 있도록 해야 한다.

3. 체언, 체어, 몸말, 임자씨

초창기 한국어 문법서에서 '체언(體言)'에 해당하는 또 다른 용어로 '체어(體語)', '몸말', '임자씨' 등이 사용되었다(오옥매, 2008:47). '체언', '체어', '몸말'은 모두 신체 비유를 통한 표상이 이루어진 경우이다. '임자씨'는 최현배(1930)의 용어인데, "월의 임자가 되는 힘을 가지며 다른 자리를 차지하더라도 늘 월의 뼈다귀(骨格)를 일우나니라(최현배, 1930:63)"라는 설명을 고려할 때 일정 부분 신체 비유와 관련된 의미 요소가 있다고 볼 수 있지만 '임자씨'라는 용어 자체에 신체성이 표상되고 있다고 보기는 어렵다. 이 글의 분류에 따르면 '임자씨'는 인간 비유에 가깝다고 할 수 있다.

4. 'case'에 대한 개념적 은유, '자리'

현재 학교 문법 용어로 사용되지는 않지만, 공간 비유와 관련하여 최현배(1961:596-597)가 'case'에 대해 '격(格)' 대신 '자리'라는 용어를 제안한 것은 주목할 만하다. 여기서 '자리'는 '구실에서의 자리'를 뜻하는데, 이 역시 공간을 근원 영역으로 하는 개념적 은유(conceptual metaphor)로 볼 수 있다. 문법적 기능을 공간의 관점에서 바라봤기 때문이다.

5. 연극 용어에서 문법 용어로

딕슨(Dixon, 2010:190)에 따르면 산스크리트어 전통에서 'he, she, it'은 'first(또는 lowest)'로, 'you'는 'middle'로, 'I'는 'highest(또는 most excellent)'로 표상되었다고 한다. 이후 문법학자들이 연극 용어를 비유적으로 차용하여 1인칭, 2인칭, 3인칭과 같은 용어를 사용하게 되었다(Lyons, 1977:638). '1인칭, 2인칭, 3인칭'과 같은 용어에는 언어 사용 상황에서 각 대명사에 해당하는 언어 주체가 갖는 중요성에 대한 문법학자들의 판단이 담겨 있다.

6. 자음과 모음, 부음과 모음

유길준(1909)에서는 '자음(子音)' 대신 '부음(父音)'이라는 용어를 사용하여 '모자(母子)'가 아닌 '부모 (父母)'의 비유를 활용한 바 있다. 최현배(1961:50-51)에서는 'vowel'을 '모음(母音)', 'consonant'를 '자음(子音)'이라고 하거나 'vowel'을 '부음(父音)', 'consonant'를 '모음(母音)', 부모음(父母音)이 합하여 된 것을 '자음(子音)'이라고 하는 등의 경우가 있음을 언급하면서, '홀소리'와 '닿소리'라는 용어가 적절함을 지적한 바 있다. 이 글의 관점에서 보면, '모음/자음'과 같은 비유적 용어는 표상이 투명하지는 않지만 그 자체로 탐구의 대상이 된다는 점에서 문법교육적으로 가치가 있다.

7. 군집분석 전 주성분분석을 하지 않은 이유

많은 경우 군집분석 시행 전 주성분분석을 통해 각 변수를 선형 결합한 별도의 측정 변수를 만들어 사용한다. 하지만 본문에서 다룬 문법 용어의 표상성 자료는 변수 간 상관이 낮아 주성분분석에 적합하지 않다(노형진·유자양, 2016:86). 또한, 주성분분석으로 새로운 측정 변수를 만들어도 그 변수의 성격을 규정하기 어려워 문법교육적 측면에서 의미 있는 해석을 도출하기 어렵다. 그래서 주성분분석은 실시하지 않았다.

8. 와드(Ward) 방식이란

와드(Ward) 방식은 '새로운 군집으로 인하여 파생되는 오차 제곱합(ESS)의 증가량을 두 군집 사이의 거리로 정의하여 가장 유사성이 큰 군집을 묶어 나가는 방법이다. 이 방법은 거리 계산 시 군집 중심 간의 거리에 가중값을 부여한다는 점에서 중심연결법과 구분된다(최종후·전수영, 2012:74). 즉, 와드 방식에서는 군집 내 개체 수가 많을수록 거리가 짧게 측정된다. 군집분석의 절차에 대해서는 허명회 (2014)를 참고할 수 있다.

03

문법교육학,
인간학의 새로운 지평을 꿈꾸다

　　3부는 문법교육학이 다른 이론과 어떻게 접맥될 수 있는지를 논의함으로써 문법교육학 지평의 확장 가능성을 모색한다. 7장에서는 '타동성'을 소재로 언어학과의 관련성을 논의하고, 8장에서는 교육적 인식론의 추리소설적 교재 집필 원리를 참고하여 국어사 교재의 혁신 방향을 논의한다. 마지막으로 9장에서 포스트휴먼 시대 문법교육이 부딪힐 수 있는 인식론적 문제를 지적하고, 문법교육이 나아가야 할 방향에 대해 논의한다.

일곱 번째 이야기.

'타동성' 교육, 인간의 세상 이해 방식을 다시 생각게 하다[*]

능격-절대격 체계의 언어에서는 자동절의 주어(S)와 목적어(O)가
격 표지 차원에서 동일하게 처리되어 타동절의 주어(A)와 대립된다
(Dixon, 2010; Song, 2001, 김기혁 역, 2009:193)

---

[*] 7장은 국어국문학회 학술지 〈국어국문학〉 174호(2016.3.)에 게재되었던 "'타동성'의 문법교육적 위상 정립을 위한 시론"을 이 단행본의 체제에 맞게 일부 수정하여 실은 것임.

1. '자동사', '타동사' 구분이 문법교육적으로 어떤 의미가 있을까

타동사와 자동사 구분에 관심을 갖지 않았던 이유

'타동'이나 '타동성'이라는 말은 낯설다. 하지만 '타동사'는 낯설지 않다. 타동사 하면 자연스레 자동사가 떠오른다. 둘은 짝꿍처럼 기억된다. 목적어가 필요하면 타동사고 목적어가 필요 없으면 자동사다. 그런데 동사를 이렇게 나누는 이유는 뭘까? 그리고 이런 분류가 어떤 의미가 있을까?

'타동'이라는 말로 돌아가 천천히 생각해 보자. 문법교육에서 '타동'이라는 말을 언제 처음 접할까? '타동사(他動詞)'라는 용어에서 처음 만나게 된다. 타동사는 자동사(自動詞)와 함께 대체로 교과서의 품사 단원에서 동사의 하위 유형 중 하나로 다루어진다.

하지만 타동사는 타동사로 인식될 뿐이다. 그 안에 들어 있는 '타동'이라는 말의 의미까지 주목의 대상이 되진 못한다. 자동사도 마찬가지다. 여기서 '자동'이라는 말이 어떤 의미인지 묻진 않는다. 자동사와 타동사라는 구분이 왜 필요하고, 이러한 구분에 왜 '타동'과 '자동'이라는 표현이 사용되는지는 관심의 대상이 되지 못한다.

타동사와 자동사라는 용어가 등장하지 않는 경우도 마찬가지다. 목적어가 있는 문장을 제시하면서도 동사와 어떤 관계를 갖는 성분을 목적어라고 하는지는 심도 있게 다루어지지 않는다. 동작의 대상이 되는 성분으로서 '을/를'이 붙거나 '을/를'이 생략되었다고 짐작되는 문장 성분을 찾아 그게 바로 목적어라고 설명하면 그만이다.

무엇을 목적어로 볼 것인지에 대한 근본적 고민 없이도 형태적 표지만으로 목적어의 식별이 가능하고 목적어가 확인되면 타동사와 자동사의 구분은 자동으로 이루어지므로, 타동사와 자동사라는 구분은 너무나 손쉬운 일이 되어 버린다.[더 알아보기 1] 이와 같은 일련의 기계적 판단 과정에서 타동사와 자동사의 구분에 내재한 문법교육적 가치는 학습자에게 쉽게 인식될 수 없었다.

타동사에서 타동성으로

이러한 문제의 근본적 원인은 무엇일까? '타동사'라는 용어를 사용하면서도 타동성(transitivity)이 어떠한 문법교육적 가치를 지니는지에 대한 고민은 부족했다. 타동성에 대한 문법교육적 탐색이 본격적으로 이루어지지 않았기 때문에, 타동성은 타동사라는 용어 속에서 표상되었을 뿐이다. 타동성은 다른 관련 문법 개념들을 통어하는 문법적 원리로서 실체화되지 못하였다.[더 알아보기 2]

타동성에 대한 고려가 문법교육의 내용을 어떻게 변화시킬 것인가? 문법 학습자의 성장에는 어떤 기여를 할 것인가? 이 물음에 답하기 위해서는 타동성이 문법교육의 장에서 어떤 위상을 지니는지를 먼저 탐색해야 한다.

타동성의 문법교육적 위상 정립에 천착하는 것은 타동성에 대한 문법교육적 가치 탐색이 단순히 문법교육의 내용 하나를 추가하는 방식으로 오인되는 것을 막기 위해서이기도 하다. 타동성은 이미 존재하는 문법 지식과 동일한 차원에서가 아니라, 기존 지식들을 학습자가 원리적 차원에서 통합적으로 이해하게 하는 일종의 '벼리'1와 같은 기능을 하는 것으로 이해될 필요가 있다.

2. 문법 교과서에서는 '타동성'을 어떻게 다루어 왔는가

문법 교과서 이야기를 하기에 앞서 국어 문법서부터 살펴보려고 한다. 타동성에 대한 언어학적 연구 성과가 국어 문법서를 경유하여 문법 교과서로 재맥락화(recontextualization)되기 때문이다.[더 알아보기 3]

타동성을 다루어온 방식: 국어 문법서의 경우

타동성이란 무엇일까? 전통문법에서는 타동성을 목적어를 취할 수 있는 능력으로 보았다(김종도, 1995:40-41). 예스페르센 역시 『문법 철학』이라는 저서에서 "많은 낱말들은 그 자체로서 완전한(혹은 잠시 동안 그렇게 사용된) 낱말과 일반적으로 제한된 성질을 가진 어떤 것이 첨가됨으로써 완전하게 되는 낱말의 두 가지"가 있다고 보고, "보통 전자를 자동사, 후자를 타동사"라고 했다(Jespersen, 1924, 이환묵·이석무 역, 1987:97-98). 이런 점에서 예스페르센도 대체로 타

---

1. 표준국어대사전에 따르면 '벼리'는 "그물의 위쪽 코를 꿰어 놓은 줄"을 가리킨다. 벼리를 잡아당겨 그물을 오므렸다 폈다 할 수 있다. 이 글에서는 '벼리'가 가진 이러한 특성이 타동성의 문법교육적 위상을 표현하기 위한 비유물로 적절하다고 보았다.

동성에 대한 전통문법적 견해를 가지고 있었다고 볼 수 있다.[더 알아보기 4]

표 7-1. 국어 문법서의 '타동성' 담론 수용 양상(유형Ⅰ)

국어 문법서	설명 내용
왕문용·민현식(1993:156)	"동사의 경우는 목적어를 가지느냐의 여부에 따라 자동사와 타동사로 (중략) 말하기도 한다."
남기심(2001:124)	"모든 동사를 자동사와 타동사로 양분하는 것부터 목적어를 필요로 하느냐 않느냐 하는 것을 기준으로 한다."
이관규(2002ㄴ:242)	"목적어를 요구하는 서술어를 타동사라고 말하기도 한다. 구체적으로는 목적격 조사 '을/를'을 요구하는 서술어가 타동사인 것이다. '타(他)'라고 하는 말이 바로 '남(곧, 대상)'을 지칭하고 있다."
구본관 외(2015:177)	"타동사는 목적어를 가지는 동사이다. 물론 주어와 목적어 이외에 보어(혹은 필수 부사어)를 필수적으로 가지기도 한다."

'타동성'을 '목적어를 가지는 성질'로 보고 타동사를 정의하고 있는 국어 문법서로 왕문용·민현식(1993), 남기심(2001), 이관규(2002ㄴ), 구본관 외(2015) 등을 들 수 있다. 〈표 7-1〉과 같이 타동성을 정의하고 있는 국어 문법서를 '유형Ⅰ'로 분류할 수 있다.[2]

한편, 라이언스는 'transitive'라는 용어에 담긴 이행(移行)의 의미를 바탕으로 타동성을 설명하였다(Lyons, 1977, 강범모 역, 2013:191-192).[더 알아보기 5] 그는 "통사적으로 직접목적어로 기능하는 표현들로 지시되는 실체는 행동의 효과를 받는 피행위자인 동시에 이동의 도착점"이 된다고 보고 'transitive'라는 용어 자체가 "행위자가 피행위자에게 작용을 할 뿐만 아니라 그의 행동이 피행위자에게 향한다는 방식의 개념화에 기인"한다고 설명하였다. "하나의 실체가 이동의 시작점이라거나 도착점이라고 말하는 것"이 "그 실체를 장소로 간주"하는 것으로 보고 타동성의 의미를 해석한 것이다.[3]

내국인 최초의 문법서로 알려진 유길준의 『조선문전』에서도 '자동사'와 '타동사'라는 용어를 사용하면서 '이행성'을 중심으로 타동성에 대해 설명하고 있다. 이러한 관점에서 타동성

---

2. 시정곤 외(2000:38)에서는 여러 가지 기준에도 불구하고 목적어의 유무가 자·타동사를 구분하는 기준으로 유용하다고 보고, 일차적인 기준은 형태·통사적 기준이 되어야 하고 두 번째로는 의미적 기준에 의해서 세분화될 수 있다고 보았다. 이 글은 유형Ⅰ, 유형Ⅱ, 유형Ⅲ 등은 관점의 차이지 그 자체로 우열 관계에 있는 것은 아니라는 입장을 취한다. 물론, 문법 교과서에 구현될 때에는 학습자의 문법적 성장에 어떠한 기여를 할 수 있는가에 따라 각 관점의 교육적 위상이 달라질 수 있을 것이다.

3. 시정곤 외(2000:15-17)에서는 타동성(transitivity)이라는 용어가 라틴어 'trans'(across)와 'ire'(go)에서 유래된 것으로 보고, 전통문법에서 타동사절이 목적어를 가지고, 동작성이 주어로부터 목적어까지 전이(go across)되며 목적어가 동작성에 의해 영향을 받는다는 것을 특징으로 보았다고 설명하고 있다.

을 설명하고 있는 국어 문법서로 남기심·고영근(1985), 김광해 외(1999), 고영근·구본관(2008) 등을 들 수 있다. 〈표 7-2〉와 같이 타동성을 정의하고 있는 국어 문법서를 '유형Ⅱ'로 분류할 수 있다.

표 7-2. 국어 문법서의 '타동성' 담론 수용 양상(유형Ⅱ)

국어 문법서	설명 내용
유길준의 『조선문전』	"自動詞라흠은 其動이 自己의 作用에 止흐고 他事物에 及지 아니흠을 云흠이니" "他動詞라 흠은 其動의 作用이 他事物에 及흠을 云흠이니"
남기심·고영근(1985:116)	"동사는 그 움직임이 주어에만 미치느냐 주어 이외 목적어에도 미치느냐에 따라 나누어질 수 있다. (중략) '학생들이 책을 읽는다'의 '읽다'와 같이 움직임이 주어 이외의 목적어 '책'에도 미치는 동사를 타동사(他動詞) 또는 남움직씨라고 한다."
김광해 외(1999:164)	"동사는 동작이 미치는 대상에 따라 자동사와 타동사로 구분된다. (중략) '쏘다', '사다', '주다', '먹다', '흘리다'는 동작이 주어와 목적어에 미치는 타동사들이다."
고영근·구본관(2008:94)	"자동사는 '제움직씨'라고도 하는데 움직임이 주어에만 미치는 동사이다. (중략) 타동사는 '남움직씨'라고도 하는데 움직임이 주어 이외에 목적어에도 미치는 동사이다. 따라서 목적어를 갖는다.[4]"

최현배(1961:246-247)는 '타동성'을 '이행성'으로 간주하는 기존의 해석에 대해 "모든 사물은 시간상, 공간상으로 서로 걸림(관계)를 가지지 아니한 것이 하나도 없는 것이니, 그 어느 움직임이 다른 것에 미치지 아니하는 것은 없을 것"이라고 보고, "개가 간다", "새가 재재거린다"라는 문장에서도 '가는' 움직임과 '재재거리는' 움직임이 반드시 주위 관계에 영향을 미칠 것으로 보고 문제를 제기하고 있다.

이러한 문제의식을 바탕으로 최현배(1961:245-249)에서는 '타동사(남움직씨)'를 "다른 것(남)을 제움직임 안에 잡아다가 그것을 부리는 움직임을 나타내는 움직씨"로 정의하고, '자동사(제움직씨)'를 "다만 제만이 움직임을 나타내는 움직씨"로 정의하고 있다. '이행성' 개념에 대한 비판을 통해 자생적 타동성 개념이 나타난 최현배(1961)를 유형Ⅲ으로 분류할 수 있다.

---

4. 타동성을 이행성의 관점에서 설명할 경우 목적어가 존재함이 전제되는 경우가 많고, 경우에 따라서 목적어를 갖는다는 성질이 명시적으로 언급되기도 한다. '유형Ⅱ'의 설명 방식은 타동성에 대한 의미론적인 설명 방식으로 타동성에 대한 통사론적인 설명 방식인 '유형Ⅰ'과 구분되지만, 실제 설명에서는 이 둘이 다소 혼용되는 경우도 있다.

타동성은 정도성의 문제다

타동성은 언어학의 주요 문제로 부각되면서 앞서 언급한 세 유형을 넘어 다양한 방식으로 정의되고 있다. 타동성을 다룬 논문 또는 연구서 등에서 이러한 방식을 확인할 수 있다. [더 알아보기 6]

딕슨은 모든 언어는 동작을 두 가지 유형으로 구분한다고 보고, 한 명의 필수적 참여자를 포함하는 것은 비타동절(intransitive sentence)[더 알아보기 7]로 기술되고, 두 명의 필수적인 참여자를 포함할 경우에는 타동절로 다루어진다고 하였다(Dixon, 1979:102).

호퍼와 톰슨은 동작이 이행된다는 관점을 수용하면서도, 타동성을 타동과 비타동의 양분 자질로 보지 않고 '정도성' 자질을 갖는 연속체로 간주하였다(Hopper & Thompson, 1980). 이들이 제시한 10가지의 타동성 평가 기준을 적용하면 타동성이 높은 경우와 낮은 경우를 구별할 수 있다. 이러한 관점에서 보면, 딕슨의 설명과 달리 두 명의 참여자가 있는 문장이 한 명의 참여자가 있는 문장보다 타동성이 낮을 수도 있다.

(1) ㄱ. 수잔이 떠났다. (Susan left.)
　　　　[운동성:행동 / 상:종결적 / 시점성:시점적 / 의도성:의도적]
　　ㄴ. 제리가 맥주를 좋아한다.(Jerry likes beer.) [참여자: 2명]

(Hopper & Thompson, 1980:254)

위의 예문에서 (1ㄱ)은 참여자가 한 명이지만 (1ㄴ)보다 타동성이 높은 것으로 평가된다. 호퍼와 톰슨(Hopper & Thompson, 1980)의 연구는 타동성을 동작의 이행으로 본 관점을 수용하면서도 이를 단순히 목적어 유무나 참여자의 수로 보는 관점을 넘어 타동성이 여러 변인들에 의해 복합적으로 결정되는 정도성의 문제라고 본 것이다.

이후 츠노다는 호퍼와 톰슨이 제시한 10가지 기준의 중요성이 동일하지 않고 상호 관련을 맺는 양상도 다르다고 보고 보완적 연구를 수행하였다(Tsunoda, 1985). 비교적 최근에 이루어진 내스의 원형적 타동성(Prototypical Transitivity)에 대한 연구(Næss, 2007) 역시 타동성을 정도성의 문제로 보고 있다.

두 가지 시사점

언어학에서의 타동성 담론의 흐름과 국어 문법서에서의 수용 양상을 검토한 결과 두 가

표 7-3. 역대 고등학교 문법 교과서의 '타동성' 담론 수용 양상(4차 이후)

구분		〈고등학교 문법〉	설명 내용
목적어를 취하는 성질로 보는 관점	4차	성균관대학교 대동문화연구원(1985:69)	"목적어가 꼭 있어야 하는 동사를 타동사(他動詞)라 하고, 그렇지 않은 동사를 자동사(自動詞)라 한다."
	5차	성균관대학교 대동문화연구원(1991:71)	4차와 동일
이행성 관점	6차	서울대학교 국어교육연구소(1996:47)	"동사에는 움직임이나 작용이 그 주어에만 그쳐서 목적어가 필요 없는 자동사와, 움직임이 다른 대상에 미쳐서 목적어가 필요한 타동사가 있다."
	7차	서울대학교 국어교육연구소(2002:99)	"주어의 어떤 움직임이나 작용을 나타내는 단어의 부류를 동사(動詞)라고 한다. 동사에는 '뛰다, 걷다, 가다, 놀다, 살다'처럼 움직임이 그 주어에만 관련되는 자동사가 있고, '잡다, 누르다, 건지다, 태우다'처럼 움직임이 다른 대상, 즉 목적어에 미치는 타동사가 있다."

지 사실을 확인할 수 있었다.

첫째는 국어 문법서에 따라 타동성을 '목적어를 취하는 성질로 보는 관점', '이행성으로 보는 관점', '다른 것을 부리는 움직임으로 보는 관점' 중 하나가 선택되어 다루어지고 있다는 것이다. 국어 문법서 간 타동성을 규정하는 방식의 불일치는 학문적 관점의 다양성이라는 측면에서 그 자체로는 긍정적으로 평가할 수 있다. 그러나 이러한 불일치가 문법 교과서에 교수학적 재맥락화 과정 없이 수용된다면 이는 문제적이라고 할 수 있다.

둘째는 타동성이 동사의 하위분류 유형의 하나인 '타동사'를 설명하는 과정에서 간략히 다루어질 뿐, 관련 문법 개념을 연결 짓는 데에는 거의 활용되고 있지 않다는 점이다. 이 역시 국어 문법서가 교육용 교재가 아니라 학술 서적이라는 점에서 그 자체로는 별다른 문제가 되지 않는다. 하지만 이러한 내용을 문법 교과서에 그대로 옮기는 것은 문제가 된다.

문법 교과서를 들여다보다

문법 교과서에서 '타동성' 담론을 어떤 방식으로 수용해 왔는가? 학교 문법 통일안이 반영된 4차 이후의 고등학교 문법 교과서를 검토하였다.

4차와 5차 문법 교과서에서는 타동성을 목적어를 취하는 성질로 보는 관점을 취하고 있다. 6차와 7차 문법 교과서에서는 타동성을 이행성으로 보는 관점을 취하고 있다. 문제는 무엇일까? 우선, 이러한 설명 방식의 문법교육적 가치가 무엇인지에 대한 논의가 부족했다. 타동성에 대한 이러한 설명 방식들이 지닌 교육적 의의를 살리기 위해, 교육 내용을 어떤 방식으로 재구성해야 하는지에 대한 탐색도 부족했다.

2009 개정 교육과정(2009 고시본)에 따른 고등학교 〈독서와 문법Ⅰ〉 교과서에서는 타동사와 자동사의 구분을 다루는 경우도 있고 다루지 않는 경우도 있다. 총 4종의 〈독서와 문법Ⅰ〉 교과서 중 두 곳에서는 타동사와 자동사의 구분 문제를 다루었고, 두 곳에서는 다루지 않았다.

표 7-4. 문법 교과서의 타동성 담론 수용 양상(2009 개정 교육과정[2009 고시본])

구분	〈독서와 문법Ⅰ〉	설명 내용
관련 설명 없음	이남호 외(2011)	타동사와 자동사의 구별이 다루어지고 있지 않음.
	박영목 외(2011)	타동사와 자동사에 대한 개념 정의는 다루어지지 않음. 단, 사동 표현 설명 시 타동사와 자동사라는 용어가 사용됨.
예시만 제시	윤여탁 외(2011:76)	"자동사: 솟다, 일어나다 등 / 타동사: 보다, 막다 등"
이행성 관점	이삼형 외 (2011:252)	"'뛰다, 걷다, 가다, 놀다, 살다'처럼 움직임이 그 주어에만 관련되는 자동사와 '잡다, 누르다, 건지다, 태우다'처럼 움직임이 다른 대상, 즉 목적어에 영향을 미치는 타동사로 분류할 수 있다."

이러한 경향은 2009 개정 교육과정(2012 고시본)에 따른 〈독서와 문법〉 교과서에서도 이어진다. 〈독서와 문법〉 교과서는 타동사와 자동사에 대한 설명을 하지 않는 경우와 하는 경우로 나눌 수 있다. 후자는 다시 타동성을 목적어를 취하는 성질로 보는 관점, 타동성을 이행성으로 보는 관점, 두 관점이 서로 다른 단원에서 각각 제시된 이원적 관점으로 나뉜다. 문법 교과서에서 타동성을 정의하는 방식은 다소 혼란스러운 양상을 띠고 있다.

국어 교과서가 국정 체제에서 검정 체제로 전환되면서 일부 문법 교과서에서 타동사와 자동사에 대한 설명이 제외되었다. 이는 타동사와 자동사의 구분이 갖는 문법교육적 가치가 의심받고 있음을 방증한다. 이러한 현상이 나타난 이유는 무엇일까? 타동사와 자동사라는 구분 이면에 놓인 '타동성'의 문법교육적 가치에 대한 고민은 부족했던 게 이유가 아닐까.

문법 교과서에서 타동성에 대한 여러 관점 중 하나를 취사선택하고 있다는 점도 문제로 지적할 수 있다. 특정한 관점의 선택이 학습자의 문법적 성장에 대한 고려를 바탕으로 이루어진 것이라면 문제될 것이 없지만, 그러한 고려를 확인하기는 어렵다. 어떠한 관점을 취하든, 타동사에 대한 정의문을 제시하는 수준에서 타동성에 대한 교육 내용이 마무리되고 있

표 7-5. 문법 교과서의 타동성 담론 수용 양상(2009 개정 교육과정[2012 고시본])

구분	〈독서와 문법〉	설명 내용
관련 설명 없음	이관규 외 (2013)	타동사와 자동사의 구별이 다루어지고 있지 않음.
목적어를 취하는 성질로 보는 관점	박영목 외 (2013:67)	"동사 중에서 '먹다, 부르다'처럼 목적어를 필요로 하는 것을 타동사라 하고, '가다, 웃다'처럼 목적어 없이 쓰일 수 있는 것을 자동사라고 한다."

이행성 관점	윤여탁 외 (2013:86)	- 자동사: 움직임이 그 주어에만 관련되는 동사
		  예) 뛰다, 걷다 등
		- 타동사: 움직임이 다른 대상, 즉 목적어에 미치는 동사
		  예) 잡다, 누르다 등

이행성 관점	한철우 외 (2013:89)	"동사에는 '앉다', '살다'처럼 움직임이 주어에만 관련되는 자동사와 '잡다', '건지다'처럼 움직임이 다른 대상, 즉 목적어에 미치는 타동사가 있다."
이행성 관점	이도영 외 (2013:85)	"동사 가운데 '뛰다, 걷다, 가다'처럼 움직임이 그 주어에만 관련되는 동사가 자동사(自動詞)이고, '잡다, 누르다, 건지다'처럼 움직임이 다른 대상, 즉 목적어에 미치는 동사가 타동사(他動詞)이다."
이원적 설명	이삼형 외 (2013:158, 198)	· 동사 설명 시: "뛰다, 걷다, 가다, 놀다, 살다'처럼 움직임이 그 주어에만 관련되는 자동사와 '잡다, 누르다, 건지다, 태우다'처럼 움직임이 다른 대상, 즉 목적어에 미치는 타동사로 분류할 수 있다." · 목적어 설명 시: "타동사: 목적어를 필수 성분으로 가지는 동사 / 자동사: 목적어를 필수 성분으로 가지지 않는 동사"

다. '타동성'이 갖는 교육적 가치에 대한 천착 없이, 개념에 대한 정의문 제시로 교육을 마무리하는 것은 브루너가 중간 언어(middle language)라는 명명을 통해 비판하고자 했던 지점(Bruner, 1960, 이홍우 역, 1973:64)을 피하기 어렵다.[5]

타동성의 연구사적 흐름을 고려했을 때, 타동성을 정도성의 문제로 보는 호퍼와 톰슨(Hopper & Thompson, 1980) 이후의 관점[6]이 적극적으로 반영되지 않았다는 점도 문제로 지적할 수 있다. 타동성을 정도성으로 보는 관점은 문법을 고정된 구조주의적 체계로 보는 관점을 넘어 역동성과 다양성을 지닌 해석적 틀로 이해할 수 있게 해 준다. 그러한 점에서 언어적 주체와 언어 인식을 강조하는 문법교육의 지향점과 상통하는 면이 있다.

---

5. 남가영(2007:368-370)에서도 '지식의 구조란 해당 학문 분야의 학자가 하는 중핵적 활동의 구조와 무관할 수 없다'는 점을 전제하면서, 문법 연구가 문법교육의 맥락에서 소통되기 위해서는 '반드시 교육적 국면에서 재맥락화되어야 할 필요'가 있음을 지적한 바 있다.

6. 전지혜(2014:132)에서 쟝-뽈 뒤샤또(Jean-Paul Duchateau)의 타동성의 기준과 관련하여 '통사, 의미, 화용론적 기준들이 결합된 총체'로서의 타동성 개념의 도입에 대해 논의한 것도 이러한 흐름의 일환으로 볼 수 있다.

3. 문법교육에서는 '타동성'을 어떻게 다루어야 할까

벼리, 혹은 거멀못이라는 비유

타동성은 문법교육에서 어떤 위상을 지녀야 할까? 이러한 물음은 꼭 필요하다. 이러한 물음 없이 타동성을 성급히 문법교육의 장으로 끌어들일 경우, 기존의 문법교육 내용에 또 하나의 언어학적 개념을 추가하는 결과를 초래할 수 있기 때문이다.

타동성의 문법교육적 가치를 구체적으로 논의하는 과정에서 밝혀지겠지만, 타동성은 학습자에게 기존의 교육 내용과 동일한 차원에서 부과되는 또 하나의 문법적 개념이 아니다. 타동성은 기존의 문법교육 내용을 학습자가 원리적 차원에서 통합적으로 구성해 내고 이해의 지평을 확장할 수 있도록 하는, 교육 내용 구성의 거점으로 도입되어야 한다.

이 글에서는 타동성의 교육적 가치가 각기 다른 영역에서 다루어지고 있는 문법 지식을 통합하는 데 있다고 본다. 이러한 점에서 타동성은 학습자의 문법 이해의 지평을 확장하는 데 기여하는 문법적 원리로 규정된다.

타동성은 연관성에 대한 인식 없이 다루어졌던 문법 개념들을 학습자가 통합적으로 이해할 수 있게 한다. 타동성은 여러 문법 개념을 이해하는 거멀못, 혹은 벼리로 작용한다. 이는 학교 문법에서 '주어'와 '피동', '목적어'가 다루어지는 방식을 살펴봄으로써 확인할 수 있다.

'주어'와 '피동'을 관련지어 생각한다면

학교 문법에서 '주어'와 '피동'은 각각 문장 성분 단원과 문법 요소 단원에서 특별한 연관 없이 다루어진다. 두 개념을 관련짓지 않고 다룬다면 별 문제가 없어 보일지 모르지만, 두 개념을 관련지어 생각해 본다면 학습자의 관점에서 인지 부조화가 발생할 가능성이 크다는 것을 알 수 있다.

〈표 7-6〉은 교과서에서 주어에 대해 설명한 부분 중 형태 관련 내용을 제외하고 정리한 것이다. 교과서에서 대체로 주어를 '주체'와만 관련지어 설명하고 있음을 알 수 있다. 검토 대상이 된 교과서가 선택 교육과정에서 사용되는 것임을 고려할 때, 학교 문법이 제공하는 '주어' 개념은 위계상 최상위 단계에서도 주체로 정의되고 있는 것이다.

표 7-6. 주어에 대한 교과서별 개념 정의

구분	〈독서와 문법〉	설명 내용
주어를 '주체'를 나타내는 성분으로 설명	한철우 외 (2013:125)	"주어(主語)는 문장에서 동작 또는 성질의 주체를 나타내는 성분으로, 서술어는 대개 문장에서 주어를 필요로 한다."
	윤여탁 외 (2013:125)	"서술어에 의해 표현되는 동작이나 상태, 성질의 주체가 되는 문장 성분"
	이삼형 외 (2013:198)	"주어(主語)는 문장에서 동작 또는 상태나 성질의 주체를 나타낸다."
	이도영 외 (2013:129)	"주어(主語)는 서술어가 표현하는 동작, 상태, 성질의 주체를 가리킨다."
명시적 설명 없음	박영목 외(2013)	• 주어의 개념에 대한 명시적 설명 없음.
	이관규 외 (2013:104)	• 주어에 대한 명시적 설명 없이 탐구 활동 제시 • 탐구 활동: 다음 문장에서 밑줄 친 부분을 중심으로 주어의 특성에 대해 탐구해 보자. 소년이 뛴다./그 소년이 뛴다./코끼리가 코가 길다. 학교에서 축제 일정을 발표했다./그림 그리기가 나의 취미다.

그러나 〈표 7-7〉에 제시된 학교 문법에서의 피동에 대한 정의를 접하게 되면 〈표 7-6〉과 같은 주어의 개념을 가지고 있는 학습자는 인지적 부조화를 겪을 수 있다.

표 7-7. 피동에 대한 교과서별 개념 정의

구분	〈독서와 문법〉	설명 내용
'다른 주체'를 언급한 경우	한철우 외 (2013:134)	"주어가 다른 주체에 의해서 동작을 당하게 되는 것을 피동(被動)이라고 한다."
	윤여탁 외 (2013:133)	"다른 주체에 의해 동작이 이루어지거나 영향을 받는 문장을 피동문이라고 한다."
	이관규 외 (2013:121)	"주어가 다른 주체에 의해서 동작을 당하게 되는 것을 피동이라 한다."
	이삼형 외 (2013:220)	"주어가 다른 주체에 의해서 동작을 당하는 것을 피동(被動)이라고 한다."
'다른 힘'을 언급한 경우	박영목 외 (2013:111)	"주체가 다른 힘에 의하여 움직이는 것을 피동(被動)이라 한다."
행동의 대상을 주어로 함을 언급한 경우	이도영 외 (2013:143)	"(고양이가 쥐를 쫓는 그림) 고양이가 하는 행동의 대상인 '쥐'를 주어로 하여 표현하는 것이 피동문에 해당한다. 피동문은 행동을 입는 대상 중심으로 상황을 표현해야 할 때 쓰인다."

〈표 7-7〉에 제시된 피동의 개념을 따져보면, 피동문으로 표현된 문장에는 주어 이외에

'다른 주체'가 있고, 주어는 다른 주체에 의해 동작을 당하거나 영향을 받는 '대상'이다. 학습자 입장에서는 피동문의 주어도 주어인 이상 주체가 되어야 마땅한데, 왜 피동문의 경우에는 주어가 대상이 되어야 하는지 이해하기 어려울 수 있다.

피동문의 주어가 대상이면, 목적어는 어떻게 되는가

피동문의 주어를 주어의 예외적 사례로 생각하고 넘길 수도 있지만 이는 학습자 입장에서 그리 간단한 문제가 아니다. 주어가 주체가 아니라 대상이라고 한다면, 주어와 목적어의 구분 자체가 모호해지기 때문이다. 〈표 7-8〉에서 보듯이 학교 문법에서 목적어는 서술어의 동작 대상이 되는 문장 성분으로 정의된다. 그런데 피동문의 주어를 대상이라고 한다면, 주어를 주어가 아니라 목적어로 보아야 하는가 하는 의문이 학습자에게 제기될 수 있다.

표 7-8. 목적어에 대한 교과서별 개념 정의

구분	〈독서와 문법〉	설명 내용
서술어의 동작 대상으로 설명한 경우	한철우 외(2013:125)	"목적어(目的語)는 서술어가 나타내는 동작의 대상이 되는 성분이다."
	윤여탁 외(2013:125)	"서술어가 표현하는 동작의 대상이 되는 문장 성분."
	이삼형 외(2013:198)	"서술어의 동작 대상이 되는 문장 성분이 바로 목적어(目的語)이다."
	이도영 외(2013:129)	"목적어(目的語)는 서술어의 동작이 미치는 대상이다."
명시적 설명 없음	박영목 외(2013)	・목적어의 개념에 대한 명시적 설명 없음.
	이관규 외(2013:105)	・목적어에 대한 명시적 설명 없이 탐구 활동 제시 ・탐구 활동: 3. 다음 물음에 답하며 문장 성분에 대해 탐구해 보자. 　㉠ 아버지께서는 사과를 <u>정현이를</u> 주셨다. 　㉡ 아버지께서는 사과를 <u>정현이에게</u> 주셨다. (1) ㉠과 ㉡의 밑줄 친 부분의 문장 성분이 무엇인지 적어 보자. (2) ㉠의 '사과를'에 사용된 '를'과 '정현이를'에 사용된 '를'의 성격은 어떻게 다른지 설명해 보자.

문제는 실제 우리의 문법 수업에서 이런 문제를 인식하고 문제시하는 학습자가 나타나기 어렵다는 것이다. 주어와 목적어의 개념 정의는 의미와 기능 차원에서뿐만 아니라 형태적 차원에서도 이루어지는데, 주어와 목적어의 식별에만 초점을 둘 경우 '이/가' '을/를'이라는 형태적 표지를 활용하는 것만으로 충분하기 때문이다.

형태 표지를 통한 식별의 용이함이 주어와 피동, 목적어의 개념 설명에 내재한 문제를 학습자가 주목하여 발견하게 만드는 것을 막고 있다. 교과서에서 구획하여 제공하는 문법 개념을 구획된 그대로 수용하게 된다.

이행성과 피영향성

피동문의 주어가 대상이 된다는 점은 단순히 주어의 개념 정의에 '서술의 대상'을 추가하거나, 피동문의 주어가 예외적 사례라는 점을 언급하는 대중적 처방으로 해결될 문제가 아니다. 이 문제는 문법교육의 장에서 처리하기 곤란한 문제라기보다는 오히려 학습자의 문법 지식을 통합하고 이해의 지평을 확장할 수 있는 계기라고 보는 것이 타당하다. 타동성이라는 개념은 학습자를 이러한 통합과 이해의 지평 확장으로 이끄는 매개적 기능을 할 수 있다.

주어, 피동, 목적어에 대한 설명을 살펴보면 각 개념이 타동성 평가의 핵심적 기준 중 하나인 피영향성[7]과 모종의 관련을 맺고 있음을 알 수 있다.

> (2) ㄱ. 경찰이 도둑을 잡았다.
> ㄴ. 도둑이 경찰에게 잡혔다.

타동성을 이행성으로 보는 관점에서 (2ㄱ)의 문장을 이해하면, 잡는다는 행위의 영향력이 도둑으로 '이행'된다. (2ㄴ)에서도 역시 잡는다는 행위의 영향력은 도둑으로 이행된다. 즉, (2ㄱ)과 (2ㄴ)에서 도둑은 피영향성을 갖는 대상이다. 문제는 도둑이 (2ㄱ)에서는 목적어로 실현되어 있고 피동문인 (2ㄴ)에서는 주어로 실현되어 있다는 점이다.

학교 문법에서는 주동문의 목적어가 피동문의 주어로 전환되는 통사적 절차는 상세히 설명하고 있다. 하지만 목적어로 실현되었던 대상이 주어로 전환된 이후에도 피영향성이라는 측면에서는 여전히 동일하다는 점은 거의 다루고 있지 않다.[8] 학습자들이 주동문의 목적어가 피동문의 주어가 된다는 설명을 읽으면서도 그 두 대상이 가진 공통점에 주목하지 못하

---

7. 이홍식(2000:121)에서도 목적어의 의미론적 기준에 대해 논의하면서 관련 선행 연구들에서 타동성의 특질로 문제 삼은 '피영향성', '대상성', '전체성', '완전성' 중 가장 두드러진 의미 특성이 '피영향성'임을 언급한 바 있다.
8. 물론 모든 교과서에서 주동문이 피동문으로 바뀌는 절차만을 중점적으로 다루고 있는 것은 아니다. 예를 들어, 윤여탁 외(2011)에서는 피동문으로의 전환 시 발생하는 초점과 동작성 차원의 변화를 다루고 있다. 그러나 주동문의 목적어와 피동문의 주어가 피영향성 측면에서 공통점을 가진다는 점은 여전히 대부분의 교과서에서 의미 있게 다루어지지 못하고 있다.

는 것은 이 때문이다.

문장의 의미 층위를 깨닫다

주동문의 목적어와 피동문의 주어는 피영향성이라는 측면에서 공통점을 갖는다. 이 사실은 주어와 목적어라는 문장 성분 층위 이면에 또 다른 층위가 있음을 보여준다. 바로 의미 층위이다.

학습자는 타동성을 매개로 주어와 피동, 목적어 개념을 머릿속에서 통합하여 이해한다. 그 결과 문장 성분 층위 이면에 '주체', '대상'과 같은 또 다른 층위의 분류가 존재할 수 있음을 알게 된다. 그리고 주체만이 주어가 될 수 있는 것이 아니라 대상도 주어로 나타날 수 있음을 깨닫게 된다.[9]

격문법의 의미역 이론을 명시적으로 도입하지 않고도, 문법 교과서에서 타동사를 설명할 때 동원되는 피영향성 개념을 활용하면 문장 성분이라는 현상적 층위와 그 이면의 의미적 층위를 연계하여 이해할 수 있게 되는 것이다. 타동성의 핵심 자질인 '피영향성'은 주어와 피동, 목적어 개념을 연결해 주는 매개로 작용한다는 점에서 최근 문법교육에서 논의되고 있는 연결소(제민경, 2012, 2015) 개념에 해당한다고 볼 수 있다.

타동절의 주어와 자동절의 주어를 구분하는 언어

타동성을 매개로 한 이해의 확장은 주어와 피동문의 관계로 한정되지 않는다. 주어가 주체가 아닌 대상이 되는 것은 피동문에서만 나타나는 것이 아니기 때문이다.

(3) ㄱ. 그가 차를 멈추었다.
ㄴ. 차가 멈추었다.

'멈추었다'는 자타양용동사로 (3ㄱ)과 같이 타동절을 형성할 수 있고 형태 변화 없이 (3ㄴ)과 같이 자동절을 형성할 수도 있는 어휘적 능격성(lexical ergativity)을 가지고 있다.[더 알아보기 8] (3ㄴ)은 피동문이 아님에도 불구하고 주어인 '차'를 멈추는 행위의 대상으로 볼 가능성

---

9. 주어와 목적어에 대한 교수·학습 과정에 타동성을 매개로 '피동'이라는 문법 요소가 도입된다면, 이 경우 피동은 '주제 확장적 범주'(주세형, 2008:307)에 해당한다고 볼 수 있다.

을 내포하고 있다. 멈추는 동작의 이행 대상이 된다는 점에서 (3ㄴ)의 주어 '차'는 (3ㄱ)의 목적어인 '차'와 마찬가지로 피영향성을 가진 대상으로 볼 수 있다.

(2)과 (3)의 예문을 통해, 타동절의 목적어는 피동 혹은 어휘적 능격성을 가진 동사에 의해 자동절의 주어로 변환될 수 있으나, 타동절의 주어는 그러한 변화를 겪지 않음을 알 수 있다. 타동성을 매개로 주어, 피동, 목적어 등을 탐색해 봄으로써 학습자는 타동절의 주어와 일부 자동절 주어의 성격이 다를 수 있다는 것을 인식할 수 있는 계기를 얻게 된다. 이는 학습자가 '주격-대격 언어'에 속하는 한국어의 언어 유형론적 특성을 인식할 수 있는 이해의 지평을 마련해 준다는 점에서 문법교육적으로도 큰 의의가 있다.[더 알아보기 9]

한국어는 언어 유형론적으로 주격-대격 언어에 속하기 때문에 자동절의 주어와 타동절의 주어에 대한 격 표지가 동일하고 목적어와 차이를 보인다. 하지만 능격-절대격 언어의 경우에는 자동절의 주어(S)가 목적어(O)와 동일하게 절대격을 부여받고 타동절의 주어(A)는 능격 표지를 부여받는다.[10] 즉, 능격-절대격 체계의 언어에서는 자동절의 주어(S)와 목적어(O)가 격 표지 차원에서 동일하게 처리되어 타동절의 주어(A)와 대립된다(Dixon, 2010; Song, 2001, 김기혁 역, 2009:193). 다음의 Yalarnnga어의 사례는 능격-절대격 체계의 격 표지 방식을 잘 보여준다.

[Yalarnnga어]
ㄱ. ŋia waka-mu
　나　떨어지다-과거
　나는 떨어졌다.
ㄴ. kupi-ŋku ŋia taca-mu
　물고기-능격　나를　물다-과거
　물고기가　　나를 물었다.　(Blake 1977:8, Song, 김기혁 역, 2009:194에서 재인용)

자동절의 주어인 ㄱ의 '나'와 목적어인 ㄴ의 '나'는 모두 절대격을 부여받아 무표적으로 처리되었고, 타동절의 주어인 ㄴ의 '물고기'는 '나'와 달리 능격 접미사 '-ŋku'와 결합된 형태로 사용되었다.

주어가 자동절인지 타동절인지에 따라 달리 처리될 수 있고, 심지어 자동절의 주어는 주어라는 점에서는 타동절의 주어와 동일함에도 불구하고 오히려 목적어와 같은 격 표지를

---

10. 언어 유형론적 관점에서 타동성을 다룬 연구로 딕슨(Dixon, 2010)을 참고할 수 있다. 이 글에서는 딕슨에 따라 타동절의 주어는 'A'로, 목적어는 'O'로, 자동절의 주어는 'S'로 표기한다.

부여받는 언어가 있다는 것은 학습자들에게 충격적 사실이면서 언어적 직관으로 쉽게 이해되지 않을 가능성이 높다. 타동절과 자동절의 주어를 구분하지 않고 주어라는 점에서 동일하게 처리해 온 한국어의 방식이 당연하다고 생각해 왔기 때문에 이러한 사실을 단순히 이상한 것으로 생각할 수도 있다.

그러나 앞서 타동성을 매개로 주어, 피동, 목적어의 개념을 검토하는 과정에서 피동문의 주어는 주체가 아니라 대상이라는 점에서 오히려 타동절의 주어보다는 목적어와 유사한 측면이 있다는 점을 이해한 학습자라면 이러한 언어 유형론적인 사실을 좀 더 쉽게 이해할 수 있을 것이다. 타동성을 매개로 한 문법 지식의 통합적 이해는 한국어라는 언어가 가진 특성을 이해할 수 있는 지평을 확대하는 계기가 된다.

4. 일곱 번째 이야기를 마무리하며

지금까지 타동성에 대해 이야기해 보았다. 물론 간단한 이야기는 아니다. 타동성은 여러 개념과 얽혀 있고 유형론적 접근도 필요한 복잡한 개념이다.

"목적어를 취하면 타동사"라는 설명은 간결하고 강력하다. 통사적 접근으로 손색이 없다. 하지만 교육적으로 보았을 때 충분하다고 생각되지는 않았다. 필요한 접근이지만 충분하지는 않다. 이러한 문제의식 때문에 타동성 이야기를 하게 되었다.

흔히 교육 내용을 쉽게 표상하려고 할 때 간략화라는 전략을 사용한다. 너무 세부적인 내용까지 설명하면 어려우니 간단히 핵심 내용을 제시하자는 것이다. 하지만 간략화가 항상 유용한 전략은 아니라고 생각한다. 간략히 제시한 것이 더 어려울 수도 있다. 다소 복잡하더라도 교육적으로 의미가 있다면, 시간과 노력을 들여 가르쳐야 할 때도 있다. 물론 위계화가 필요할 것이다.

타동성을 이해하는 것이 많은 시간을 들일 만큼 가치 있는 것인가 하는 물음이 제기될 수도 있다. 너무 어려운 언어학적 지식이라고만 생각될지도 모른다. 하지만 이 글에서는 타동성에 대한 이해를 통해 인간이 세상을 인식하는 방식을 엿볼 수 있다는 점에 주목했다. 타동성이라는 렌즈를 사용하면 어떤 문장에서 주어로 사용된 대상과 어떤 문장에서 목적으로 사용된 대상이 피영향성이라는 측면에서 닮아 있다는 점을 이해하게 된다는 점을 예로 들기도 하였다.

문법을 배워 언어를 잘 사용하는 것도 중요하지만, 문법은 인간이 사용하는 언어를 관찰하는 분석 틀이기도 하다. 이 분석 틀을 사용하여 언어를 분석한 결과가 인간을 이해하는 데 도움이 된다면 얼마나 좋을까? 문법 교육을 통해 인간이 사용하는 언어에 대한 이해가 깊어지고, 그것이 인간에 대한 이해의 심화로 이어지는 그런 문법 교육을 그려 보며 이 장을 마무리한다.

더 알아보기

1. 자동사와 타동사? 타동사와 자동사?

이 글에서는 의도적으로 '타동사'와 '자동사'를 함께 언급할 때 자동사보다 타동사를 먼저 제시했다. 타동성(transitivity)을 고려할 때, 'intransitive verb(자동사)'는 'transitive verb(타동사)'를 전제한 개념이기 때문이다.

2. 문법교육에서 원리란

문법교육에서 '원리'에 대해 주목할 필요가 있음은 지속적으로 논의되어 왔다. 남가영(2008:45-47)은 문법 탐구 경험의 성격을 논하면서, "원리로서의 문법에 주목하여 언어활동에 참여하는 경험"을 언급한 바 있다. 구본관·신명선(2011)은 문법교육에서 원리의 문제를 본격적으로 다룬 연구로 '문법'을 '언어의 구성 및 운용의 원리'로 본다는 전제하에 문법교육에서 원리의 체계와 구체적 실현 방식에 대해 논하였다. 이 글은 이러한 선행 연구의 맥락 속에서 '타동성'이 어떻게 교육적으로 다루어져야 할지 이야기하고 있다.

3. 교수학적 변환 이론에서 말하는 재맥락화

교수학적 변환 이론 및 교수학적 상황 이론에서는 학문적 지식이 교재 차원의 재맥락화를 거친다고 보고 있다. 여기서 '재맥락화'는 단순히 학습자가 이해하기 쉽게 만든다거나 실제 언어생활과 유사한 맥락을 부여함을 의미하는 것이 아니라, 지식의 '발생적 맥락'을 고려하는 것을 의미한다. 브루소가 '지식의 역사'에 '진짜 과학의 기능'이 숨겨져 있다고 지적한 것도 이러한 맥락에서 이해할 수 있다 (Brousseau, 2002:21). '맥락화'를 지식을 학습자가 친숙하게 받아들일 수 있도록 배려(정지은, 2007: 89)'하는 것으로 한정하는 것은 교수학적 변환 이론에서 강조하는 맥락을 충분히 설명한 것으로 보기 어렵다(이관희, 2015:171).

이 글에서 문법 교과서의 타동성 담론 수용 양상을 확인하기에 앞서 국어 문법서에서 타동성에 대한 언어학적 연구를 어떻게 수용했는지 살핀 것도 이 때문이다. 단, 이관희(2015:172)의 지적대로 교수학적 변환이 성공적으로 이루어지기 위해서는 학습자가 지식을 어떻게 다루는지를 관찰하는 작업이 필요하다. 이 글은 타동성의 문법교육적 위상 정립을 위한 시론적 연구로 추후 학습자가 타동성을 학습하는 과정에 대한 실증적인 연구가 이어져야 할 것이다.

4. 예스페르센이 생각한 타동성

이 책에서 예스페르센이 타동성에 대한 전통문법적 견해를 가지고 있었다고 평가했으나, 예스페르센의 글을 보면 타동성을 정도성으로 보는 관점의 초기 발상이 보이기도 한다. 김종도(1995:41-42)의 지적대로 예스페르센이 "동일한 동사가 자동적으로, 즉 목적어 없이 사용되는 경우와 타동적으로, 즉 목적어와 함께 사용되는 경우(Jespersen, 1924, 이환묵·이석무 역, 1987:200)"에 대해 논의하고 있다는 점을 고려할 때, 이미 전통문법에 "동사를 타동사와 자동사로 딱 잘라서 나누는 것이 불가능"하다는 생각을 바탕으로 "타동성 정의에 여러 가지 의미적 요소가 고려"되어야 한다는 생각이 담겨 있었다고 할 수 있다.

5. transitivity, 타동성이라 부를까 이행성이라 부를까

'transitivity'의 어원적 의미와 관련하여 '타동성'이라는 번역어가 적절한지에 대해서도 다양한 입장이 있다. 라이언스의 책 『의미론』(Lyons, 1977, 강범모 역, 2013)을 번역한 강범모는 각주에서 'transitive'의 원래 뜻은 이행적이라는 것인데, 영어의 'transitive verb'가 '타동사'로 번역됨으로써 우리말 '타동사'에서는 이행성의 어원적 흔적이 사라졌다고 보았다. 이선웅(2012:181)은 'transitivity'를 '이행성'으로 번역한 사례가 있음을 지적하고, 'transitivity'의 본래 의미를 표현하는 데에는 '이행성'이 '타동성'보다 미세하게나마 우월하지만, '자동사/타동사'와 같은 용어가 이미 일반화되어 있어 용어의 확장 가능성 측면에서는 '타동성'이 낮다고 보았다.

6. 타동성에 관한 국내 연구들

타동성에 관한 국내의 종합적인 연구로는 김종도(1995)를 들 수 있다. 김종도(1995)는 '전통 문법의 관점', '구조적 관점', '기능적 관점', '인지적 관점'으로 나누어 타동성에 관한 문법이론의 견해들을 종합적으로 고찰하였다. 김종도(1996)는 인지 문법의 관점에서 타동성 개념을 논의하였다. 연재훈(1997)은 원형이론적 관점에서 타동성 개념을 다루었고, 이영준(2013)은 한국어 읽기 교육 관점에서 타동성을 다루기도 하였다. 타동성 개념을 바탕으로 국어의 타동 구문을 다룬 연구로 우형식(1996)을 들 수 있다. 그 외에도 언어학과 국어학 분야에서 타동성에 관한 다양한 연구가 이루어지고 있다.

7. '자동사'라는 용어와 '비타동사'라는 용어

'intransitive'는 일반적으로 '자동(自動)' 혹은 '자동사(自動詞)'로 번역되지만, 타동성(transitivity)을 고려할 때 'transitive'와의 대비가 용어 표상 차원에서 드러나는 것이 적절하다고 보고 가능한 '비타동'이라는 번역어를 사용하였다. 단, '자동사'라는 용어가 이미 사용된 자료를 인용하거나 그러한 상황에 대해 언급할 때에는 '자동사'라는 용어를 그대로 사용하였다.

8. 어휘적 능격성

어휘적 능격성은 언어 유형론적 차원의 격 표시 체계 중 하나인 '능격-절대격 체계'에서의 능격성과 구분되는 개념이다. 이선웅(2013:348)에 따르면 어휘적 능격성은 단순히 특정 논항구조의 속성을 갖는 동사 부류가 갖는 특성을 가리키기 위해 콤리(Comrie, 1978:391-392)에서 사용한 용어로 언어 유형론적 차원의 격 정렬형(case alignment)과는 엄격히 구분된다. 따라서 한국어는 능격-절대격 체계 언어에 속하지 않고 주격-대격 언어 유형에 속하지만, 어휘적 능격성을 가진 동사가 존재할 수 있다.

9. 한국어가 놓인 언어학적 좌표, 어떤 교육적 가치가 있을까

국어에 대한 학습자의 이해는 한국어가 놓인 언어학적 좌표를 이해함으로써 보다 심화되고 확장될 수 있다. 한국어가 주격-대격 언어에 속한다는 점은 현행 학교 문법의 내용으로 명시적으로 제공되고 있지는 않지만 국어에 대한 이해의 지평 확장이라는 측면에서 선택 교육과정에서는 보다 적극적으로 다룰 필요가 있다. 2015 개정 교육과정의 일반 선택 과목인 '언어와 매체'에서는 '[12언매01-02] 국어의 특성과 세계 속에서의 국어의 위상을 이해한다.'라는 성취 기준의 교수·학습 방법 및 유의 사항에서 국어의 특성을 지도할 때에 '어순처럼 다른 언어와 비교가 쉬운 것을 대상'으로 하여 쉽게 학습할 수 있도록 안내하고 있다. 필자는 한국어가 '주격-대격형' 언어라는 언어유형론적 특성이 다른 문법교육 내용과 연관되지 않은 채 제시되면 문제가 되지만, 본문에서 언급한 방식대로 타동성을 매개로 하여 '주어', '목적어', '피동' 등 이미 학습한 내용을 바탕으로 제시되면 교육적 효과가 있다고 본다.

여덟 번째 이야기

사람들이 추리소설을 좋아하는 이유, 그리고 국어사 교재[*]

추리소설은 일단 첫 페이지를 읽기 시작하면,
마지막 페이지를 다 읽기 전까지는 독자를 놓아주지 않는다(엄태동, 1998:427)

---

[*] 8장은 한국어학회 학술지 〈한국어학〉 78호(2018.2.)에 게재되었던 "교육적 인식론 관점의 국어사 교재 구성 원리 탐색 -하향이중모음의 단모음화를 중심으로"를 이 단행본의 체제에 맞게 일부 수정한 것임.

1. '국어사 지식의 개략화'에 대한 재고 필요성

개략화는 정말 좋은 전략일까

국어사를 배운 기억을 떠올려 본다. 시작은 언어의 역사성일 것이다. 훈민정음, 소학언해를 배운 기억도 난다. 반치음, 순경음 비읍 등 지금은 사용하지 않는 음운에 대한 이야기도 떠오른다.

경험과 기억은 사람마다 다르다. 과거에 경험했던 국어사 교육이 현재의 국어사 교육과 꼭 일치하는 것도 아니다. 현재 이루어지고 있는 국어사 교육을 객관적으로 살펴야 한다.

현재 국어사 교육은 교육적인 정당성을 확보하고 실효성을 높이기 위해 몇 가지 입장을 취하고 있다. 그 입장은 '국어 생활사 교육', '자료 중심성', '국어사 지식의 개략화' 셋으로 요약할 수 있다.

'국어 생활사'라는 관점의 도입(김광해, 1996; 민현식, 2003, 2008; 장윤희, 2005, 2009; 김은성, 2007; 구본관, 2009; 김유범, 2009; 박형우, 2009; 이승희, 2011)은 국어사 교육을 언어 단위별 변천사에 한정하지 않고 생활사라는 확장된 관점에서 조망할 수 있도록 해 주었다. 이를 통해 국어사 교육의 영역이 확장되었을 뿐 아니라 교육적 정당성 확보를 위한 논리도 강화되었다.

'자료 중심성'은 국어사 지식 학습이 단편적 정보 암기로 환원되지 않도록 하기 위한 원리이다.[더 알아보기 1] 자료 중심성이라는 입장을 취함으로써 국어사 학습이 국어사 자료 분석을 통해 이루어질 수 있게 되었다.[더 알아보기 2]

문제는 '국어사 지식의 개략화'인데, 이는 국어사 수업 시간에 다량의 국어사 지식을 교수·학습하는 것이 갖는 현실적인 어려움에 기인한다. 상세한 국어사 지식을 제한된 수업 시간에 다루도록 할 경우 교수·학습의 부담이 크다는 점이 '개략화'의 이유라고 생각된다. 그간 교육과정의 국어사 관련 성취 기준이나 해설에 '개략적' 또는 '간략하게'라는 표현이 들어간 부분을 추려보면 다음과 같다.

- 국어의 역사를 <u>개략적으로</u> 알고, 국어의 발전 방향에 대해 토의한다.(6차 교육과정, '국어' / 밑줄은 인용자, 이하 동일)
- 국어의 <u>개략적인</u> 역사를 안다.(7차 교육과정, '국어')
- 음운, 단어, 문장, 담화/글의 국어 변천사를 <u>개략적으로</u> 이해한다.(2007 개정 교육과정, '문법')

- 고대 국어, 중세 국어, 근대 국어의 시대에 걸친 음운과 표기, 단어와 문장의 주요 변천 양상을 <u>간략하게</u> 이해할 수 있다.(2009 개정 교육과정, '독서와 문법')
- 상세한 국어사 지식의 학습보다는 <u>개략적인</u> 어휘의 변화를 살피는 데 중점을 둔다.(2015 개정 교육과정, '언어와 매체')

국어사 지식의 개략화는 국어사 교육이 처한 현실적 여건을 고려할 때 불가피한 선택이었다는 입장도 존재할 수 있다. 하지만 개략화가 문제 해결을 위한 최선의 방안이었는지 재고가 필요하다. 국어사적 지식의 탐구 과정이 소거된 채 국어사적 탐구의 결과물만 '개략적인 정보'로 제시되는 방식이 학습자에게 의미 있는 국어사 학습 경험을 제공할 수 있는지 불분명하기 때문이다.

개략화가 문제라면 상세화하면 되는 걸까

'개략화'가 문제라면 '상세화'하면 그만이라고 생각하기 쉽지만 문제는 그리 간단하지 않다. 국어사적 지식을 교재 차원에서 구현할 때 '개략화'와 '상세화'는 모두 나름의 문제를 야기하기 때문이다. 다음은 근대 국어 시기에 일어난 하향이중모음 'ㅐ'와 'ㅔ'의 단모음화 현상에 대한 '독서와 문법' 교과서의 기술 사례이다.

- 18세기 말엽에는 'ㅐ'와 'ㅔ'의 단모음화가 일어났으며 〈이남호 외(2011), 비상〉
- 18~19세기에는 이중 모음이던 ㅔ와 ㅐ가 단모음으로 변하고 〈박영목 외(2011), 천재〉
- 'ㆍ'의 소실로 첫음절의 'ㆎ'가 'ㅐ'로 변하고 난 뒤, 이중모음이던 'ㅐ[ai]'와 'ㅔ[əi]'는 각각 [ɛ]와 [e]로 단모음화하였다. '드리- → 디리-[煎]'와 '머기- → 메기-[食]' 등이 그 예이다. 뒤 음절 'ㅣ' 모음의 영향으로 앞 음절 모음이 변하는 이와 같은 현상은 여러 언어에서 볼 수 있는 음운 동화의 일종이다. 이러한 동화의 공통점은 동화의 결과가 단모음이라는 점이기 때문에, 'ㅐ'와 'ㅔ'도 이 시기에 단모음화하였다고 한다. 〈이삼형 외(2011), 지학사〉

근대 국어 시기에 일어난 단모음화 현상을 간략히 제시하면 학습자들에게 국어사와 관련한 단편적 정보만을 제공했다는 비판을 받는다. 상세한 설명을 제시하면 고등학교 학습자가 이해할 수 있는 수준을 넘은 전문적 내용을 제시했다는 비판을 받는다. 지면의 제약상 모든 국어사적 지식을 상세히 다룰 수 없을 뿐 아니라, 국어사 수업 시수를 고려할 때 상세한 지식을 다 다룰 수 없다는 지적도 뒤따른다.

개략화와 상세화 모두가 문제를 안고 있다면 두 방식의 차이점이 아니라 두 방식 모두가 공통적으로 전제하고 있는 사항에 문제가 있는 것은 아닌지 점검이 필요하다. 생각해 보면, 두 방식 모두 폭과 깊이의 차이가 있을 뿐 국어사 지식을 학습자에게 '제공'해야 한다는 관점에 터해 있다. 이는 국어사 지식을 학습자가 '구성'해 보도록 하는 경험이 현실적으로 가능한지에 대한 회의적 시각을 전제한다.

자료의 제약을 어떻게 이해할 것인가

국어사적 사실에 대한 추정은 자료의 제약으로 인하여 본질적으로 불완전한 속성을 지닌다. 특히 음운사 연구의 경우 표기가 음운 현상을 그대로 반영하는 것이 아니기 때문에 추정의 어려움이 더 크다. 예를 들어, 근대 국어에 일어난 'ㅐ'와 'ㅔ'의 단모음화 현상은 발음이 변하더라도 'ㅐ', 'ㅔ'와 같은 표기는 유지되기 때문에 음운 변화에 관한 증거를 찾기 쉽지 않다.

그러나 관점을 바꾸어 생각해 볼 수도 있지 않을까? 이러한 난관을 극복하기 위해 음운사적 추정에 도입된 다양한 간접 증거와 추론의 논리는 교재 구성 방식에 따라 학습자에게 지적 탐구의 열정과 기쁨을 제공할 수도 있다.

증거를 기반으로 다양한 가설을 수립한다. 자료 간 비교를 통해 잘못된 가설을 지우며 결론에 육박해 간다. 이러한 국어사적 추정 과정이 담긴 연구물을 읽으며 느꼈던 즐거움은 학자들만의 전유물이 아니다.

브루너는 지식의 최전선에서 새로운 지식을 만들어 내는 학자들이 하는 일과 초등학교 3학년 학생이 하는 일이 본질적으로 다르지 않다고 보았다. 그에 따르면 문제는 학습자의 발달 단계에 따라 교육 내용을 어떤 방식으로 표상할지에 있다(Bruner, 1960, 이홍우 역, 2010). 학자와 학습자가 지적 경험의 본질적 구조를 공유하는 것에 문제가 있는 것이 아니다. 문제는 국어사적 탐구 경험을 어떤 방식으로 표상해야 하는지에 있다.

이 글에서는 이러한 관점에서 우선 국어사적 사고의 문법교육적 위상을 검토한다. 그간 학자들의 국어사적 지식 구성 과정은 국어사 교육의 내용으로서 온전한 위상을 부여받지 못해 왔다. 이 글에서는 본격적 논의를 위한 전제로서 국어사 교육의 내용을 새롭게 유형화하고, 이를 통해 국어사 지식 생성에 관여하는 국어사적 사고의 교육적 위상을 정립한다.

그 다음으로는 국어사적 사고를 교재 층위에서 구현할 때 교육적 인식론에서 제안한 추리소설적 교재 집필 원리가 어떻게 활용될 수 있는지 이야기한다. 간접 전달을 핵심 기제로 하는 이와 같은 교재 집필 원리는 학습자를 국어사적 정보 수용자라는 수동적 위치에 머물게 하지 않고 국어사적 지식의 생성을 추체험(追體驗)하는 능동적 위치에 서게 할 것이다.

2. 국어사 교재를 추리소설적으로 집필할 수 있다고?

정보 이면의 판단, 양비론을 넘다

국어사적 사고에 대한 관심은 국어사 교육의 내용이 국어사 연구의 결과로 산출된 국어사적 정보만으로 환원될 수 없다는 인식에서 출발한다. 오크쇼트(Oakeshott)는 지식을 '정보'와 '판단'으로 구분했다(차미란, 2003:222). 그에 따르면 판단은 정보와 떨어져 있는 것이 아니라 정보의 이면에 논리적 가정으로 붙박여 있다.

우리는 여기서 두 가지 깨달음을 얻는다. 판단을 소거한 채 정보만 다룰 경우 학습자가 지식을 온전히 이해할 수 없다. '판단'을 또 하나의 '정보'로 환원하여 다루어서도 안 된다.

국어사 지식의 개략화와 상세화 논리가 양비론(兩非論)에 봉착하는 이유도 여기에서 찾을 수 있다. 국어사 지식을 간략히 제시하면 단편적 지식을 제공했다는 비판을 받고, 상세한 설명을 덧붙이면 위계를 고려하지 못하고 너무 어려운 내용을 제시했다는 비판을 받는다. 상세화가 개략화의 대안이 되지 못하는 이유는 정보 이면에 존재하는 사고에 주목하지 않고 정보 층위에서만 상세한 내용을 제시했기 때문이다. 설령 그 정보가 국어사적 현상에 관한 논리적 설명에 해당한다 할지라도 학습자가 경험하는 것은 '사고 그 자체'가 아니라 '정보로 환원된 사고'일 뿐이다.

국어사적 사고와 교재

이 글에서는 국어사 교육 내용을 '국어사 연구자들의 연구 결과 도출된 국어사적 사실'과 '국어사 연구자들의 연구 과정에 동원된 국어사적 사고'로 구분한 후, 각각이 교재에 어떻게 표상되는지에 따라 '정보 표상'과 '사고 표상'으로 하위분류한다.

표 8-1. 국어사 교육 내용의 유형과 교재 표상 방식

국어사 교육 내용의 유형	교재 표상 방식	교재 표상과 관련된 구체적 사항	
		교재 제시 내용 및 방법	학습자가 하게 되는 활동
국어사 연구자들의 연구 결과 도출된 국어사적 사실	정보	국어사 시기별 특징 나열	국어사 자료에서 국어사 각 시기별 특징 확인하기
		통시적 변천 과정 제시	국어사 자료를 통해 국어의 변천 확인하기
국어사 연구자들의 연구 과정에 동원된 국어사적 사고	정보	국어사 지식 도출의 논리 설명	국어사 지식 도출에 관한 설명문을 읽고 내용 정리 및 이해
	사고	국어사적 지식 도출 과정의 추리소설적 구성	국어사 연구자의 탐구 과정 추체험

'연구 결과 도출된 국어사적 사실'은 교재에 정보로서 표상된다. 고대 국어, 중세 국어, 근대 국어를 나누어 국어사의 각 시기별 특징을 제시하거나 언어 단위별 통시적 변천 과정을 제시하는 것 모두 국어사적 사실을 정보로 표상하는 방식에 해당한다. 국어사적 사실 그 자체는 지식의 유형과 표상 방식이 상치되는 경우가 없기 때문에 별다른 문제가 생기지 않는다. 문제가 되는 부분은 국어사 연구 과정에 동원된 국어사 연구자들의 사고를 교재에 표상하는 방식이다.

그간의 교재는 국어사 연구자들의 사고를 생략하거나 정보 유형으로 환원하여 표상하는 경향을 띠었다. 개략화를 근거로 생략이 이루어졌고, 상세화의 방법은 사고 과정을 정보 유형으로 환원한 설명문 제시로 한정되었다. 이러한 문제를 해결하기 위해서는 국어사 연구자들의 사고를 정보가 아니라 '사고'로서 교재에 표상하는 방안에 대한 고민이 필요하다.[더 알아보기 3]

국어사 연구자들의 사고를 정보가 아니라 '사고'로서 교재에 표상한다는 말은 학습자들이 국어사 연구자들의 사고를 추체험(追體驗)할 수 있도록 교재를 구성한다는 말로 바꾸어 표현할 수 있다. 이와 같은 바꿔 말하기가 가능하다면, 학습자들이 국어사 연구자들의 사고를 추체험할 수 있도록 촉진하는 교재 구성 원리가 무엇인지가 문제가 된다. 이 글에서는 제한된 자료로 국어사적 사실을 재구(再構)하는 국어사 연구자들의 사고가 교육적 인식론의 교재 구성 원리와 연결되는 지점이 존재한다고 보고, 국어사 교재 구성 원리 정립의 실마리를 교육적 인식론에서 찾고자 한다.

교육적 인식론의 추리소설적 교재 집필 원리

교육적 인식론은 교육본위론(장상호, 1997, 2000)의 관점에서 제안된 교육학 본위의 인식론으로 배움을 통한 자증(自證)과 가르침을 통한 타증(他證)을 핵심 기제로 삼는 인식론이다(엄태동, 1998). 이 글에서 국어사 교재 구성의 원리와 관련하여 주목하는 것은 교육적 인식론의 관점에서 제안된 추리소설적 집필 원리다. 엄태동(1998:427-43)에서 일반적인 교과서 집필 방식을 추리소설의 집필 방식과 비교하여 묘사한 대목을 살펴보자.

> 많은 사람들이 밤을 세워 가며 추리소설을 읽는다. 추리소설은 일단 첫 페이지를 읽기 시작하면, 마지막 페이지를 다 읽기 전까지는 독자를 놓아주지 않는다. … 그러나 독자의 흥미를 유발하면서 독자의 당사자적인 문제 해결을 겨냥한다는 취지를 공유함에도 불구하고, 교과서와 추리소설 사이에는 현실적으로 엄청난 차이가 있다. (중략) 교과서의 특정 단원의 내용은 그 단원이 학생들에게 전달하려는 아이디어를 학생들이 스스로 찾도록 돕는 단서로 구성되어 있다기보다는 단원 첫 부분에서 밝힌 핵심적 아이디어를 학생들이 받아들이도록 만드는 증거나 자료 등을 중심으로 구성된다. 교과서를 읽는 동안 학생들은 미리 정해진 답을 지지하는 논증에 접하게 될 뿐이며 … (엄태동, 1998:427-430)

학습자들이 국어사 연구자들의 사고를 추체험할 수 있도록 교재를 구성하는 방안을 모색하는 이 글의 관점에서 볼 때, 교육적 인식론에서 제안하는 추리소설적 집필 원리는 활용 가능한 하나의 방편이 된다. 여기서 중요한 것은 밝혀진 사실을 정보로서 수용한 후 이를 지지하는 증거를 접하는 방식이 아니라, 증거를 단서로서 제시하여 학습자들이 스스로 가설을 세우고 이를 좁혀가는 사고 과정을 경험할 수 있도록 해야 한다는 점이다.[1]

이러한 일이 어떻게 가능할까? 어떻게 학습자들이 스스로 가설을 세우도록 할 수 있을까? 가설은 어떻게 세우는 것인가, 아니 어떻게 떠올리는 것인가?

이 글에서는 '귀추(abduction)'에서 답을 찾고자 한다. 본질적으로 제한적 속성을 지닌 국어사 자료를 단서로 삼아 가설을 수립하는 사고는 귀추의 한 양상을 보여준다. 따라서 교재 집필 시 귀추적 사고의 특성을 고려해야 한다.[2]

---

1. 이 글의 주장이 교과서의 국어사 단원 전체가 추리소설과 동일한 방식으로 구성되어야 한다는 의미로 오해되어서는 안 된다. 이 글의 논의 대상은 국어사 지식의 여러 유형 중 '국어사 연구자들의 연구 과정에 동원된 국어사적 사고'에 한정된다.
2. '귀추'는 최근 국어교육에서도 중요한 사고 유형으로 주목받으며 다양한 연구들이 이루어지고 있다. 최신인 외(2014), 박성석(2017, 2018), 장성민(2018), 남지애(2018), 강지영(2019), 최소영(2019) 등 참조.

탐정이 추리를 하는 방법, 귀추

추리소설적 교재 집필 원리는 교육적 인식론의 관점에서 제안된 것이다. 하지만 추리소설에 담긴 탐정의 사고 과정은 이미 퍼스(Peirce)의 귀추법과 관련하여 기호학자들의 주요 관심사였다.

아래의 첫 번째 자료는 기호학자인 세벅(Sebeok, T.A.)과 세벅(Sebeok, J.U.)이 퍼스의 귀추법을 설명하면서 코난 도일의 추리소설에 자문 탐정으로 등장하는 셜록 홈스의 사례를 든 것을 재인용한 것이다. 두 번째 자료는 해로비츠(Harrowitz)가 퍼스의 하얀 콩 관련 논증을 보다 정교화하여 설명한 것이다.[3] 세 번째 자료는 이기문(2004)에서 움라우트를 활용하여 근대 국어에서 일어난 하향이중모음의 단모음화 시기를 추정하는 내용을 담은 것이다.

(ㄱ) 추리소설의 사례

홈스: 나는 관찰을 통해 자네가 오늘 아침 위그모어가의 우체국에 다녀왔다는 것을 알게 되었고….

왓슨: 맞네! … 그렇지만 자네가 어떻게 결론에 도달했는지 도저히 모르겠네….

홈스: 그거야 아주 간단하지 … 자네 구두 발등에 붉은 흙이 조금 묻어 있다는 건 관찰에 의해서 알 수 있어. 위그모어가의 우체국 바로 건너편에는 포장도로 공사 때문에 흙이 쌓여 있어서 거기를 지나갈 때면 붉은 흙을 밟게 되지. 더군다나 이 근처에 그런 붉은 흙이 있는 곳은 내가 아는 한 거기밖에 없으니까….

(코난 도일, 「네 사람의 서명」, Sebeok, T.A. & Sebeok, J.U.(1983)에서 재인용)

(ㄴ) 귀추법 사례

좀 더 정확성을 입증할 수 있는 귀추법 도식은 아래와 같다.

결과(관찰된 사실)   이 콩들은 하얗다.

귀추법적 과정은 여기서 시작된다………………………………………………………

법칙   이 주머니에서 나온 콩은 모두 하얗다.

∴귀추법의 결론   이 콩들은 이 주머니에서 나왔다.

위의 도식을 말로 풀어보면 다음과 같다. 당신이 어떤 사실을 관찰하게 된다(이 콩들은 하얗다). 그 사실을 설명하고 이해하기 위하여 당신은 마음속에 떠오르는 이론, 설명, 영감 등을 생각해 낸다. 귀추법은 결과와 법칙 사이에서 진행되며 희망적이고 만족스러운 가정

---

3. 두 글((ㄱ), (ㄴ)) 모두 에코와 세벅(Eco & Sebeok)(eds.)(1983, 김주환·한은경 역, 2015)에서 발췌한 것임을 밝혀 둔다.

을 결론으로 내놓는다. 퍼스는 이제 새로운 가정을 검증하는 일만이 남았다고 말한다. (Harrowitz, 1983)

(ㄷ) **국어 음운사 연구 사례**
뒤 음절의 i의 동화로 앞 음절의 a가 ɛ로, ə가 e로 변화한 이 현상은 대체로 18세기와 19세기의 교체기에 일어난 것으로 추정되는데, 이것은 이중모음의 단모음화로 ɛ와 e가 확립된 뒤에 일어날 수 있었던 것이다. 따라서 이중모음 'ㅐ', 'ㅔ'의 단모음화는 18세기 말엽에 일어난 것으로 결론할 수 있다. (이기문, 2004:211-212)

귀추란 무엇인가? (ㄴ)에서 설명하고 있는 바와 같이 귀추는 현 상태에서 단서로 제시된 현상을 가장 잘 설명할 수 있는 '가정', '가설'을 결론으로 도출하는 추론 방법이다. 연역과 귀납에 비해 불확실성은 더 크지만 새로운 지식을 생성하는 효과적인 사고법으로 알려져 있다.

퍼스가 제시했던 하얀 콩 논증을 조정한 해로비츠의 귀추 과정을 살펴보자. 자신이 보고 있는 콩이 하얗다고 해서 그것이 반드시 주머니에서 나왔다고 단정할 수는 없다. 하지만 드러난 사실과 알고 있는 사항을 종합적으로 고려할 때 '관찰된 콩들이 해당 주머니에서 나왔다는 가정'은 현 상황에서 가장 그럴듯한 결론이 된다. 물론 새로운 현상이 관찰되고 관찰된 현상으로 인하여 기존 가정이 더 이상 유지될 수 없다면 기존 가정은 폐기되거나 수정된다.

국어사에서 가설을 만드는 과정도 귀추다

(ㄱ)은 제한된 단서를 토대로 설득력 있는 가설을 만들어 가는 탐정의 사고가 귀추라는 기제에 의한 것임을 보여준다. 그렇다면 (ㄷ)에 제시된 하향이중모음의 단모음화 논증 역시 귀추적 사고라고 볼 수는 없을까? 제한된 국어사적 사실을 단서로 삼아 관찰된 현상을 최대한 정합적으로 설명할 수 있는 가설을 생성하고 있다는 점에서 귀추적 사고라 할 수 있다.[4]

위의 세 자료는 '귀추'를 매개로 모종의 관련을 맺고 있다. 이런 점에서 귀추가 국어사 교재의 집필 원리로 활용될 가능성이 있다. 이런 관점에 서면, 현재와 같이 본문에서 이미

---

4. 역사언어학적 연구에서 사용되는 '재구(再構)'가 귀추와 관련된다는 점은 그간의 연구에서도 논의된 바 있다. 예를 들어, 김성도(2000)에서는 소쉬르(Saussure)가 언어의 통시태 연구에 사용한 방법인 '재구'의 본질이 귀추법에 있음을 상세히 밝힌 바 있다.

설명된 국어사적 사실의 식별을 목적으로 학습 활동에서 국어사 자료를 제시하는 방식이 아니라, 귀추를 위한 단서로 활용될 수 있도록 국어사 자료를 제시하는 방식을 취하게 된다. 물론 자료를 바탕으로 어떻게 국어사적 가설을 수립해야 하는지에 관한 적절한 비계가 함께 제공되어야 한다.

학습자는 제시된 국어사 자료를 단서로 삼아 잠정적으로 복수의 가설을 수립한다. 국어사 연구에서 추가 자료가 발견됨에 따라 기존 학설이 강화되거나 더 이상 지지받지 못하는 것처럼, 활동 과정에서 추가적인 국어사 자료가 학습자에게 단서로 제공되면 학습자는 단서들을 종합하여 가설을 좁혀 가게 된다. 이러한 방식으로 교재를 구성함으로써 학습자들이 국어사 연구자들의 사고를 추체험할 수 있다.

3. 국어사 교재, 이런 방식도 가능하다

하향이중모음의 단모음화 시기 추정, 왜 어려운가

하향이중모음 'ㅐ'와 'ㅔ'는 단모음화되기 전과 후의 표기상 차이가 없어, 단모음화 시기를 추정하는 데 어려움이 크다. 하지만 그만큼 다양한 자료들을 창의적 방식으로 활용하여 가설을 세우고 이를 증명해 왔으며, 이로 인해 이와 같은 사고 과정이 갖는 문법교육적 함의도 풍부하다.

김경훤(2001:209)에 따르면 이중모음의 단모음화 시기 추정의 방법은 다음의 네 부류로 나눌 수 있다.

(1) 움라우트 현상
(2) 외국어 전사 자료
(3) 당시 어학자의 증언
(4) 표기상의 이형태   (김경훤, 2001:209)

'배게', '베게', '베개', '배개', 표기 혼란이 주는 정보

우선 표기상의 이형태 문제를 살펴보자. 국어사 자료를 보기 전에 지금, 우리들이 혼동하는 표기부터 보자.

(ㄹ) '배게', '베게', '베개', '배개' 이 중 어떤 것이 맞는지 좀 알려주세요. 헷갈려서 그래요.
 // ㅔ ㅐ 너무 헷갈려요. 방금도 '헷'인지 '햇'인지 몰라서 찾아봤구요. (네이버 지식in
 질문)[5]

과거 국어의 모습을 담은 국어사 자료와 달리 (ㄹ)은 학습자들이 모어 화자로서 가진 언어적 경험과 직관을 활용하여 충분히 탐구해 볼 수 있는 자료다. '베개'를 '베게', '배게', '배개'와 헷갈리는 모어 화자가 존재하는 현상을 단서로 삼아 학습자는 다음과 같이 몇 가지 가설을 세울 수 있다.

현대 국어 자료인 (ㄹ)을 대상으로 수립한 예상 가설
가설 1. 'ㅔ'와 'ㅐ'를 음성 차원에서 구분하여 발음하지 못하는 모어 화자가 존재한다.
가설 2. 'ㅔ'와 'ㅐ'를 음성 차원에서는 달리 발음하지만 음운 차원에서 'ㅔ'와 'ㅐ'를 변별적
 으로 인식하지 못하는 모어 화자가 존재한다.

국어사 자료가 제한적인 것처럼 학습자에게 제시된 자료인 (ㄹ) 역시 제한성을 갖기 때문에 어떤 가설이 옳은 것인지 (ㄹ)만으로 단정할 수는 없다. 여기서 중요한 것은 특정 가설의 채택이 아니라 제한된 자료를 단서로 가설을 수립하는 귀추적 사고이다.

어떤 가설들을 세울 수 있을까

이제 국어사 자료를 볼 준비가 되었다.

(ㅁ) 아질개양(노걸B1, B2 하 19B)(노걸D 하 20B), 아질게양(노걸A 하 21B) / 아질개물(兒
 馬)(역어 하 28B), 아질게물(노걸B1, B2 하 8A)(노걸A 하 8B) (정영인, 1994:130에서
 재인용) // 쓸게(同文上17), 쓸개(漢150b), 쓸기(倭語上18) / 번게(同文上2), 번개(十九
 1:5), 번기(齋諧物名 天文) (김경훤, 2001:214에서 재인용)

---

5. 각 자료의 출처는 다음과 같다.
 http://kin.naver.com/qna/detail.nhn?d1id=13&dirId=130101&docId=36724172&qb=67Cw6rKMIOuyoOqyjA==&en
 c=utf8&section=kin&rank=2&search_sort=0&spq=0&pid=TmhyjlpVuECsscuCSlwssssssgw-430041&sid=KyRbHb0zo
 /6gt3yjH/X0gQ%3D%3D
 http://kin.naver.com/qna/detail.nhn?d1id=11&dirId=110801&docId=275150339&qb=44WUIOOFkA==&enc=utf8&
 section=kin&rank=1&search_sort=0&spq=0

현대 국어 자료를 대상으로 이와 같은 사고 유형을 경험한 학습자라면 (ㅁ)을 단서로 다음과 같은 가설을 수립할 수 있다. 물론, 학습자들이 이와 같은 가설을 수립할 수 있도록 비계가 제공되어야 할 것이다.

근대 국어 자료인 (ㅁ)을 대상으로 수립한 예상 가설 ①
가설 1. 당대 'ㅔ'와 'ㅐ'가 음성 차원에서 유사하게 발음되는 현상이 나타났다.
가설 2. 당대 'ㅔ'와 'ㅐ'가 음성 차원에서는 달리 발음되었으나 음운 차원에서 'ㅔ'와 'ㅐ'를
변별적으로 인식하지 못하는 현상이 나타났다.

만일 학습자에게 'ㅔ', 'ㅐ'가 15세기에 현대와 같은 단모음이 아니라 이중모음이었다는 국어사적 정보를 추가로 제공하면 어떻게 될까? 학습자에 따라 여러 가지 가설을 세워볼 수 있겠으나, 학습자에게 제공된 정보에 한정하여 수립 가능한 가설을 다음과 같이 상정해 볼 수 있다.

근대 국어 자료인 (ㅁ)을 대상으로 수립한 예상 가설 ②
가설 1. 당시 'ㅔ', 'ㅐ'의 단모음화가 이루어졌다.
가설 1-1. 'ㅔ'와 'ㅐ'가 음성 차원에서 유사하게 발음되는 현상이 나타났다.
가설 1-2. 'ㅔ'와 'ㅐ'가 음성 차원에서는 달리 발음되었으나 음운 차원에서 'ㅔ'와 'ㅐ'를
변별적으로 인식하지 못하는 현상이 나타났다.
가설 2. 'ㅔ'와 'ㅐ'는 당시 이중모음이었고, 아직 단모음화되지 않았다.
가설 2-1. 'ㅔ'와 'ㅐ'가 음성적으로 잘 구분되지 않는 현상이 나타났다.
가설 2-2. 'ㅔ'와 'ㅐ'가 음성적으로는 구분되었지만 음운 차원에서 'ㅔ'와 'ㅐ'를 변별적으
로 인식하지 못하는 현상이 나타났다.

'ㅔ', 'ㅐ'가 본래 이중모음이었다는 정보가 주어지면, 'ㅔ', 'ㅐ'의 단모음화 여부가 기준으로 작용하여 기존 가설이 위와 같이 중층화된다. 가설 1과 가설 2는 각각 하위 가설인 '1-1, 1-2', '2-1, 2-2'와 상치되는 부분은 없는지 점검받게 된다.

현대 국어에 관한 언어적 직관을 가진 학습자라면 단모음화된 'ㅔ'와 'ㅐ'가 음성 혹은 음운 차원에서 변별적 가치를 잃을 수 있다는 점은 어렵지 않게 짐작할 수 있다. 그러나 가설 2와 같이 'ㅔ', 'ㅐ'가 단모음이 아니라 이중모음인 상황에서도 음성적 혹은 음운적으로 변별성을 잃는 상황이 발생할 수 있을지에 대해서는 언어적 직관으로 판단하기 어렵다.[더 알아보기 4] 따라서 학습자의 입장에서 '1-1, 1-2'는 충분히 가능성이 있는 가설이 되지만, '2-1, 2-2'는

판단하기 어려운 가설이 된다.

움라우트 현상은 가설 수립에 어떻게 작용할까

근대 국어 시기에 일어난 움라우트 현상을 이용하여 이중모음의 단모음화를 추정한 이기문(2004:211-212)의 귀추적 사고를 살펴보자.

> 이 단모음화가 일어난 증거로는 움라우트 현상을 들 수 있다. 움라우트의 예는 관성제군명성경언해에서 현저하게 나타나기 시작하였다. 예. 익기ᄂ(26, ⟨앗기- 惜⟩), 듸리고(27, ⟨ᄃ리- 煎⟩), 메긴(28, ⟨머기- 食⟩), 기듸려(30, ⟨기ᄃ리- 待⟩), 지픵이(33, ⟨지팡이 杖⟩), 싀기(33, ⟨삿기 羔⟩) 등. 뒤 음절의 i의 동화로 앞 음절의 a가 ɛ로, ə가 e로 변화한 이 현상은 대체로 18세기와 19세기의 교체기에 일어난 것으로 추정되는데, 이것은 이중모음의 단모음화로 ɛ와 e가 확립된 뒤에 일어날 수 있었던 것이다. 따라서 이중모음 'ㅐ', 'ㅔ'의 단모음화는 18세기 말엽에 일어난 것으로 결론할 수 있다. (이기문, 2004:211-212)

이 사례는 움라우트 현상이 이중모음의 단모음화를 전제한다는 점을 활용하여 'ㅐ', 'ㅔ'의 단모음화 시기에 관한 가설을 수립한다. 표면적으로 관련성 포착이 쉽지 않은 두 음운 변천 현상을 관련지었다는 점에서 놀라움을 준다.

움라우트라는 현상이 전설모음의 확립을 전제한다는 점과 '메긴'과 같이 'ㅔ' 표기가 움라우트의 결과로 사용되었다는 점을 종합하면 'ㅔ'가 전설모음에 해당하는 단모음으로 확립되었다는 가설을 세울 수 있다. 이와 관련하여 학습자가 세울 수 있는 가설을 다음과 같이 정리해 볼 수 있다.

움라우트 현상을 바탕으로 수립한 예상 가설
가설 1. 당대에 'ㅔ', 'ㅐ'의 단모음화가 음성적 차원과 음운적 차원에서 모두 확립되었다.
가설 2. 당대 움라우트 현상의 적용을 받은 단어의 경우 'ㅔ', 'ㅐ'는 음성적 차원에서 단모음이었으나, 음운적 차원에서는 단모음으로 인식되지 못하고 여전히 이중모음으로 인식되었다.

움라우트 현상이 'ㅔ', 'ㅐ'의 단모음화를 전제한다는 말이 음성적 차원의 단모음화에만 해당되는 것인지 음운 차원의 단모음화에까지 해당되는 것인지 구분하여 살필 필요가 있다. 이는 앞선 가설 수립에서 음성 차원의 문제와 음운 차원의 문제를 구분하여 살펴 왔던 것의 연장선상에 있다. 움라우트와 관련하여 설정한 가설 2는 신승용(1997:48)의 논의에서도 확인할 수 있다.

> 음성적 층위에서는 /ㅔ, ㅐ/의 전설 계열 단모음으로의 변화와 관계없이 변화 이전이나 이후나 마찬가지로 후행하는 /i, y/에 동화되어 전설의 [e], [ɛ]의 소리(sound)를 만들어 내는 전설성 동화였으며, 다만 음소 층위에서 인식의 결과가 상이했을 뿐이라는 것이다. (중략) 움라우트 규칙 적용 결과 도출된 /ㅔ, ㅐ/의 음가는 … 당연히 전설 계열의 [e]와 [ɛ]이다. 다만 그것은 아직까지 체계 내에 전설 계열의 단모음이 존재하지 않기 때문에 언중들의 의식 속에는 그와 가장 가깝게 여겨지는 이중모음 [əy], [ay]로 인식했을 것이다. 즉 실제 발음은 [e], [ɛ]임에도 불구하고 인식은 /əy/, /ay/로 하는 이중적인 상황이라고 하겠다.
>
> (신승용, 1997:48, 밑줄은 인용자)

음성적 실현과 음운 차원의 인식이 상치될 수 있다는 점은 국어 음운론 이해를 위해서도 매우 중요한 사실인데, 국어 음운사의 문제를 다루는 자리에서도 이 문제를 다시 확인할 수 있다. 위 논의와 같이 음성적 실현과 음운 차원의 인식이 상치될 수 있음을 고려하면 가설 2와 같은 추정도 가능하다.

외국어 전사 자료와 당대인의 증언

하향이중모음의 단모음화 현상에 관해 남은 증거는 외국어 전사 자료와 당대인의 증언이다. (ㅂ)은 〈동문유해(同文類解, 1748)〉에 나타난 외국어 전사 자료에 대한 허웅(1985)의 설명이고, (ㅅ)은 17세기 말에서 18세기 초에 살았던 남극관(南克寬)이 남긴 〈몽예집(夢藝集, 1713)〉의 일부로 국어 음운사의 관점에서는 특히 이중모음에 관한 언급이 주목을 받아 온 자료이다 (홍윤표, 1994; 정우택, 1995; 김경훤, 2001).

> (ㅂ) 1748년에 된 '동문유해'에는 '청어'의 소리를 우리 글자로 옮겼는데, 여기에서는 청어의 /aj/, /ej/ 따위를, 하나 예외 없이, 「ㅐ」, 「ㅔ」로 옮겨 놓았다. 만일 「ㅐ」, 「ㅔ」가 그 때 이미 /ɛ/, /e/였더라면, /aj, ej/는 응당 「아이」, 「어이」로써 나타낼 수 있었을 것인데, 그렇지 않고 「ㅐ」, 「ㅔ」로써 옮긴 것은 바로 /aj/=「ㅐ」, /ej/(əj)=「ㅔ」이었기 때문이었으리라 믿어진다. 몇 예를 들어 보이면: 大後日〈글픠〉 쟤쵸로(상:3)=jai coro, 翌日〈이튼날〉 쟤이넝기(상:5)=jai inenggi, 寒冷〈칩다〉 베퀀(상:5)=bei kuwen … (허웅, 1985:483)

(ㅅ)

我國物名終語必有伊字 如漢語兒字 高麗史云方言呼猫爲高
伊 今 猶然但聲稍疾 合爲一字

我國諺解字訓已多變殊 大曰키 小曰효근 龍曰미르 城曰재
今皆不用猶稱城內曰재안 犬曰가히 今稱개 與猫之稱괴同

- 남극관(南克寬), 〈몽예집(夢藝集)(1713)〉[6]

위의 (ㅂ), (ㅅ) 두 자료는 모두 해석에 신중을 기할 필요가 있다. 역관서의 외국어 전사법은 독특한 전통을 가지고 있어서(이기문, 1961:165) 표기가 당대 현실음을 그대로 반영하고 있다고 보기 어렵고, 당대인의 증언은 음운 차원과 표기 차원을 명확히 구분하지 못했을 가능성이 있기 때문이다(김경훤, 2001).

예를 들어, (ㅅ)에서 "但聲稍疾 合爲一字(단지 소리가 점점 빨라져 한 자가 되었다.)"의 '一字'를 단모음으로 간주할 수 있느냐가 문제가 되는데, 이에 대한 국어 음운사 연구자들의 시각은 대체로 회의적이다. "'一字'가 반드시 단모음을 지칭한다고 보기도 어려우며 또한 오히려 문자에 이끌린 면이 없다고 보기도 힘들"고, "특히 '괴'는 중세 국어 문헌에 항상 '괴'로만 표기되어 왔음에서 15세기 국어의 이중모음에 대한 인식이 17세기 말까지 변함이 없었다면 하향 이중모음들을 항상 '一字'라고 생각하는 것이 오히려 당연"(정우택, 1995:211)하다고 보기 때문이다.

국어 음운사 연구자의 관점에서는 이와 같은 추론에 따라 (ㅂ)과 (ㅅ)에 큰 의의를 부여하기 어려울 것이다. 하지만 교육적 인식론의 관점에서 음운사 교육을 다루는 이 글에서는 (ㅂ), (ㅅ)과 같은 단서를 대상으로 한 국어사적 사고 그 자체에 중요한 교육적 의의가 있다고 본다. 결과 차원에서 보면 (ㅂ)과 (ㅅ)은 하향이중모음의 단모음화 시기 추정에 근거로 활용되기 어려우나, (ㅂ)과 (ㅅ)을 토대로 복수의 가설을 세워보고 각 가설이 성립 가능한지를 따져보는 사고 활동이 가능하기 때문이다. 물론, 가설의 성립 여부에 대한 최종적 판단을 위해서는 수집한 단서를 종합적으로 고려해야 한다.

---

6. 원문 이미지는 한국고전번역원의 한국고전종합DB 사이트에서 인용한 것임.
(http://db.itkc.or.kr/inLink?DCI=ITKC_MO_0502A_A209_317L_IMG)

추리소설처럼 단서로 가설 좁히기

추리소설은 일단 첫 페이지를 읽기 시작하면, 마지막 페이지를 다 읽기 전까지는 독자를 놓아주지 않는다(엄태동, 1998:427). 그 이유로 여러 가지를 들 수 있겠으나, 후반부로 갈수록 파편적으로 수집했던 단서들이 연결되면서 다양했던 가설들이 점차 몇 개로 좁혀져 가는 데서 오는 재미를 빼놓을 수는 없을 것이다. 이러한 원리를 '단서 종합을 바탕으로 한 가설 좁히기'로 명명하고, 국어사 교재에 활용할 가능성을 찾아보자.

우선 이런 상황을 가정해 보자. 하향이중모음의 단모음화 추정의 증거로 검토했던 'ㅐ', 'ㅔ'의 혼기, 움라우트 현상, 외국어 전사 자료와 당대인의 증언을 학습자에게 제공한다. 학습자는 이러한 단서들을 종합적으로 고려하여 가설을 좁혀 간다.

학습자가 단서를 종합해 가는 과정(가상 사례)

[1] 움라우트만을 고려했을 때에는 대체로 18세기 말에 'ㅐ'와 'ㅔ'가 /ɛ/와 /e/로 단모음화 되었을 것이라고 추정할 수 있어. 하지만 18세기 말 이전에 이미 단모음화가 일어났을 수도 있지 않을까? 또, 18세기 말에 음성적으로는 단모음화가 되었어도 음운론적으로는 단모음화가 안 되었을 수도 있어.

[2] 그럼 움라우트뿐 아니라 'ㅐ'와 'ㅔ'의 혼기도 함께 고려해 보아야겠어. 17세기 후반 자료인 〈노걸대언해〉에서 '아질게ᄆᆞᆯ', '아질개야'과 같이 'ㅔ', 'ㅐ'가 혼기되었다는 점을 고려하면 'ㅐ', 'ㅔ'의 단모음화 시기를 조금 더 앞당겨야 되는 것 아닐까? 물론 17세기 혼기 사례가 상대적으로 적고, 'ㅐ', 'ㅔ'가 단모음화되지 않은 채 혼기되었을 수도 있긴 하지만 …

[3] 움라우트와 혼기 현상을 함께 고려한다면, 최소한 18세기 말에는 음성적으로뿐 아니라 음운론적으로도 'ㅐ', 'ㅔ'가 단모음화되었다고 가정하는 것이 좀 더 설득력 있는 것 아닐까? 즉, 17세기 후반의 혼기 사례는 음운론적 차원에서까지 'ㅐ', 'ㅔ'의 단모음화가 이루어진 것이 아닐 가능성이 있어도, 17세기 후반에 이런 혼기가 나타난다는 점과 앞서 언급한 움라우트 현상을 함께 고려했을 때 18세기 말에는 음운론적 차원에서도 'ㅐ', 'ㅔ'의 단모음화가 확립되었다고 가정할 수 있을 것 같아.

물론, 현실적으로 학습자에게 국어사에 관한 모든 정보를 제공할 수는 없기 때문에 학습자가 수행할 수 있는 단서 종합 활동은 제한적이다. 국어사 연구자가 국어사적 지식을 바탕으로 폐기할 수 있는 가설을 학습자는 배제하지 못할 수도 있다. 그러나 이러한 활동의 목적이 최대한 사실에 부합하는 국어사적 정보를 획득하는 데 있는 것이 아니라, 국어사 연구자의 사고를 추체험하는 데 있다는 점을 고려하면 이와 같은 제한점은 크게 문제되지 않는다.

오히려 문제가 되는 것은 학습자가 국어사적 단서를 종합적으로 고려하도록 유도하는 방법이다. 그간 교과서의 국어사 단원에서 국어사 자료는 국어사 정보의 확인에 주로 활용되었다. 하지만 이 글의 관점에서 국어사 자료는 귀추적 사고를 위한 '단서'로서의 위상을 지닌다. 특히, 단서 종합을 바탕으로 한 가설 좁히기 과정에서는 각 단서들이 상호 관련을 맺으며 학습자의 국어사적 판단에 활용된다.

이와 같은 사고를 촉진하기 위해서는 학습자로 하여금 각 자료를 바탕으로 복수의 가설을 수립하는 활동을 하도록 한 후, 각 자료 간의 상호 관련성에 주목하며 가설을 좁혀 보도록 하는 활동이 교재 차원에서 제시되어야 한다. 물론 이와 같은 활동은 상당히 난도가 높기 때문에 교재 차원에서 적절한 비계가 제공되어야 할 것이다.

후대인이 보면 현대 국어도 국어사 자료가 된다

교재 구성이 가능할까? 국어사 지식도 어려운데 가설 수립과 자료 종합, 가설 좁히기를 유도하는 교재는 어떻게 써야 하나? 아직도 넘어야 할 산이 많다.

아무리 좋은 이론이나 주장도 현실성이 있어야 한다. 학습자들의 실제 수행을 담보할 수 있도록 교재가 구성되지 않으면 소용이 없다. 학습자 수준에 맞게 교재가 구성되지 않으면, 학습자를 전문적인 국어사 연구자로 간주하여 교육 현장에서 실현될 수 없는 교재라는 비판에 직면한다.

그렇다면 어떻게 해야 할까? 이 글에서 제안하는 해결책은 '유사 사고 경험'의 제공이다. 본격적 활동에 앞서 국어사적 사고와 유사한 유형의 사고를 보다 쉬운 자료를 대상으로 미리 해 보도록 하는 것이다. 추리소설을 많이 읽어 본 독자는 추리소설에 빈번히 사용되는 추리적 사고에 익숙해진다. 그리하여 새로운 작품을 읽을 때에도 탐정의 추리를 잘 이해한다. 이를 국어사 교재에도 적용해 보는 것이다.

현대 국어의 자료를 국어사적 사고 연습에 활용하기 위해서는 현대 국어 자료에 관한 새로운 접근이 필요하다. 학습자들이 현대 국어 자료를 동시대인의 관점에서 보는 것이 아니라, 후대 사람의 관점에서 바라볼 수 있도록 한다. 현대 국어에 나타나는 'ㅔ'와 'ㅐ'의 혼기를 현대인의 관점에서 보는 것이 아니라 후대 사람의 관점에서 보아야 한다. 이러한 관점을 취하면 'ㅔ'와 'ㅐ'의 혼기가 나타난 21세기 텍스트를 현대 국어 자료가 아니라 과거의 문헌으로 간주할 수 있다.

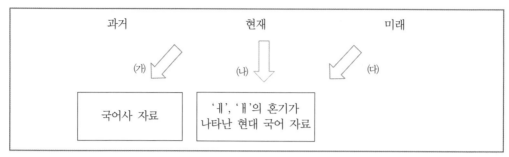

그림 8-1. '유사 사고 경험' 제공을 위한 현대 국어 자료의 국어사적 전위(轉位)

㉮는 현대인의 관점에서 과거의 국어 자료를 보는 전통적인 국어사적 시각을 나타낸다. ㉯는 현대인의 관점에서 현대 국어의 자료를 보는 관점이다. ㉰는 후대 사람의 관점에 섰다고 가정하고 현대 국어 자료를 보는 관점이다.

㉯와 달리 ㉰는 ㉮와 구조적 동형성을 갖는다. ㉮와 ㉰는 동시대인의 관점이 아닌 후대인의 관점에서 이전 시기의 국어 자료를 관찰하는 것이기 때문이다. 현대 국어 자료를 보는 관점을 ㉯에서 ㉰로 전환함으로써 현대 국어 자료를 국어사적 사고 연습에 활용할 수 있게 된다.

교재를 직접 만들다

교재론 연구의 목적은 교재 구성을 위한 중간 층위 이론을 규명하는 데 있지 실현태로서의 교재 그 자체를 제시하는 데 있는 것은 아니다(주세형, 2014). 하지만 난도가 높은 음운사를 소재로 국어사 연구자들의 사고 과정을 반영한 교재 구성 원리를 제안하는 이 글의 특성상 교재의 실제 모습을 부분적으로라도 제시하지 않으면 실현 가능성 측면에서 비판을 받을 가능성이 높다.

그래서 교재를 직접 만들어 본다. 물론, 여기서 제시하는 교재는 이 글에서 제안한 원리에 입각하여 구현될 수 있는 교재의 여러 양상 중 하나일 뿐이다.

▣ 대단원: 국어의 역사(대상: 고등학교 2~3학년)
  □ 소단원 (1)~(2) 옛말의 모습
  □ 소단원 (3) 옛말의 모습을 어떻게 알아낼까?

타임머신을 타고 과거로 돌아갈 수도 없는데, 옛말의 모습은 어떻게 알아내는 것일까? 특히 옛 사람들이 어떻게 발음했는지는 어떻게 추론해 내는 것일까? 본격적으로 이 문제를 살펴보기 전에 우리가 타임머신을 타고 미래로 이동했다고 가정해 보자. 미래로 이동하면서 현대 국어에 관한 기억은 사라졌다고 가정하자. 그리고 아래 자료를 살펴보자.

> '배게', '베게', '베개', '배개' 이 중 어떤 것이 맞는지 좀 알려주세요. 헷갈려서 그래요. // ㅔ ㅐ 너무 헷갈려요. 방금도 '헷'인지 '햇'인지 몰라서 찾아봤구요.[7]

　　위 자료는 21세기 인터넷에서 확인된 것으로 'ㅔ'와 'ㅐ'의 표기를 헷갈려 하는 양상을 보여준다. 이러한 현상을 통해 21세기의 'ㅔ'와 'ㅐ'의 발음에 관해 어떠한 가설을 세울 수 있을까? 당연히 그 당시 사람들이 'ㅔ'와 'ㅐ'의 발음을 헷갈려 했다는 가설을 세울 수 있을 것이다. 그럼 좀 더 나아가 보자. 두 모음의 발음을 사람들이 헷갈려 했다는 사실이 의미하는 바를 좀 더 구체적으로 적어 보자. 여러분이 미래에 음운사를 전공하는 학자였다면 이러한 가설들을 세워볼 수 있지 않을까?

> 가설 1. 21세기 사람들은 'ㅔ'와 'ㅐ'의 발음을 헷갈려 했다.
> 　　　　 → 이러한 가설은 다음과 같은 가설로 이어진다.
> 가설 2. 21세기에는 'ㅔ'와 'ㅐ'의 발음이 유사해졌다.
> 　　　　 → 'ㅔ'가 'ㅐ'로 합류되었을 수도 있고, 'ㅐ'가 'ㅔ'로 합류되었을 수도 있고, 'ㅔ'와 'ㅐ'가 제3의 발음으로 합류되었을 수도 있다.

　　여러분이 만약 '음성'과 달리 '음운'이 심리적 실체라는 점을 알고 있다면 좀 더 복잡한 가설을 세우는 것도 가능할 것이다.

> 가설 3. 21세기에 'ㅔ'와 'ㅐ'의 발음이 같아졌을 수도 있고 유사하지만 달랐을 수도 있다. 후자의 경우 많은 사람들이 'ㅔ'와 'ㅐ'를 음성적으로는 달리 발음하면서도 그 차이를 인식하지 못했을 것이다.

　　가설 3이 조금 복잡한가? 그렇더라도 겁낼 필요는 없다. 우리는 타임머신을 타고 오면서 21세기 국어에 대한 기억을 잃었다고 가정했지만 사실 우리는 그 누구보다 21세기 국어에 대해 잘 알고 있으니까. 잠시만 21세기 국어에 대한 우리의 기억을 회복했다고 가정해 보자. 가설 3은 그리 어려운 이야기가 아니다.

　　'애기'의 '애'와 '학교에'의 '에' 발음을 비교해 보자. 물론 21세기 상황이라고 가정해야 한다. '애기'의 '애'와 '학교에'의 '에'를 음성적으로 거의 동일하게 발음하는 사람도 있을 것이고, '애기'의 '애'를 발음할 때 '학교에'의 '에'를 발음할 때보다 입을 약간 더 크게 벌려 음성적으로 달리 발음하는 사람도 있을 것이다. 후자의 경우 음성적 차원에서 다른 발음이다. 그러나 이 경우에도 21세기 국어의 기억을 회복한 여러분 중 다수는 두 발음이 음성적으로 달리 발음되었다는 점을 잘 느끼지 못할 가능성이 높다. 미래의 음운사 연구자는 이를 두고, 'ㅐ'와 'ㅔ'가 음성적으로 유사해지는 경향이 나타났고, 'ㅐ'와 'ㅔ'가 음성적으로 다른 경우라도 대체로 그 차이를 명확히 인식하지 못하는 경향이 나타났다고 기술할 것이다.[더 알아보기 5]

이제 진짜 국어사 자료를 볼 준비가 된 것 같다. 미래에서 다시 현재로 돌아오자. 그리고 이제 진짜 과거의 자료를 보자. 물론 달라진 것은 없다. 미래로 갔던 우리에게 21세기 국어에 대한 기억이 없었던 것처럼 과거의 국어 자료를 보는 우리에게 그 시대 국어에 대한 기억이 없을 뿐이다.

쓸게(同文上17), 쓸개(漢150b)[8]

위 자료는 근대 국어 시기의 것이다. 'ㅐ'와 'ㅔ' 표기가 혼용되는 양상이 나타난다. 기시감(旣視感)이 들지 않는가? 자 그럼 어떤 가설을 세울 수 있을지 아래 빈칸에 적어 보자. 단, 한 가지 알고 있어야 할 것이 있다. 중세 국어 시기에 'ㅐ'와 'ㅔ'는 현대 국어와 달리 단모음이 아니라 이중모음이었다. 즉, 현대 국어에서 'ㅐ'와 'ㅔ'는 각각 /ɛ/와 /e/이지만, 중세 국어 시기에 'ㅐ'와 'ㅔ'는 각각 /ay/와 /ey/로 발음되었다.

〈내가 세워 본 가설들〉

1. _____

2. _____

〈이와 같은 가설들을 세운 이유〉

_____

_____

(하략)

이 예시는 몇 가지 상황을 가정했다. 고등학교 2학년 또는 3학년 학생을 대상으로 한 선택 과목 교과서이다. 국어의 역사를 다루는 대단원이 1개 배정되었고, 소단원 (1), (2)에서 국어사적 정보를 학습했다. 예시는 소단원 (3)이다. 소단원 (3)에서 국어사 연구자들의 사고를 다룬 것이다.

---

7. 해당 자료는 (ㄹ)을 다시 인용한 것임.
8. 해당 자료는 (ㅁ) 중 일부를 다시 인용한 것임.

이와 같이 소단원을 배치한 것은 '국어사 연구자들이 연구 과정에 동원한 사고'를 교재에서 다루려면 국어사에 관한 정보를 일정 부분 제공하는 단계가 선행되어야 한다고 생각해서이다. 물론, 앞서 언급한 대로 이 예시는 하나의 사례일 뿐이며, 이와 다른 다양한 방식의 교재 구성이 가능할 것이다.

4. 여덟 번째 이야기를 마무리하며

국어사 교재를 추리소설과 연결 지어 보았다. 설득력이 있었을까? 걱정되는 마음도 든다.

이기문 선생님의 글들을 읽으며, 국어사적 추론이 주는 재미에 흠뻑 빠졌던 기억이 떠오른다. 특히 이기문 선생님의 『국어 어휘사 연구』에는 흥미로운 사례가 많았다. 문헌 자료들을 단서로 어휘의 역사를 파헤치고 숨은 의미를 밝혀내는 과정이 매력적이었다. 그 내용들을 다 기억하지는 못하지만 몰입하며 읽었던 기억은 즐거움으로 남아 있다.

국어사 탐구가 주는 즐거움이 모두에게 같진 않을 것이다. 분명, 부담되고 어려운 측면도 있을 것이다. 그래서 여덟 번째 이야기가 비현실적으로 읽힐 수도 있겠다는 생각을 여전히 하게 된다. 아직도 많은 고민과 개선이 필요하다. 이 글은 그러한 노력을 위한 첫걸음으로 읽혔으면 한다.

더 알아보기

1. 국어사 교육에서의 자료 중심성

국어사 교육이 '자료 중심성'의 원리에 입각하여 이루어져 왔음을 보여주는 사례로, 2009 개정 국어과 교육과정의 '독서와 문법'에서 '국어의 변천'이 '국어 자료의 탐구'에 포함되어 있다는 점과 성취 기준 차원에서 '국어 자료 읽기'가 국어의 변천 탐구의 전제로 제시되었다는 점을 들 수 있다.

- 국어 자료의 탐구 -

(26) <u>국어 자료를 읽고</u> 국어의 변천을 탐구한다.
<u>국어의 역사적 자료를 통하여</u> 시대에 따른 국어 변천의 양상을 탐구하고 선인들의 삶을 이해하려면 국어에 대한 역사적 이해가 필요하다. (중략) 이때 사용되는 국어 자료는 역사적으로 교육적 가치가 있는 것으로 하며, 이를 통하여 우리의 말과 글에 대한 소중한 국어 의식을 고양할 수 있도록 한다.   (2009 개정 국어과 교육과정, 〈독서와 문법〉 / 밑줄은 인용자)

---

2. 개략화의 문제, 이미 해결된 것인가

국어 생활사의 도입과 자료 중심성 원리만으로도 개략화의 문제가 어느 정도 해결되는 것 아닌가 하는 의문이 제기될 수 있다. 국어 생활사의 도입으로 국어사 교육의 폭이 확대되었으나, 언어 단위별 국어사 지식의 교육 문제는 여전히 존재한다. 또한 '자료 중심성'은 그 자체로 매우 의미 있는 원리이지만, 교재 층위의 구체적 실현태를 살펴보면 학습 활동에 제시되는 국어사 자료들이 대체로 본문에서 설명되었던 국어사적 사실의 식별을 목적으로 활용되고 있어 문제가 된다. 이 글에서 제안하는 '교육적 인식론 관점의 국어사 교재 구성 원리'는 '자료 중심성'을 유지한다는 점에서는 기존 입장과 동일하지만, 국어사 자료를 활용하는 방식 차원에서는 현 실태와 구분된다.

3. 국어사적 사실의 맥락화

주세형(2005ㄱ)은 범시적 시각에서 국어의 공시태와 통시태를 통합적으로 바라볼 수 있도록 국어사 교육 내용을 설계해야 한다고 보았을 뿐 아니라, 국어의 통시적 변천 인식과 더불어 변천의 기제에 대한 학습자의 능동적 해석을 강조했다는 점에서 이 글에 시사하는 바가 크다. 이 글에서 제안한 국어사 연구자들의 연구 과정에 동원된 국어사적 사고는 "학습자가 국어사적 사실을 맥락적으로 구성하고 해석(주세형, 2005ㄱ:350)"하는 사고 중 지식의 발생적 맥락에 특히 주목한 것이라고 할 수 있다.

4. 가설 2가 성립되기 어려운 이유

가설 2가 성립하기 어렵다는 명시적인 판단은 전광현(1997:39-40)에서 확인할 수 있다. 물론 이러한 판단은 '어〉아', '아〉어'의 변화가 근대 국어 시기에 일어나지 않았다는 정보가 주어져야 가능하다.

"하향 이중 모음 '에, 애' 등이 단모음화했음은 18세기 후반에 간행된 문헌에서 흔히 발견할 수 있는

'쓸게~쓸개~쓸기', '번개~번게', '어제~어지', '오래~오리' 등의 예를 통해서 알 수 있다. 이들은 각각 '에~애~의', '애~에', '에~의', '애~의'의 혼동을 보인 예인데 이러한 혼동은 '에', '애'가 하향 이중 모음이 아니었던 데에서 비롯하는 것이다. 왜냐하면 '에', '애'가 [əj], [aj]의 하향 이중 모음이었다면 '에'와 '애' 의 혼동은 '어〉아' 또는 '아〉어'의 변화에 기인하는 것일 텐데 이러한 변화가 근대 국어 시기에 나타나 지 않았기 때문이다(전광현, 1997:39-40)."

5. 표준 발음법 영향 평가: 'ㅔ'와 'ㅐ'의 경우

표준 발음법 영향 평가의 일환으로 실시한 일반인 발음 실태 조사 결과에 따르면, "60대 이상에서는 'ㅔ'와 'ㅐ'를 비교적 구별하는 편이지만, 그 이하에서는 거의 구별하지 못하고(김성규 외, 2012:329)" 있는 것으로 나타났다. 예를 들어, '애국'의 'ㅐ'를 유효 응답자의 87.9%가 [E]로 발음하였고, 10.3%가 [ɛ]로 1.2%가 [e]로 발음하였다. '에누리'의 'ㅔ'는 유효 응답자의 87.7%가 [E]로 발음하였고 10.7%가 [e]로 1.6%가 [ɛ]로 발음하였다(김성규 외, 2012:220-221).

포스트휴먼 담론과 문법교육[*]

[조건 1] 인간의 언어를 사용할 수 있을 것
[조건 2] 인간의 언어를 인간적인 방식으로 사용할 수 있을 것
[조건 3] 인간과 같은 방식으로 인간의 언어를 학습할 것
[조건 4] 인간의 인지 모듈이 최종적인 판단 권한을 가지고 있을 것

(본문 중에서)

* 9장은 국어국문학회 학술지 〈국어국문학〉 194호(2021.3.)에 게재되었던 「포스트휴먼 담론과 미래 문법교육의 인식론적 쟁점」을 이 단행본의 체제에 맞게 일부 수정하여 실은 것임.

1. 포스트휴먼 시대, 누가 문법교육의 대상이 되는가

포스트휴먼 시대, 확정적 미래가 아님에도 고민하는 이유

포스트휴먼에 대한 이야기가 많이 들린다. 현생 인류인 호모 사피엔스를 넘어서는 종 차원의 변화가 있을 거라는 이야기다. 확정된 미래인가? 그러한 미래를 전제하고 이야기해야 할까?

그럴 필요는 없다고 본다. 인류의 선택에 따라 미래는 달라진다. 포스트휴먼 시대는 하나의 가설로 존재할 뿐이다. 그럼에도 불구하고 이 글에서는 포스트휴먼과 포스트휴먼 시대에 대해 이야기한다. 왜 그래야 할까?

역설적으로 들릴 수도 있지만 포스트휴먼 담론의 분석은 포스트휴먼 시대라는 가설의 실현 여부와 무관하게 문법교육적 의의를 지닌다. 가능한 경우는 두 가지이다. 하나는 포스트휴먼 시대가 도래하는 것이다. 이 경우 포스트휴먼 시대의 교육을 미리 검토하는 것은 미래 대비 차원에서 타당하다. 다른 하나는 포스트휴먼 시대가 도래하지 않는 것이다. 이럴 경우에도 포스트휴먼에 대한 문법교육적 검토는 유효하고 필요하다.

이유는 무엇일까? 이 글에서는 포스트휴먼 담론을 성찰함으로써 얻을 수 있는 통찰이 포스트휴먼이 이 세계에 등장하지 않은 상황에서[1] 인간을 대상으로 문법교육을 실시할 때에도 상당 부분 유효할 것이라고 답한다. 포스트휴먼 담론은 인식적 책임이라는 인식론적 문제를 고민하게 만드는데, 이 문제는 포스트휴먼 담론을 검토함으로써 주목하게 된 것임에도 불구하고 포스트휴먼이 없는 상황에서도 유효한 문제이기 때문이다.

인식적 책임 문제를 이야기하려면 몇 가지 전제가 필요하다. 본격적인 논의를 위해 우선 포스트휴먼 시대에 문법교육의 대상이 누구인지의 문제부터 이야기해 보자.

포스트휴먼 시대, 문법교육의 대상은 누구인가

문법교육의 대상이 누가 되어야 하는가? 이 물음은 포스트휴먼 담론을 검토하지 않았다면 그리 심각하게 제기되지 않았을 것이다. 포스트휴먼 시대는 하나의 가설이지만, 그러한 가설을 떠올려 보면 이 물음의 중요성과 심각성을 알게 된다. 포스트휴먼도 문법교육의 대

---

1. 물론 포스트휴먼을 정의하는 방식에 따라 포스트휴먼이 나타났는지에 대한 판단은 달라질 수 있다. 포스트휴먼을 규정하는 방식이 학자에 따라 다르기 때문이다.

상인가?

포스트휴먼에도 종류가 많고, 종류에 따라 성격이 다르기 때문에 일괄적으로 답하기 어렵다. 포스트휴먼은 모두 문법교육의 대상이 아닌가, 아니면 모두 대상인가? 그것도 아니면 어떤 포스트휴먼만 문법교육의 대상이 되는가?

문법교육의 정의에서 실마리 찾기

문법교육의 정의에서 시작해 보자. 문법교육은 문법을 가르치고 배우는 일을 뜻한다. 여기서 '문법'은 '언어'를 전제한다. 따라서 국어 문법교육은 국어 문법을 가르치고 배우는 일을 가리키며, '국어 문법'은 '국어'라는 언어를 전제한다.

그렇다면 국어 문법은 무엇인가? 문법은 "언어의 구성 및 운용상의 원리(구본관·신명선, 2011:263)"로 규정되므로, '국어 문법'은 '국어'라는 언어의 구성 및 운용의 원리로 규정할 수 있다. 그런데 '언어의 운용'이라는 말에서 간과하지 말아야 할 사실은 이때 '운용'이 '인간적인 방식의 운용'을 의미한다는 점이다.

용어의 개념은 규정하는 방식에 따라 달라지게 마련이지만, 일반적인 용법에서 '국어 문법'은 국어라는 언어를 인공지능이 운용하는 방식에 내재한 원리까지 포괄하는 개념은 아니다. 어디까지나 인간이 국어를 운용하는 방식에 내재한 원리로 개념이 한정된다.[2] 따라서 인공지능이 내부 신경망 탑재된 포스트휴먼의 경우, 인공지능이 한국어라는 자연어를 처리하는 기제는 '업로드(upload)'의 대상일 뿐 '교육'의 대상은 아니다.

장혜진 외(2019:271-272)에서 보스트롬(Bostrom, 2003)의 '향상(enhancemant)' 개념을 언급하며 '향상'과 '성장'은 '변화'라는 측면에서는 동일하지만 '향상'은 "기술과 도구에 의존"한다는 점에서 '성장'과 다르다고 지적한 것도 동일한 맥락에서 이해할 수 있다. '언어의 운용'에서 '운용'을 '인간적인 방식의 운용'으로 규정하지 않을 경우 문법 능력의 발전적 변화가 '언어적 성장'이 아니라 '업로드'에 의한 언어 처리 능력의 '향상'으로 이루어지는 경우를 배제하기 어렵게 된다.

교육은 학습자의 '성장'을 목표로 하므로, '언어적 성장'이 아닌 '업로드'에 의한 언어 처리

---

2. 단, '국어 문법'을 이와 같이 정의하는 것이 문법교육 내용 구성 시 인공지능의 자연어 처리 과정을 연계적, 융합적 교육 내용으로 다루는 것을 배제하는 것은 아니다. '국어 문법'의 개념 규정과 연계적, 융합적 교육 내용 구성은 별개의 문제이다.

능력의 '향상'은 교육으로 볼 수 없다. 이런 이유로 문법을 정의할 때 사용된 '언어 운용'이라는 개념이 '인간적인 방식의 운용'을 전제하는 것으로 본 것이다.

문법교육의 대상이 되기 위한 세 가지 조건

최근 이루어지고 있는 포스트휴먼 담론을 보면 어떤 포스트휴먼은 인간의 언어를 사용하지 않고도 인지 활동을 한다. 인간의 언어를 사용하지 않는 포스트휴먼이 등장한다면 그 포스트휴먼에게 인간 언어에 내재한 원리인 문법을 가르치는 일이 필요할까?

포스트휴먼 담론의 주요 대상이 포스트휴먼이기는 하지만, 최소한 문법교육에서는 "인간의 언어를 인간적인 방식으로 사용할 수 있고 학습할 수 있는 존재"로 교육의 대상을 한정하는 것이 필요하다. 문법교육이라는 말에서 문법은 인간의 언어에 한정되는 개념이고, 문법을 인간 언어에 내재한 원리라 할 때 그 원리는 인간적 방식을 전제하기 때문이다.

어떤 포스트휴먼이 인지 활동 시 인간의 언어를 전혀 사용할 수 없거나, 표면적으로는 인간의 언어를 사용하더라도 인간적 방식을 전혀 사용할 수 없고 인간적 방식으로 인간의 언어를 학습할 수 없다면 그러한 포스트휴먼은 문법교육과는 무관한 존재가 된다.

포스트휴먼 담론을 고려할 때 어떤 존재가 문법교육의 대상이 되는가? 다음의 세 조건을 모두 만족하는 존재만이 문법교육의 대상이 된다.

[조건 1] 인간의 언어를 사용할 수 있을 것
[조건 2] 인간의 언어를 인간적인 방식으로 사용할 수 있을 것
[조건 3] 인간과 같은 방식으로 인간의 언어를 학습할 것

이런 점에서 포스트휴먼 시대가 도래하든 도래하지 않든 '인간'은 문법교육의 대상이 된다. 포스트휴먼 시대를 가정한다면, 문법교육에서 고민해야 하는 일차적인 문제는 포스트휴먼 시대에 '인간'을 대상으로 한 문법교육이 어떤 방식으로 이루어져야 하는가가 될 것이다. 인간의 언어를 전혀 사용할 수 없거나, 표면적으로는 인간의 언어를 사용하더라도 인간적 방식을 전혀 사용할 수 없는, 또는 인간과 같은 방식으로 언어를 학습하지 않는 유형의 포스트휴먼은 문법교육 논의의 대상이 아니다.

포스트휴먼에도 여러 종류가 있다

포스트휴먼이라는 개념이 포괄하는 대상이 연구자에 따라 다르다. 특정 유형의 포스트휴먼이 문법교육의 대상에서 제외된다고 하여 모든 종류의 포스트휴먼이 문법교육의 대상에서 제외되는 것은 아니다.

[조건 1], [조건 2], [조건 3]은 인간의 언어를 인간적인 방식으로 사용하고 학습할 수 있는 능력이 있는지에 대한 것이지, 인간 언어가 아닌 다른 인지적 소통 방식을 추가적으로 갖는지 또는 인간 언어를 인간과는 다른 방식으로 다룰 수 있거나 학습할 수 있는지의 문제까지 제한하지는 않는다.

[조건 1], [조건 2], [조건 3]을 모두 충족하면서 동시에 인간의 언어가 아닌 다른 소통 방식을 추가적으로 갖거나 인간의 언어를 인간과는 다른 방식으로 사용할 수 있고 학습할 수 있는 존재도 문법교육의 대상으로 삼을 수 있다. 즉, 인간의 언어를 인간적인 방식으로 사용하고 학습할 수 있으면서, 또 다른 인지 및 소통 장치를 별도의 모듈로 가진 존재는 [조건 1], [조건 2], [조건 3]에 위배되지 않는다. 그렇다면 포스트휴먼 중 이러한 조건을 충족하는 존재가 있을까?

트랜스휴먼과 인공지능도 포스트휴먼인가

포스트휴먼은 현생 인류인 호모 사피엔스와 종 차원에서 구분되는 존재인데, 그 존재 양태의 범위는 연구자에 따라 다르다. 포스트휴먼의 범위 논의에서 트랜스휴먼 및 인공지능(AI)을 포스트휴먼에 포함되도록 처리할 것인지가 논란이 된다.

트랜스휴먼을 포스트휴먼과 구분할 경우 구분 기준이 불분명하다는 문제가 생기지만, 김건우(2016:32-25)와 같이 포스트휴먼을 트랜스휴먼도 포함하는 개념으로 볼 경우, 포스트휴먼이 현생 인류인 호모 사피엔스와 종 차원에서 구분되는지가 불분명해진다. 어떤 트랜스휴먼은 여전히 현생 인류인 호모 사피엔스로 분류할 수 있기 때문이다.

김건우(2016:35)는 '인공적 포스트휴먼'이라는 개념으로 인공지능까지도 포스트휴먼에 속하는 것으로 처리하고 있다. 인공지능에도 다양한 유형이 있기 때문에 일괄적으로 말하기 어렵다. 현존하는 인공지능은 현생 인류인 호모 사피엔스와 계통적으로 연결된다고 보기 어려우나, 전뇌 에뮬레이션을 통해 인간의 뇌를 전사한 자료를 활용하여 만들어진 인공지능은 포스트휴먼으로 볼 가능성도 있다. 극단적인 경우 프로그램 언어로 짜여진 정보의 집합과 같은 상태로 존재하는 포스트휴먼을 생각해 볼 수도 있다. 인공지능이 포스트휴먼인지 여부도 여전히 논쟁적이다.

포스트휴먼의 범위와 [조건 1], [조건 2], [조건 3]을 고려하면, 포스트휴먼 시대가 도래하든 도래하지 않든 문법교육의 주요 대상은 인간임을 다시 확인할 수 있다. 만일, 문법교육의 대상을 추가한다면 [조건 1], [조건 2], [조건 3]을 만족하면서 '기계적인 방식'[더 알아보기 1]의 인지 및 소통 능력이 추가된 유형의 포스트휴먼을 후보로 고려해 볼 수 있다. 이 경우에도 [조건 1], [조건 2], [조건 3]이 모두 충족되어야 하고 더하여 후반부에서 논의될 "인간의 인지 모듈이 최종적인 판단 권한을 가지고 있을 것"이라는 [조건 4]도 충족되어야 하기 때문에 문법교육의 대상이 되는 포스트휴먼의 범위는 매우 좁을 것이다.

2. 포스트휴먼 시대의 문법교육, 인식론적 문제에 부딪히다

내재주의 / 외재주의 논쟁의 재점화

문법 인식은 문법교육적 담론의 중심부에 있어 왔다. 문법 탐구, 언어 인식, 국어 인식은 모두 국어를 메타적으로 인식하는 활동이 문법교육의 중핵적 내용이 된다는 논의에서 출발한다.

포스트휴먼 담론은 현대 인식론의 주요 쟁점 중 하나인 인식론적 내재주의(internalism)와 외재주의(externalism) 논쟁을 재점화한다. 적어도 표면적으로는 지금껏 문법교육에서 문법 인식이 차지해 온 지위를 뒤흔드는 것처럼 보인다.

내재주의, 외재주의 논쟁은 초지능이나 인공지능 논의에서 주된 관심사로 인식되지 않는 경우도 있다. 예를 들어, 보스트롬은 초지능에 대해 논하면서 '내재주의/외재주의 논쟁'에 대해 그 어떤 입장도 취하지 않는다는 점을 밝히기도 하였다(Bostrom, 2014, 조성진 역, 2017:465). 하지만 이 글에서는 교육의 문제, 특히 인간의 언어를 교육의 소재로 삼는 문법교육의 경우 내재주의, 외재주의 논쟁이 포스트휴먼 시대 새로운 국면을 맞게 되면서 핵심적 논쟁으로 부각된다고 본다.

'인식적 책임'이 문제가 되는 이유

문법교육에서 강조하는 문법 인식은 논증적 성격을 지닌 사고이다. 문법 인식이 문법 탐구의 기반을 이루는 사고라는 데에서도 이를 확인할 수 있다. 포스트휴먼 시대가 도래하지 않았다는 전제하에 두 가지 상황을 가정해 보자.

> **상황 1.** 문법 수업 시간에 어떤 학습자가 인식 주체로서 논증적 사고를 전혀 하지 않고 아무런 인식적 역할 없이 운 좋게 문법 탐구 학습 활동의 답을 맞혔고(어떠한 외부의 기계 장치도 사용하지 않음), 그 답은 한 치의 오차도 없는 정답이었다.
> **상황 2.** 문법 수업 시간에 어떤 학습자가 인식 주체로서 어떠한 문법적 사고도 하지 않고, 자신의 노트북에 있는 인공지능 프로그램에 문제를 입력하여 답을 찾아내라는 명령만 하였고 그 결과 인공지능이 산출한 한 치의 오차도 없는 정답을 답으로 제출하였다.

포스트휴먼 시대가 도래하든 도래하지 않든 [상황 1]은 어떠한 경우에도 문법교육 차원에서 긍정적으로 평가될 수 없다. 이러한 판단이 지극히 당연함에도 굳이 언급하는 이유는 무엇인가? 이러한 판단이 무엇을 전제하고 있는지 확인하기 위해서이다.

[상황 1]이 부정적으로 평가되는 이유는 문법교육적 논의가 "학습자를 언어 인식의 주체로 세우는 것"을 전제한다는 데에서 찾을 수 있다.[3] 현재 인식론의 관점에서 보면, 이 문제는 인식론적 내재주의와 외재주의 논쟁에서 내재주의 인식론자들이 옹호하고 있는 '인식적 책임(epistemic responsibility)'이라는 개념과 맞닿아 있다.

인식적 책임이라는 개념은 '지식'을 '정당화된 참된 믿음(JTB: Justified True Belief)'으로 보는 표준적인 지식 이론(Steup, 1996, 한상기 역, 2008:24-25)에서 출발한다. 이러한 설명에 따르면 지식은 일종의 신념인데, 모든 신념이 지식이 되는 것은 아니고 '정당화' 과정을 거친 '참된' 신념만 지식이 된다.

내재주의를 옹호하는 인식론자들은 인식 주체가 인식적 책임을 다한 정당화만이 온전한 정당화가 된다고 주장한다. 한상기(2005:108-109)는 반주어(BonJour)와 치섬(Chisholm)의 말을 인용한 후, 인식적 책임은 의무로부터 도출되며 "책임을 발생시키는 의무 개념은 목적과 수단을 전제"한다고 설명한다.

그의 설명에 따르면 "인식적 목적은 옳은(true) 신념을 갖고 그른(false) 신념을 피하는 것"

---

3. 문법교육이 추구하는 인간상으로서 '언어적 주체'에 대한 연구는 신명선(2007, 2013) 참조.

인데 "인식적으로 책임을 다하는 사람은 인식적 목적을 달성할 정당한 수단까지도 채택해야"하므로 "어쩌다 운 좋게 옳은 신념을 갖는 사람은 그의 인식적 목적을 달성했는지는 몰라도 그의 책임을 다했다고 볼 수 없"으며 "인식적으로 책임을 다하는 사람은 그의 신념들에 대해 훌륭한 이유들을 갖는다"(한상기, 2005:109).

내재주의 인식론에서 이야기하는 '인식적 책임'의 관점에서 보면, [상황 1]의 학습자는 운 좋게 옳은 신념을 갖게 되었지만 옳은 신념을 갖는 데 어떠한 인식론적 역할도 하지 않았다. 옳은 신념 획득에 정당한 수단을 사용했다고 볼 수 없으므로 인식적 책임을 다했다고 볼 수 없다.

문법 수업에서 [상황 1]의 학습자가 결코 긍정적으로 평가될 수 없는 이유는 문법교육을 담당하고 있는 교사와 연구자 모두 인식 주체의 '인식적 책임'을 문법 학습의 중요한 요소로 생각하고 있다는 데 있다. 이 글 역시 포스트휴먼 시대의 도래 여부와 무관하게 인식 주체로서 학습자의 '인식적 책임'은 문법 인식의 핵심적 요소라고 본다.[4]

물론, 현대 인식론에서 내재주의와 외재주의는 논쟁 중인 관점이며, 내재주의에서 옹호하는 인식적 책임이라는 개념 역시 외재주의 인식론자로부터 비판을 받고 있다. 그러나 '인식적 책임'에 대한 외재주의의 비판은 인식적 책임에 호소하는 이론이 "적합한 진리 공헌적 근거와 올바른 방식으로 연결되지 않는다(Alston, 1989:95, 한상기, 2005:111에서 재인용)"라는 데 있다.

문법교육에서는 교육의 목적 자체가 언어 인식의 주체로 학습자를 성장시키는 데 있고, 인식적 책임은 문법 인식의 필요조건일 뿐이므로 현대 인식론의 외재주의 입장에서 제기된 비판은 문제가 되지 않는다. 인식적 책임이 진리 공헌적인지의 논쟁이 어떻게 결론지어지든 언어 인식의 주체를 길러내는 것을 교육의 목표로 삼는다면 인식적 책임은 필수적 요소가 되기 때문이다.

컴퓨터 프로그래밍 수업 시간이나 컴퓨터언어학 수업 시간이 아니고, 현재와 같은 문법 수업 시간이라면 [상황 2]도 [상황 1]과 크게 다르지 않다. 컴퓨터에 접속하여 인공지능이 이해할 수 있는 방식으로 문제를 입력하고 그 결과를 확인하여 선생님께 제출하는 데에 컴퓨터언어학적 인지 활동이 이루어지기는 하지만, 문법적 문제 해결에 학습자가 인식 주체가 되어 인식적 책임을 다했다고 보기는 어렵다.

---

4. 교육적 문제를 다루고 있지는 않으나 인간 합리성을 근거로 내재주의를 지지하고 외재주의의 한계를 지적하는 논의로 홍병선(2007)을 참고할 수 있다.

따라서 학습자가 이 문제에 대해 스스로 논증적 사고를 하여 문법적 문제를 해결할 것을 요구하는 문법 수업 시간이라면, [상황 2]의 학습자는 긍정적으로 평가되기 어렵다. 노트북 컴퓨터에서 작동하는 인공지능 프로그램의 작업 처리 과정을 학습자의 문법 인식 활동으로 간주할 수는 없기 때문이다.

포스트휴먼이 문법 문제를 푸는 방법과 [조건 4] 추가

포스트휴먼 시대가 도래하여 신체 외부에 존재하던 기계적 장치가 신체 내부로 들어와 인간의 뇌와 신경망으로 직접 연결되었다고 가정하면 전혀 새로운 국면이 전개된다. 인간 언어를 매개하지 않고 인간의 뇌와 신경망으로 연결된 내장된 기계 장치가 작동하는 것은 '인식적 책임'의 관점에서 어떻게 설명해야 할까? [상황 2]를 [상황 2-1]로 바꾸어 이 문제에 대해 좀 더 살펴보자.

> 상황 2-1. 포스트휴먼 시대의 문법 수업 시간에 어떤 학습자가 인식 주체로서 [조건 1], [조건 2], [조건 3]에 바탕을 둔 논증적 사고를 하지 않고, 자신의 뇌와 신경망으로 연결되어 내장된 인공지능 장치만을 사용하여 한 치의 오차도 없는 정답을 산출하여 답으로 제출하 였다.

[상황 2-1]의 학습자가 [조건 1], [조건 2], [조건 3]을 모두 충족시키는 유형의 포스트휴먼이라고 가정하자. 이러한 학습자는 '인간의 언어를 인간적인 방식으로 학습하고 인간의 언어를 인간적 방식으로 사용하는 모듈'과 '내장된 인공지능을 활용하여 인간과는 다른 방식으로 정보를 처리하는 모듈'을 모두 갖추고 있을 것이다. 물론, 이 경우 '두 모듈에서 산출된 정보를 최종적으로 판단하고 선택하는 또 다른 인지 모듈'이 요구되는데, 이 글에서는 '인간의 인지 모듈이 최종적인 판단 권한을 가지고 있어야 하고 동시에 그러한 경우만'이 문법교육의 대상이 된다고 본다. 이는 문법교육의 대상이 지녀야 할 조건 세 가지에 추가되는 조건이므로 [조건 4]라고 할 수 있다.

[조건 4]가 없다면 인간의 언어를 인간적인 방식으로 학습하고 사용하는 모듈이 다른 모듈에 비해 부수적인 위상으로 활용되는 경우를 배제할 수 없게 된다. 보다 근본적인 차원에서 [조건 4]의 위배는 포스트휴먼 연구에서 막아야 할 사태이다. 이 글에서는 이러한 점을 고려하여 인간의 인지 모듈이 최종적인 판단 권한을 가진 경우만 문법교육 논의가 가능하다

고 보고, [조건 4]를 추가한다.

[상황 2-1]의 학습자는 인식적 책임이라는 내재주의 인식론의 요구를 충족했는가? 이 물음에 대한 답은 '인간의 뇌와 신경망으로 연결된 내장된 장치의 작동'이 내재적인 것인지 아니면 외재적인 것인지에 따라 달라질 것이다. 인식론적 차원에서 보면 이 문제에 대해 어떤 입장을 취하는지 자체가 어려운 문제가 될 것이며, 어떤 입장을 취할지만 정해지면 [상황 2-1]의 학습자가 인식적 책임을 다했는지는 그에 따라 결정될 것이다.

그러나 문법교육의 입장에서 보면 설령 인식론적으로 [상황 2-1]의 학습자가 인식적 책임을 다했다고 보아야 한다는 결론이 도출될지라도 [상황 2-1] 학습자의 문법 인식이 교육적 측면에서 만족스럽지 않다. 이 문제는 문법 인식의 문법교육적 목표가 무엇인가라는 보다 근본적인 물음으로 이어진다. 이 물음은 포스트휴먼이라는 담론 속에서 제기된 것이지만, 포스트휴먼 시대가 도래하든 도래하지 않든 '인간학'이라는 보다 큰 틀 속에서 문법교육학이 고민해 볼 가치를 지니고 있다.

성취 수준만으로는 부족하다

포스트휴먼 시대가 도래하든 도래하지 않든 문법 교사나 문법교육 연구자들이 [상황 2-1]을 교육적으로 만족스럽지 않다고 생각할 것이라는 예상이 맞다면, 그러한 사실이 시사하는 바는 무엇일까?

[상황 2-1]에서 학습자가 내장된 인지 모듈을 사용하여 한 치의 오류도 없는 정답에 도달했음에도 불구하고 이러한 사태가 교육적으로 만족스럽지 않았다는 것은 우리가 교육에서 정답 그 자체뿐 아니라 답을 찾아가는 논증적 사고를 중요하게 생각하고 있음을 방증한다. 포스트휴먼 담론을 고려할 때 중요한 것은 이러한 사고가 인간의 언어를 인간적 방식으로 사용하는 가운데 이루어져야 한다는 점이다.

정답 자체보다 답을 찾아가는 사고가 중요하다는 지적은 포스트휴먼 담론이 제기되기 전에도 이미 교육학에서 지속적으로 논의되어 왔기 때문에 너무 당연한 이야기의 반복이라고 생각할지 모른다. 그러나 이 문제는 포스트휴먼 담론을 고려했을 경우와 그렇지 않았을 경우 너무 다른 양상을 띠기 때문에, 상식적 이야기의 반복으로 간주되어서는 안 된다.

인간의 언어를 인간적인 방식으로 사용하는 모듈만 존재하는 학습자를 대상으로 할 경우 교육과정에 '성취 기준'만을 제시해도 큰 문제가 없었다. 운 좋게 아무런 인지적 노력 없이 그러한 성취 기준에 달성하는 경우가 생길 가능성이 없지는 않지만, 반복적 시행에서 아무런 인지적 노력 없이 운만으로 교육과정의 성취 기준을 달성했음을 보이기는 어렵기 때문이다. 교육과정에서 성취 기준을 제시하는 것만으로도 그러한 성취 기준에 도달하기 위해 필요한 '특정한 사고 과정'을 학습자에게 요구할 수 있었다.

그러나 포스트휴먼을 고려하면 이야기는 달라진다. [상황 2-1]의 학습자는 인간의 언어를 인간적인 방식으로 사용하는 인지 모듈을 사용하지 않고도 자신의 뇌와 신경망으로 연결되어 내장된 인공지능 장치를 사용하여 반복적 시행에서도 성취 기준에 도달했음을 보였다.

포스트휴먼 시대가 도래하면, 문법교육에서 '~할 수 있다'라는 표현으로 인지적 목표를 진술해 놓은 교육과정의 성취 기준들은 [상황 2-1]과 같은 학습자들로 인해 한계를 드러내게 된다. [상황 2-1]과 같은 학습자들은 인간의 언어를 인간적인 방식으로 사용하지 않고도 뇌와 신경망으로 연결된 내장된 기계적 장치를 사용하여 성취 기준에 도달했음을 보일 수 있기 때문이다.

이처럼 뇌와 신경망으로 연결된 기계 장치만을 이용하여 특정한 목표를 굉장한 효율과 정확도로 달성하는 사태가 생길 경우, 현재와 같은 성취 기준 기술은 만족스러운 교육적 결과를 가져오기 어렵다. 포스트휴먼 시대가 되면, 교육과정 성취 기준을 만들 때 [조건 1], [조건 2], [조건 3], [조건 4]를 모두 고려해야 한다. 학습자가 인식적 책임을 갖고 문제를 해결하는 과정에서 '인간의 언어를 인간적 방식으로 사용하는 인지 모듈'을 반드시 사용해야 함을 적시해야 한다.

과정 신빙론 옹호자들의 반론

위와 같은 논리는 결과와 효율을 최우선으로 생각하는 사람들에 의해 다음과 같은 반론에 직면할 수 있다.

> 예상 반론
> 자신의 뇌와 신경망으로 연결되어 내장된 인공지능을 사용하여 보다 높은 확률로 정답을 맞힐 수 있다면, 굳이 그것을 사용하지 않고 인간의 언어를 인간적 방식으로 사용하는 인지 모듈을 사용하도록 강제할 이유가 있는가?

외재주의 관점인 과정 신빙론(process reliabilism)을 옹호하는 인식론자라면 위의 예상 반론

을 다음과 같은 방식으로 표현할 것이다.[5]

예상 반론(신빙론을 옹호하는 인식론자의 경우)
학습자가 운용할 수 있는 두 가지 인지 모듈 중 뇌와 신경망으로 연결되어 내장된 인공지
능이 인간의 언어를 인간적인 방식으로 사용하는 인지 모듈보다 참인 믿음을 산출하는 비
율이 상대적으로 높아 신빙성이 높다면, 이를 통해 산출된 지식은 정당화된다. 그렇다면
이와 같이 정당화된 지식을 산출하는 과정을 제한할 이유가 있는가?

이 물음에 답하는 일은 미래 문법교육이 나아가야 할 길과 관련되었다는 점에서 매우 중
요하며, 미래 담론이 지닌 속성으로 인해 그 어떤 답을 제시하든 논쟁의 대상이 될 것이다.
이 글에서는 문법교육학이 앞으로 인간학의 주요 교과 중 하나로 자리잡아야 한다는 입장에
서 이러한 물음에 답할 것이다.

이러한 입장은 포스트휴먼 담론 속에서도 여전히 인간의 언어적 사유를 긍정한다. 문법
교육적 관점에서는 문법 인식에 대한 교육이 '문법에 대한 인식'에 그치지 말고 '인간의 문법
인식 방식에 대한 메타적 인식'으로 나아가야 함을 의미한다. 이러한 입장은 포스트휴먼
시대의 교육이 "학습에 있어서 인간 주체성의 역할을 축소(박휴용, 2019ㄱ:61)"한다는 입장과
는 다른 관점에 선 것이며[더 알아보기 2], '옳은 결과 도출'이나 '신빙성 있는 방식'을 교육 내용
선정의 최우선적 기준으로 삼는 [예상 반론]에 담긴 관점과도 전혀 다른 교육적 관점을 전
제한다.

3. 포스트휴먼 시대 문법교육이 나아가야 할 방향

인간학으로서의 문법교육학

포스트휴먼 시대가 가까워질수록 문법 인식에 대한 성취 수준 차원의 접근이 지니는 한
계가 더 많이 드러날 것이다. 즉, "문법 인식을 일정 수준 이상으로 잘 할 수 있다."와 같은
성취 기준은 [상황 2-1]과 같이 인간 뇌와 신경망으로 연결된 내장된 기계 장치에 의해 달성
될 수 있기 때문이다.

---

5. 골드만(Goldman)이 주장한 '과정 신빙론'의 자연주의 인식론적 성격, 외재주의 인식론적 성격에 대해서는 한상
기(2009), 선우환(2013) 참조.

문법교육은 '인간의 언어적 사유 방식'에 보다 큰 관심을 갖는 방향으로 이루어져야 한다. 문법교육학은 인간학의 핵심 분과 중 하나로서의 위상을 지니는 방향으로 재정립되어야 한다. 문법교육학은 인간의 언어 작동 기제에 대한 관심을 포함하면서 동시에 교육이라는 관점에서 이러한 방식의 전수와 발전을 함께 추구하기 때문이다.

사례를 하나 검토해 보자. 다음은 '언어와 매체' 교과서의 일부이다.

3. 다음 활동을 하며 시간 표현을 이해해 보자.
   (2) 다음 문장들에서 시간 표현을 찾아 밑줄을 그어 보고, 미래에 일어날 상황을 서로 다른 시간 표현을 사용하여 나타낸 까닭을 설명해 보자.
   · 내일 교생 선생님이 오신다.
   · 내일 아무래도 체육 수업은 안 하겠다.   (최형용 외, 2019:88)

위 학습 활동은 "[12언매02-06] 문법 요소들의 개념과 표현 효과를 탐구하고 실제 국어생활에 활용한다(교육부, 2015:111)."라는 성취 기준을 바탕으로 만들어졌다. 교과서 본문에 아래 내용이 이미 제시되어 있다는 점을 고려하면 크게 어려운 문제는 아니다.

교과서 본문 내용 중 일부

"미래 상황을 나타낼 때에는 '-겠-'과 '-(으)ㄹ 것이-'가 많이 쓰인다. '-겠-'과 '-(으)ㄹ 것이-'는 '추측'의 의미를 표현하기도 하고, 화자의 '의지'를 표현하기도 한다. 화자가 추측과 의지를 표현하는 상황은 보통 미래의 상황이므로 '-겠-'과 '-(으)ㄹ 것이-'는 주로 미래를 표현한다고 할 수 있다. '나 내년에 인천으로 이사 간다.'와 같이 미래의 상황에 현재를 나타내는 시간 표현 '-ㄴ-/-는'을 사용하면 이미 계획되고 정해진 사실임을 강조하는 표현 효과가 있다. (최형용 외, 2019:81)"

인간적 사유와 포스트휴먼 시대 예상되는 또 다른 인지 방식을 비교하기 위해 교과서 본문의 내용은 없다고 가정해 보자. 이러한 가정하에서라면 특히, 보통 현재를 나타내는 '-ㄴ-/-는'을 사용하여 미래의 상황을 표현하는 이유를 설명하기 쉽지 않다. 국어학적 탐구 과정에서 드러나듯, 그리고 문법 탐구 경험을 연구하기 위해 국어학적 탐구 방식을 분석한 문법교육학의 연구(남가영, 2008)에서 드러나듯, 이러한 문제를 해결하기 위해서는 그간 국어학적 탐구를 위해 고안된 논증 방식을 활용해야 한다.

우선, 시제 요소를 추출하기 위해 계열 관계, 결합 관계를 따져봐야 한다. '-ㄴ-/-는'이 미래 상황에서도 쓰이는 이유를 찾기 위해 '-ㄴ-/-는'이 이러한 방식으로 사용된 다른 예문도 수집해서 비교해야 한다. 예문을 비교하는 과정에서 귀추의 방식으로 가설을 생성해 볼 수도 있고, 반례를 들어가며 더 그럴듯한 가정에 가까이 다가갈 수도 있다.

기계적 처리와 인간적 사유, 결과는 같아도 논증 과정은 다르다

포스트휴먼 시대가 되면, 이러한 '인간적' 사유 방식을 통하지 않고서도 답을 찾는다. 포스트휴먼 시대를 고려하지 않더라도 인공지능의 발달로 교과서의 문법 학습 활동이 인간적 사유 방식을 경유하지 않고 해결되는 시점은 그리 멀지 않다고 판단된다.

박진호(2018)에서는 딥러닝을 이용하여 인공지능이 빈칸에 '도리어', '오히려', '차라리' 중 적절한 것을 선택하여 넣는 과제를 수행하게 하고, 그러한 과제 수행 시 어떠한 점이 단서로 활용되었는지를 분석하였다. 한국어 문법 인식에서 '판단'과 '판단 근거 제시'가 인간과는 다른 사유 방식을 통해 수행될 가능성이 이미 확인되었고 그에 대한 연구도 활발히 이루어지고 있다.

최근 국어학에서도 활발히 연구되고 있는 벡터 의미론(최재웅, 2018; 박진호, 2020)을 활용하는 방법도 생각해 볼 수 있다. '-ㄴ-/-는-'의 여러 의미를 각기 다른 벡터로 표상한다. 어떤 '-ㄴ-/-는-'은 미래 사태를 나타내는 데 사용되며 그럴 경우 "이미 계획되고 정해진 사실임을 강조하는 표현 효과(최형용 외, 2019:81)"가 있다는 결론을 인공지능이 도출하게 될 수도 있을 것이다.[더 알아보기 3]

도출된 결론은 동일할 수 있다. 하지만 결론을 도출하는 방법이 다르다. 결과는 같아도 논증 과정은 다르다. 인간 바둑 고수와 인공지능 바둑 프로그램이 특정한 국면에서 선택한 수가 동일해도, 선택에 이르는 과정은 다르다.

결과가 맞다면 중요한 것은 결과 그 자체가 아니라 결과가 도출된 과정이다. 인간 교육을 위해서는 인간이 사용한 논증 과정에 주목해야 한다. 인간의 논증 과정이 메타적 인식의 대상이 된다. 논증하는 것 자체가 아니라 인간의 논증 과정을 메타적 인식 대상으로 삼아 분석하는 것이 교육의 중요한 과제가 된다.

자연과학으로 환원되지 않는 문제들

포스트휴먼이라는 가설적 개념을 굳이 도입하는 이유는 무엇인가? 포스트휴먼을 고려하지 않고 인공지능만의 문제를 생각했을 경우 인식적 책임의 문제가 크게 부각되지 않는다. 노트북에 탑재된 인공지능에 전적으로 의존하여 미래 상황을 나타내는 데 사용된 '-ㄴ-/-는'의 세부 기능을 학습 활동의 답으로 제출한 학습자는 인식적 책임이라는 관점에서 부정적으로 평가받는다.

하지만 포스트휴먼이라는 개념까지 고려하면 문제는 달라진다. [상황 2-1]과 같이 인간 뇌와 신경망으로 연결된 내장된 기계 장치를 사용한 경우, 인식적 책임의 문제가 모호해진다. 학습자가 자신에게 내장된 인지 모듈을 사용했기 때문에 인식적 책임을 다하지 않았다고 보기도 쉽지 않다.

[상황 2-1]의 학습자가 자신의 뇌와 신경망으로 연결된 내장된 기계 장치를 사용하여 학습 활동을 아주 짧은 시간에 해결했다고 하자. 이 학습자는 기계 장치가 산출한 결과를 그대로 수용하여 과제로 제출하는 것 외에는 인간적 인식 방식을 사용하여 어떠한 인지적 활동도 하지 않았다고 가정하자. 이러한 방식으로 "[12언매02-06] 문법 요소들의 개념과 표현 효과를 탐구하고 실제 국어생활에 활용한다.(교육부, 2015:111)"라는 성취 기준에 해당하는 모든 교육적 활동을 했다고 가정하자. 이 학습자를 과연 문법교육적으로 바람직하다고 할 수 있을까?

포스트휴먼 담론을 고려할 때, 앞으로의 문법교육이 인간의 언어적 사유 방식에 보다 큰 관심을 갖는 방향으로 이루어져야 한다는 이 글의 주장은 이러한 맥락에서 탄생했다. 이런 상황에서 문법 탐구 과제의 답을 얼마나 정확히 산출하는지의 문제나 효율성의 문제는 인간 교육이 담당해야 하는 범위를 넘어선다. 인간의 뇌에 신경망으로 연결되어 내장된 것이든 그렇지 않든 기계적 인지 모듈은 자연과학의 문제로 환원되기 때문이다.

문법교육이 [조건 1], [조건 2], [조건 3], [조건 4]를 전제하는 가운데 이루어진다면 문법교육에서는 문법 인식이나 문법 탐구의 산출물보다는 '문법을 인식하는 인간의 인식 방식'에 주목하는 것이 필요하다. 포스트휴먼 시대를 가정할 때 [상황 2-1]에서 산출된 결과는 내장된 기계적 장치에 대한 자연과학적 접근에 의해 그 수준이 결정되기 때문이다.

학습자는 이미 짧은 시간에 주어진 학습 활동에 대한 답을 도출할 수 있는 내장된 인지 모듈을 가진 상태에서 문법교육에 임하게 된다. 이런 상황에서 정답 도출이나 효율성이라는 기준으로 교육 활동을 설계하는 것은 타당하지 않다. 오히려 중요한 것은 인간에 대한 이해이며, 문법교육 차원에서 보면 인간이 어떤 방식으로 언어를 사용하고 학습하며 발전시켜

가는지에 대한 이해이다. 이러한 문제들은 자연어로 소통되는 한 자연과학으로 환원되지 않는다.

'메타-문법하기'란 무엇인가

'문법을 인식하는 인간의 인식 방식'은 인식 방식을 인식의 대상으로 삼았다는 점에서 '대단히' 메타적 성격을 지닌다. 남가영(2008)에서 확인할 수 있듯이 문법교육학의 연구 자체와 매우 유사한 성격을 지닌다.

문법교육학의 연구 대상은 문법교육 현상이므로, 현재는 문법교육학의 연구 과정 자체가 학습자들이 학습해야 하는 문법교육 내용으로 바로 치환되는 것은 아니다. 문법교육학자들의 연구 결과를 바탕으로 교육과정의 수립과 교육 내용의 선정, 조직 등이 이루어진다.

포스트휴먼 담론을 고려하면, 현재 문법교육학의 연구는 그 자체로 중요한 문법교육 내용이 된다. 인간이 어떠한 방식으로 문법을 인식하는지, 그리고 인간의 문법적 인식은 어떻게 전수되고 발전될 수 있는지는 현재 문법교육학자들의 연구 주제다. 하지만 포스트휴먼 시대에는 학습자들도 학습해야 하는 중요한 문법교육 내용이 될 것이다.

이런 점에서 포스트휴먼 시대 문법교육학은 인간학적 성격을 띤다. 언어가 인간을 규정하는 핵심적 요소임을 고려할 때 인간학의 주요 분과적 성격을 띠게 될 것이다. '인간학으로서의 문법교육학', '인간의 문법 인식 방식에 대한 인식'은 문법교육학에서 제안된 '문법하기(grammaring)(남가영, 2008:50; 제민경, 2015)', '문법하는 인간(제민경, 2015:82)'이라는 개념에 기반한 것이며, 이 글은 이러한 개념을 긍정하면서 동시에 이에 대한 또 한 번의 메타적 인식을 감행한 것으로 이해할 수 있다.

'문법하기를 수행하는 인간의 사유 방식을 인식하는 활동'은 문법하기 자체라기보다는 문법하기에 대한 메타적 활동이므로 이 글에서는 이를 문법하기와 구분하여 '메타-문법하기(meta-grammaring)'라는 새로운 용어로 명명한다.[더 알아보기 4]

'문법학자처럼 사고하기'와 '문법교육학자처럼 사고하기'

제민경(2019:3)에서는 '문법하기'를 "문법학자처럼 사고하는 것"으로 규정하였다. 이 글에서는 미래 문법교육의 경우 학습자들이 "문법학자처럼 사고하는 것"과 더불어 '문법교육학자처럼 사고하는 것'이 필요하다고 본다. 그렇다면 '문법하기'와 '메타-문법하기'의 차이, 즉 "문법학자처럼 사고하는 것"과 '문법교육학자처럼 사고하는 것'의 차이는 무엇인가? 이 물음에 답하기 위해 문법 탐구 경험의 교육 내용을 마련하기 위한 방법 중 하나로 국어학자의 국어 인식 과정을 분석한 남가영(2008)을 참고해 볼 수 있다.

남가영(2008:62-63)은 고영근(2004)을 "양태성을 담당하는 굴절 형태인 서법 형태소를 변별해 내고 이를 통해 서법 범주를 체계화하고자 하는 연구"로 규정하고 이를 분석하여 "대치 가능한 언어 형태 목록화하고 그 의미 기능 기술하기"와 "언어 단위 인식하여 결합 요소로 나누기"를 문법 탐구 경험의 요소로 도출하였다. 여기서 고영근(2004)에 나타난 국어 인식 활동은 문법학자의 사고를 보여 주므로 '문법하기'라고 할 수 있다.

그렇다면 고영근(2004)를 분석하고 이를 통해 "언어를 자율적 구조체로 다루어 보는 경험(남가영(2008:61)"이라는 범주를 제안하고 문법학자의 인식 과정을 메타적으로 인식한 문법교육학자의 사고는 무엇이라고 명명할 수 있을까?

고영근(2004)에 담긴 것은 국어학자의 사고이고, 이를 바탕으로 "언어를 자율적 구조체로 다루어 보는(남가영, 2008:61)" 방식으로 학습자들이 사고해 본다면 이는 '국어학자처럼 사고하기'에 해당한다. 마찬가지로 고영근(2004)에 담긴 국어학자의 인식을 분석한 남가영(2008)에는 문법교육학자의 사고가 담겨 있고, 학습자들이 이와 같이 '국어학적 사고 과정을 분석하는 문법교육학자의 사고'를 추체험한다면 이를 '문법교육학자처럼 사고하기'로 명명할 수 있을 것이다.

계열 관계와 통합 관계를 따져보는 것이 문법하기의 여러 양상 중 하나라면, 언어에 대한 메타적 인식에 해당하는 문법하기를 다시 메타적으로 관찰하여 인식 방식을 유형화한 문법교육학자의 인식 과정은 '메타-문법하기'의 한 양상이다.

현재 메타-문법하기, 문법교육학자처럼 사고하기는 문법교육 내용을 구성하기 위한 이론적 기반으로 작용하지만 학습자들이 직접적으로 수행하는 교육 내용 그 자체는 아니다. 현 상황에서 문법교육학자처럼 사고하기는 문법교육학자가 되기 위해 문법교육을 전공하는 대학원 과정의 학생에게 제공되는 교육 내용이다.

하지만 이 글은 미래 문법교육에서는 문법교육학자처럼 사고하기도 중등 학습자들을 위한 교육 내용 그 자체가 되어야 한다는 입장을 취한다. 문법 인식을 넘어 문법을 인식하는 인간의 인식 방식을 탐구해 보는 데에까지 이를 수 있기 때문이다.

4. 마지막 이야기를 마무리하며

이 글은 미래 문법교육을 위해 포스트휴먼 담론을 검토했지만 인간교육의 관점을 견지하였다.[6] 이러한 인간교육의 관점을 비판적 포스트휴먼 담론(e.g. Braidotii, 2013, 이경란 역, 2015)에서 비판하는 '근대적 계몽주의에 기초한 인간중심주의'와 동일시하는 것은 적절하지 않다. 비판적 포스트휴먼 담론에서 비판하는 인간중심주의는 특정한 역사적 맥락에서 구성된 개념으로 모든 휴머니즘을 포괄하지 않는다. 이 글에서 인간교육은 근대 계몽주의적 인간중심주의가 아니라 포스트휴먼 시대와 같은 가설적 개념을 고려한 가운데 인간 존재의 위상을 규정하고 있다는 점에서 기존의 인간중심주의와는 구분된다.

이러한 관점은 최근 교육학에서 포스트휴먼 담론을 어떻게 수용해야 할지를 논의한 정윤경(2020)에서도 부분적으로 확인된다. 정윤경(2020:188)은 "포스트휴먼 조건이 인간중심적 휴머니즘에 대한 성찰을 요청하지만, 여전히 변화된 조건에서 인간의 역할은 중요할 것"임을 지적한다. 그리고 "인간중심주의를 비판하면서 다시 인간의 역할을 묻는 것은 인간의 관점이 비인간 생명 형태에 대한 정치적이고 윤리적인 의사결정과 환경적 관여에 필수적(정윤경, 2020:196)"이라고 말한다.

미래의 문법교육이 인간학적 성격을 띤다는 주장을 하였다. 문법을 잘 사용하고 잘 배우는 것도 중요하지만, 인간이 문법을 어떻게 사용하고 어떻게 배우는지를 이해하는 것도 중요하다. 인간에 대한 이해가 중요하다. 아홉 번째 이야기는 줄곧 이런 주장을 반복한 셈이다.

'문법 인식'이라는 말 앞에 '인간의'를 덧붙여, '인간의 문법 인식'이라고 적어 본다. 같은 뜻으로 보는 사람도 있겠지만, 포스트휴먼 담론을 검토하고 난 지금 둘의 차이가 작지 않게 느껴진다.

언어에 따라 자동사의 주어와 타동사의 주어를 달리 처리한다는 점을 언급했던 일곱 번째 이야기도 떠오른다. 주격-대격 언어만 검토했다면 깨닫지 못했을 점이다. 능격-절대격 언어도 검토해 보니 자동사의 주어와 타동사의 주어를 구분하고, 자동사의 주어와 목적어를 한 범주로 보는 인식도 가능함을 깨달았다.

내부에 있을 땐 내가 속한 곳의 모습을 온전히 조망하기 어렵다. 포스트휴먼 논의가 활발

---

6. 포스트휴먼 시대 인간 교육을 논의한 선행 연구로 장혜진 외(2019), 윤여탁(2020)을 참고할 수 있다.

해지고 인공지능의 발달이 가속화될수록 오히려 그와 대비되는 인간 고유의 언어적 기제가 잘 드러난다. "인간의 문법 인식이 이러했구나!"라는 통찰을 미래의 문법교육이 줄 수 있기 기대한다.

더 알아보기

1. 전뇌 에뮬레이션의 경우

'전뇌 에뮬레이션(whole brain emulation)(Bostrom, 2014, 조성진 역, 2017:66-75)'에 의해 인간의 뇌를 모방하여 만들어진 전산 프로그램이 다른 사람의 뇌에 신경망으로 연결된 경우 '기계적 방식'의 인지 및 소통 능력이 추가된 것인지가 불분명해진다. 본문에서는 기계적 방식이든 전뇌 에뮬레이션에 의한 방식이든 [조건 1], [조건 2], [조건 3]을 만족시키는 가운데 새로운 인지 및 소통 모듈이 추가된 상황을 가정하고 논의하였다.

2. 포스트휴먼 시대 학습 주체성

포스트휴먼 시대 '학습 주체성'의 문제는 박휴용(2019ㄴ)에서도 논의된 바 있는데, '학습 주체성'은 매우 논쟁적인 주제로 '인간의 언어를 인간적 방식으로 사용하고 학습하는 존재'라는 전제에서 시작하는 문법교육에서 특히 깊이 있게 다루어야 한다. 본문에서 [조건 3], [조건 4]를 설정한 것과 '언어 인식의 주체'로서 인간 학습자의 '인식적 책임'을 강조한 것은 포스트휴먼 시대에도 여전히 인간의 학습 주체성을 중요하게 보는 입장이 반영된 것이다.

3. 회의론과 설명 가능한 인공지능

미래의 상황을 나타내는 데 사용된 '-ㄴ-/-는-'의 세부 기능을 설명하는 일은 단순히 특정한 언어 형식을 찾는 작업이 아니다. 특정 문법 형태의 기능을 설명하는 작업이고 나아가 그와 같이 판단한 이유까지 설명해야 완전한 설명이 된다는 점에서 인공지능이 하기 어렵다는 회의론이 있을 수 있다. 그러나 최근 주목받고 있는 '설명 가능한 인공지능(XAI: Explainable Artificial Intelligence)'(Gunning, 2017)에 대한 연구가 충분히 진전될 경우 판단 이유를 포함한 설명을 인공지능이 제공할 가능성은 여전히 존재한다.

4. 메타-문법하기와 '국어인식 활동에 대한 태도'

메타-문법하기는 국어 인식 활동에 대한 메타적 인식이라는 점에서 김은성(2006)에서 논의한 '국어인식 활동에 대한 태도'와도 관련된다. '국어인식 활동에 대한 태도'는 국어인식을 메타적으로 바라보는 관점을 전제했다는 점에서 본문에서 제안한 메타-문법하기와 공통분모를 갖지만, 정의적 영역의 개념이라는 점에서 메타-문법하기와 구분된다. 즉, 국어인식 활동에 대한 태도는 "국어인식 활동을 즐겨 하고, 이 활동의 가치를 인정하며, 이 활동에 대하여 긍정적인 호감을 표시하는 태도(김은성, 2006:137)"와 같이 정의적 영역의 개념으로 규정되는데, 메타-문법하기는 국어 인식 활동을 대상으로 삼는 인식 행위라는 점에서 인지적 영역에 속한다. 물론, 메타-문법하기의 결과 교육적으로 바람직한 특정한 태도가 형성될 수 있을 것이다.

참고문헌

강명구(2000), 정치뉴스에 나타난 한국 정치권력구조의 네트워크 분석 - '동시출현빈도'의 타당도 검증, 언론정보연구 37, 서울대학교 언론정보연구소, 93-130.

강범모(1999), 한국어의 텍스트 장르와 언어 특성, 고려대학교 출판부.

강지영(2019), 귀추적 관점의 국어사 탐구 교육 연구, 서울대학교 석사학위논문.

고영근(2004), 한국어의 시제 서법 동작상, 태학사.

고영근 편(2010), 우리말 문법에 대한 궁금증 115가지, 박이정.

고영근·구본관(2008), 우리말 문법론, 집문당.

곽기영(2014), 소셜네트워크분석, 청람.

교육과학기술부(2011), 교과서 편수자료(Ⅱ)-인문·사회과학/체육·음악·미술 편.

교육과학기술부(2012), 국어과 교육과정(교육과학기술부 고시 제2012-14호).

교육부(1992), 고등학교 교육과정.

교육부(1997), 7차 교육과정(교육부 고시 제1997-15호).

교육부(1997), 중학교 교육과정 해설(Ⅱ) -국어·도덕·사회(교육부 고시 제1997-15호).

교육부(2015), 국어과 교육과정(교육부 고시 제2015-74호 [별책 5]).

교육인자원부(2007), 국어과 교육과정(교육인자원부 고시 제2007-79호).

구본관(2002), 형태론의 연구사, 한국어학 16, 한국어학회, 1-48.

구본관(2009), 국어생활사 교육 내용, 문법 교육 10, 한국문법교육학회, 1-48.

구본관·박재연·이선웅·이진호·황선엽(2015), 한국어 문법 총론Ⅰ, 집문당.

구본관·신명선(2011), 원리 중심의 문법 교육에 대한 연구, 국어교육연구 27, 서울대 국어교육연구소, 261-297.

권재술·김범기(1993), 과학 오개념 편람, 한국교원대학교 물리교육연구실.

김건우(2016), 포스트휴먼의 개념적, 규범학적 의의, 29-66, 한국포스트휴먼연구소·한국포스트휴먼학회 편저, 포스트휴먼 시대의 휴먼, 아카넷.

김경훤(2001), 단모음화 시기 추정에 관한 몇 가지 제안, 새국어교육 6(1), 한국국어교육학회, 205-221.

김광해(1996), 국어 발전의 양상, 선청어문 24(1), 서울대학교 국어교육과, 123-146.

김광해·권재일·임지룡·김무림·임칠성(1999), 국어지식탐구, 박이정.

김기현(2003), 현대 인식론, 민음사.

김대행(2002), 내용론을 위하여, 국어교육연구 10, 서울대학교 국어교육연구소, 7-37.

김상욱 외(2010), 중학교 국어 2-1, 창비.

김성규 외(2012), 표준 발음법 영향 평가, 국립국어원.

김성도(2000), 소쉬르 방법론의 가추법적 본질, 불어불문학연구 41(1), 한국불어불문학회, 305-326.

김성희·이종원(2012), 전문가와 초보자의 지형카드 분류 차이에 대한 연구, 한국지리환경교육학회지 20(1), 한국지리환경교육학회, 63-78.

김억조(2014), 종속접속문과 부사절을 안은문장의 의미 차이 교육의 필요성 연구, 교육과정평가연구 17(3), 한국교육과정평가원, 23-44.

김영민·홍성희·김재권(2013), 은유적 과학 용어들에 대한 고등학생들의 인식 및 이해도 조사, 한국과학
    교육학회지 33(4), 718-734.

김유범(2009), 국어생활사 교육의 방법과 교재, 문법 교육 10, 한국문법교육학회, 49-64.

김은성(2006), 국어 문법 교육의 태도 교육 내용 연구, 서울대학교 박사학위논문.

김은성(2007), 국어 어문생활사 기술을 위한 시론 - 자료 수집 및 분류 체계화 방안을 중심으로, 국어교육
    연구 19, 서울대학교 국어교육연구소, 437-468.

김은성(2008), 국어 문법교육에서 "텍스트" 처리의 문제, 국어교육학연구 33, 국어교육학회, 333-365.

김은성(2009), 문법 교수·학습 방법 구체화를 위한 수업 의사소통 양상 연구 -교사의 문법적 지식
    설명하기를 중심으로, 국어교육학연구 36, 국어교육학회, 287-317.

김은성(2012), 문법교육 내용의 표상체로서의 담화: 문법교육 내용화 방안의 변화 모색을 위한 시론,
    문법교육 16, 한국문법교육학회, 83-110.

김은성(2013), 비판적 언어인식과 국어교육, 국어교육학연구 46, 국어교육학회, 139-181.

김은성·남가영·김호정·박재현(2007), 국어 문법 학습자의 음운에 대한 앎의 양상 연구, 언어과학연구
    42, 언어과학회, 1-25.

김인식·김중복(2014), 학생들의 이해력 향상을 위한 물리용어 개정방안 -중학교 과학교과를 중심으로,
    현장과학교육 8(1), 한국현장과학교육학회, 19-33.

김종도(1995), 타동성에 관한 문법이론의 견해들, 어문집 13, 수원대학교, 39-55.

김종도(1996), 인지 문법의 타동성 모형, 어문집 14, 수원대학교, 15-34.

김지현(2000), 비고츠키의 지식점유과정과 언어매개기능에 관한 교육학적 고찰, 서울대학교 박사학위논문.

김형민(2016), 프라그 언어학파의 유표성이론, 독일어문학 72, 한국독일어문학회, 27-58.

김호정·박재현·김은성·남가영(2007), 문법 용어를 통한 문법 지식 체계 구조화 연구(Ⅰ): 음운, 국어교육
    학연구 28, 국어교육학회, 275-300.

김호정·김은성·남가영·박재현(2009), 국어과 오개념 연구 방향 탐색, 새국어교육 83, 한국국어교육학회,
    211-238.

남가영(2006), 국어 인식활동의 경험적 속성, 국어교육학연구 27, 국어교육학회, 337-374.

남가영(2007), 문법교육의 '지식의 구조' 체계화 방향, 국어교육 123, 한국어교육학회, 341-374.

남가영(2008), 문법 탐구 경험의 교육 내용 연구, 서울대학교 박사학위논문.

남가영(2009), 문법 지식의 응용화 방향 : 신문텍스트에 나타난 '-(다)는 것이다' 구문의 의미기능을
    중심으로, 형태론 11(2), 313-334.

남가영(2011ㄱ), 초등학교 문법 문식성 연구의 과제와 방향, 한국초등국어교육 46, 한국초등국어교육학
    회, 99-132.

남가영(2011ㄴ), 문법교육용 텍스트의 개념 및 범주, 국어교육 136, 한국어교육학회, 139-173.

남가영(2012), 문법교육과 교과서, 한국어학 57, 한국어학회, 1-34.

남가영(2013), 학습자 오개념 형성 요인으로서의 교과서: 중학교 국어 교과서 '단어형성법' 단원을 중심으
    로, 우리말글 57, 우리말글학회, 109-137.

남가영·김호정·박재현·김은성(2007), 문법 용어를 통한 문법 지식 체계 구조화 연구(Ⅱ): 형태, 우리말연
    구 21, 우리말학회, 177-209.

남기심(2001), 현대 국어 통사론, 태학사.

남기심·고영근(1985), 표준 국어 문법론, 탑출판사.

남기심·고영근(2004), 개정판 표준국어문법론, 탑출판사.

남길임(2006), 텍스트 장르에 따른 문장 확대 양상 연구 - 학술 개론서와 학술 강의 텍스트를 중심으로, 텍스트언어학 21, 한국텍스트언어학회, 179-206.

남미영 외(2010), 중학교 생활국어 2-1, 교학사.

남지애(2018), 문법 탐구 공동체의 학습 경험에 관한 연구, 서울대학교 박사학위논문.

노철현(2008), 칸트 선험철학의 교육인식론적 해석, 서울대학교 박사학위논문.

노형진·유자양(2016), 다변량분석 이론과 실제, 지필미디어.

두임림(2014), 중세 한국어의 정보구조: 조사 '-이', '는', '-으란', '-사'를 중심으로, 서울대학교 박사학위논문.

류남혁(2000), 현대국어 문장의 정보구조 연구, 서울대학교 석사학위논문.

문선모(2007), 학습이론: 교육적 적용, 양서원.

민현식(1994), 형태론의 주요 개념과 문법 교육, 선청어문 22, 서울대학교 국어교육과, 111-132.

민현식(1999), 국어 문법 연구, 역락.

민현식(2003), 국어문화사의 내용 체계화에 대한 연구, 국어교육 110, 한국어교육학회, 201-267.

민현식(2008), 국어학의 성과와 미래 국어교육에의 적용, 국어교육 126, 한국어교육학회, 185-220

박성석(2017), 대화에서의 귀추적 사고와 대화 성찰의 필요성, 한국화법학회 제35회 전국학술대회 자료집, 한국화법학회.

박성석(2018), 대화 성찰 태도 향상을 위한 교육 내용 연구, 서울대학교 박사학위논문.

박영목 외(2011), 독서와 문법Ⅰ, 천재교육.

박영목 외(2013), 독서와 문법, 천재교육.

박은진(2004), 철학 텍스트들의 내용 분석에 의거한 디지털 지식 자원 구축을 위한 기초적 연구 -쿤, 『과학혁명의 구조』, 철학사상 별책 3(24), 서울대학교 철학사상연구소.

박인규(2013), 형용사 개념 학습을 위한 사례 선정 방안 연구, 서울대학교 석사학위논문.

박종미·강민이(2016), 고등학교 학습자의 문법 오개념 조사 연구 -음운을 중심으로, 새국어교육 108, 한국국어교육학회, 59-88.

박종훈(2008), 텍스트의 기능적 분석과 그 국어교육적 의미-동성(transitivity)을 중심으로-, 국어교육학연구 33, 국어교육학회, 427-448.

박진호(1994), 통사적 결합관계와 논항구조, 서울대학교 석사학위논문.

박진호(2015), 보조사의 역사적 연구, 국어학 73, 국어학회, 375-435.

박진호(2018), 딥러닝을 이용한 유사표현 연구 방법론: '오히려', '도리어', '차라리'의 사례, 한국문법교육학회 발표논문집, 한국문법교육학회, 1-17.

박진호(2020), 통사 정보를 반영한 벡터 의미론을 향하여, 한국어의미학회, 중앙대학교 인문콘텐츠연구소 온라인 공동학술대회 자료집, 중앙대학교 인문콘텐츠연구소.

박진희(2020), 국어 인용 표현의 해석적 사용 교육 연구, 서울대학교 박사학위논문.

박철우(2003), 한국어 정보구조에서의 화제와 초점, 역락.

박철우(2015), 보조사의 기능과 정보구조, 국어학 73, 국어학회, 269-307.

박형우(2009), 국어생활사 교육의 평가 방법에 대한 시고, 문법 교육 10, 한국문법교육학회, 145-173.

박혜진(2019), 표현론적 관점의 단어 형성 교육 연구, 서울대학교 박사학위논문.

박휴용(2019ㄱ), 포스트휴먼 시대의 학교교육의 변화와 교사전문성의 방향, 교육철학연구 41(2), 한국교육철학학회, 47-80.

박휴용(2019ㄴ), 포스트휴먼적 존재인식론과 학습주체성의 변화, 교육철학 73, 한국교육철학회, 81-119.

서민원·배성근(2012), 대학교육역량 평가지료의 요인구조와 대학의 군집유형 분석, 교육평가연구 25(1), 117-144.

서반석·두임림(2018), 사용역에 따른 인용구문의 정보구조, 한국어학 78, 한국어학회, 1-30.

서울대학교 국어교육연구소(1996), 고등학교 문법, 교육부.

서울대학교 국어교육연구소(2002/2005), 고등학교 문법, 교육인적자원부.

선우환(2013), 과정 신빙론과 외재주의적 정당화 개념 - 천리안 문제로부터 새로운 무한퇴행의 문제에로, 철학논총 73, 새한철학회, 89-107.

성균관대학교 대동문화연구원(1985/1991), 고등학교 문법, 문교부.

성낙수(2010), 학교 문법 품사 설정 및 용어 결정의 과정과 문제점, 문법교육 12, 한국문법교육학회, 229-269.

소지영(2018), 문법적 은유로서 서술성 명사의 텍스트 응집 기능에 대한 연구, 새국어교육 115, 한국국어교육학회, 277-307.

소지영·주세형(2017), 과학 교과서의 '문법적 은유'를 중심으로 본 국어과의 도구 교과적 본질 탐색, 국어교육연구 39, 서울대학교 국어교육연구소, 119-158.

소지영·주세형(2018), 초등학교 중학교 역사 교과서의 언어적 특성 연구: 국어과의 도구 교과적 본질을 중심으로, 한국초등국어교육 65, 한국초등국어교육학회, 77-108.

소지영·성경희·주세형(2018), 중학교급 학습자 서술형 답안의 언어적 특성 연구: 사회과 학업성취도평가 서술형 문항을 중심으로, 국어교육 161, 한국어교육학회, 159-187.

시정곤(1993), 음운적 단어 설정을 위한 시고, 우리어문연구 7, 우리어문학회, 121-138.

시정곤(2008), 준자립어와 준접미어에 대하여, 한국중원언어학회 춘계학술대회 자료집, 한국중원언어학회, 105-114.

시정곤·고석주·유혜원·김미령(2000), 논항구조란 무엇인가, 월인.

신명선(2002), 사회적 실천 행위로서의 읽기 방법의 설계에 대한 시고, 국어교육학연구 14, 국어교육학회, 235-264.

신명선(2007), 문법교육에서 추구하는 교육적 인간상에 관한 연구, 국어교육학연구 28, 국어교육학회, 423-458.

신명선(2008), 개정 국어과 교육과정의 문법 교육 내용에 대한 고찰, 국어교육학연구 31, 국어교육학회, 357-392.

신명선(2008), 메타의사소통행위의 국어 교육 내용에 관한 연구, 문법교육 9, 한국문법교육학회, 207-234.

신명선(2013), '언어적 주체' 형성을 위한 문법교육의 방향 국어교육 143, 한국어교육학회, 83-120.

신승용(1997), 하향성 이중모음의 단모음화와 움라우트와의 상관성, 서강어문 13(1), 서강어문학회, 27-56.

신희성(2019), 텍스트의 대인적 기능에 대한 문법교육적 연구 - 언어하기 관점을 바탕으로 -, 고려대학교 박사학위논문.

심영택(2002), 국어적 지식의 교수학적 변환 연구, 국어교육 108, 한국어교육학회, 155-179.

엄태동(1998), 교육적 인식론 탐구, 교육과학사.

엄태동 편저(2001), 존 듀이의 경험과 교육, 원미사.

연재훈(1997), 타동성의 정의를 위한 원형이론적 접근, 언어 22(1), 한국언어학회, 107-132.

오옥매(2008), 초창기 한국어 문법 용어에 대한 연구 -1897년-1937년 문법서를 중심으로-, 서울대학교 박사학위논문.

오현아(2010), 표현 문법 관점의 문장 초점화 교육 내용 연구, 서울대학교 박사학위논문.

오현아(2016ㄱ), 사용자 중심의 문법 기술을 위한 문법 교육 내용 재구조화 방안 모색, 어문학보 36, 강원대학교 국어교육과, 27-52.

오현아(2016ㄴ), 통사 구조 중심의 '서술어 자릿수' 개념 관련 문법 교육 내용 재구조화 방안 모색, 국어교육 155, 한국어교육학회, 1-28.

오현아(2017), 충분한 문법 학습 경험을 갖지 못한 중등 예비 국어 교사의 문법 개념화 양상 분석 연구를 위한 시론, 문법교육 29, 한국문법교육학회, 29-63.

왕문용·민현식(1993), 국어 문법론의 이해, 개문사.

우형식(1996), 국어 타동구문 연구, 박이정.

유길준(1909), 대한문전, 김민수·하동호·고영근 공편(1977-1985), 역대한국문법대계 ①-06, 탑출판사.

유길준, 조선문전, 김민수·하동호·고영근 공편(1977-1985), 역대한국문법대계 제①부 제1책, 탑출판사.

유승만(2006), 로만 야콥슨의 유표성 이론 연구, 러시아연구 16(2), 서울대학교 러시아연구소, 271-292.

유한구(1989), 교육인식론 서설, 교육과학사.

유현경(2011), 접속과 내포, 국어학 60, 국어학회, 389-410.

유현경 외(2014), 2014년 표준 국어 문법 개발, 국립국어원.

유현경 외(2015), 2015년 표준 국어 문법 개발, 국립국어원.

윤보석(2015), 현대 토대론 연구, 이화여자대학교출판부.

윤성규·김창만·박양희(2007), 생물 오개념 연구와 지도, 월드사이언스.

윤여탁 외(2011), 독서와 문법 I, 미래엔.

윤여탁 외(2013), 독서와 문법, 미래엔.

윤여탁(2020), 포스트휴먼 시대의 한국어교육: 그 현재와 미래, 국어교육연구 46, 서울대학교 국어교육연구소, 283-306.

윤희원 외(2010), 중학교 국어 2-1, 금성.

이관규(2002ㄱ), 국어 부사절 범위에 대한 여러 견해와 그 한계점, 언어 27(3), 한국언어학회, 399-416.

이관규(2002ㄴ), 개정판 학교 문법론, 월인.

이관규(2012), (제3판) 학교문법론, 월인.

이관규 외(2013), 독서와 문법, 비상교육.

이관규·김서경·노하늘·성수진·신희성·유상미·이현주·정려란·정지현·정혜현(2021), 『체계기능언어학 개관』, 사회평론아카데미.

이관희(2010), 문법으로 텍스트 읽기의 가능성 탐색 : 신문 텍스트에 쓰인 '-도록 하-'와 '-게 하-'를 중심으로, 국어교육연구 25, 서울대 국어교육연구소, 119-161.

이관희(2012ㄱ), 문법으로 텍스트 읽기의 가능성 탐색(2) : 신문 텍스트에 쓰인 '-기로 하-' 구문을 중심으로, 문법 교육 16, 한국문법교육학회, 203-239.

이관희(2012ㄴ), 문법 설명 텍스트에 쓰인 비유적 표상의 양상 -교양 문법서를 대상으로-, 한말연구 31, 한말연구학회, 107-144.

이관희(2015), 학습자의 지식 구성 분석을 통한 문법 교육 내용의 조직과 표상 연구, 서울대학교 박사학위논문.

이관희·조진수(2015), 문법 교사의 오개념 유형화 연구, 새국어교육 102, 한국국어교육학회, 107-152.

이기문(1961), 국어사개설, 민중서관.

이기문(1991), 국어 어휘사 개설, 동아출판사.

이기문(2004), (신정판) 국어사개설, 태학사.

이남호 외(2011), 독서와 문법 I , 비상.

이도영 외(2013), 독서와 문법, 창비.

이병덕(2013), 현대 인식론, 성균관대학교출판부.

이삼형 외(2011), 독서와 문법 I , 지학사.

이삼형 외(2013), 독서와 문법, 지학사.

이선웅(2005), 국어 명사의 논항구조 연구, 월인.

이선웅(2012), 한국어 문법론의 개념어 연구, 월인.

이수상(2014), 언어 네트워크 분석 방법을 활용한 학술논문의 내용분석, 정보관리학회지 31(4), 한국정보관리학회, 49-68.

이승희(2011), 조선시대 한글편지를 활용한 국어사 교육, 정신문화연구 34(2), 한국학중앙연구원, 219-246.

이영준(2013), 타동성을 활용한 한국어 읽기 교육 방안 연구, 한국어 의미학 42, 한국어의미학회, 515-535.

이영철(2014), 근거이론의 근거에 대한 음미-방법론과 방법, 한국정책과학회보 18(1), 한국정책과학학회, 187-214.

이용남 외(2010), 중학교 국어 2-1, 지학사.

이익섭(2003), 국어 부사절의 성립, 태학사.

이정민(1992), (비)한정성/(불)특정성 대 화제(Topic)/초점- 개체 층위/단계 층위 술어와도 관련하여, 국어학 22, 국어학회, 397-424.

이정택(2010), 형태소의 유형: 바람직한 용어법의 정립을 위하여, 인문논총 19, 서울여자대학교 인문과학연구소, 31-54.

이준기·하민수(2012), 언어 네트워크 분석법을 통한 중학교 과학영재들의 사실, 가설, 이론, 법칙과 과학적인 것의 의미에 대한 인식 조사, 한국과학교육학회지 32(5), 한국과학교육학회, 823-840.

이지수(2014), 형태소 교육에 대한 반성적 고찰, 반교어문연구 37, 반교어문학회, 5-36.

이지수·정희창(2015), 문장 성분 교수를 위한 '문법 교과 내용 지식' 연구, 새국어교육 104, 한국국어교육학회, 229-259.

이현주(2015), 전문용어학의 이론적 토대를 위한 개념 연구, 한국사전학 26, 한국사전학회, 40-67.

이호찬(1999), 지식의 획득과정에서의 학습자 존중의 의미: 듀이와 함린, 서울대학교 석사학위논문.

이홍식(2000), 국어 문장의 주성분 연구, 월인.

이훈영(2015), 이훈영 교수의 연구조사방법론, 청람.

임동훈(2012), '은/는'과 종횡의 의미 관계, 국어학 64, 국어학회, 217-271.

장상호(1997), 학문과 교육(상): 학문이란 무엇인가, 서울대학교 출판부.

장상호(2000), 학문과 교육(하): 교육적 인식론이란 무엇인가, 서울대학교 출판부.

장성민(2018), 귀추적 사고 기반의 학습 목적 글쓰기 교육 연구 - 글쓰기 수행 예측모형을 중심으로 -, 서울대학교 박사학위논문.

상윤희(2005), 국어생활사의 관점에서 본 문학 작품의 가치, 국어국문학 141, 국어국문학회, 107-132.

장윤희(2009), 국어생활사 교육의 성격과 목표, 문법 교육 10, 한국문법교육학회, 287-311.

장혜진·신서영·박창언(2019), 포스트휴먼 시대에서 '인간'으로 향하는 교육, 예술인문사회융합멀티미디어논문지 9(12), 인문사회과학기술융합학회, 269-279.

전광현(1997), 근대 국어 음운, 국어의 시대별 변천 연구 2 - 근대국어, 국립국어연구원, 7-54.

전영주·이상일·김승현(2017), 서답형 문항 분석을 통한 중학교 학습자의 문법 오개념 양상 연구 - 국어 음운 개념을 중심으로, 국어교육학연구 52(1), 국어교육학회, 149-180.

전영철(2006), 대조 화제와 대초 초점의 표지 '는', 한글 274, 한글학회, 171-200.

전영철(2009), '이/가' 주제설에 대하여, 담화와 인지 16(3), 담화와인지언어학회, 217-238.

전영철(2013), 한국어 명사구의 의미론—한정성/특정성, 총칭성, 복수성, 서울대학교출판문화원.

전지혜(2014), 쟝-뽈 뒤샤또(Jean-Paul Duchateau)의 타동성의 기준-타동성 테스트, 표지, 기준의 체계화 시도(1998)의 번역, 형태론 16(1), 107-133.

정려란(2018), 국어 문법적 은유에 대한 체계기능언어학적 접근, 한국어문교육 26, 고려대학교 한국어문교육연구소, 97-126.

정성훈(2014), 현대 한국어 부사에 대한 계량언어학적 연구 -확률 통계 모형과 네트워크를 이용한 분석, 서울대학교 박사학위논문.

정영인(1994), 근대국어 이중모음의 단모음화 연구, 국어문학 29, 국어문학회, 127-148.

정우택(1995), 〈몽예집(夢藝集)〉의 국어학사상의 의의, 애산학보 16, 애산학회, 203-224.

정윤경(2020), 교육학의 포스트휴머니즘 수용과 포스트휴먼 감응교육 탐색, 교육철학연구 42(4), 한국교육철학학회, 187-216.

정지은(2007), 문법 지식의 교수적 변환에 관한 연구-고등학교 '높임법' 수업을 중심으로, 서울대학교 석사학위논문.

정희원(2001), 한국어의 대조화제와 화제, 초점: 정보 구조적인 관점에서, 서울대학교 박사학위논문.

제민경(2007), 언어 단위 교육 내용 연구, 서울대학교 석사학위논문.

제민경(2011), 텍스트 중심 문법교육의 방향 탐색 : 신문 텍스트의 '전망이다' 구문을 중심으로, 국어교육 134, 한국어교육학회, 155-181.

제민경(2012), 내러티브적 앎을 위한 문법 설명 텍스트 구성 방향 -실용 문법서의 내러티브 분석을 중심으로, 국어교육 139, 한국어교육학회, 175-211.

제민경(2013), 텍스트의 장르성과 시간 표현 교육: 신문 텍스트에서 '-었었-'과 '-ㄴ 바 있-'의 선택을 중심으로, 텍스트언어학 34, 한국텍스트언어학회, 179-206.

제민경(2014), '장르' 개념화를 위한 문법교육적 접근, 국어교육학연구 49(3), 국어교육학회, 395-420.

제민경(2015), 장르 문법 교육 내용 연구, 서울대학교 박사학위논문.

제민경(2016), 문법 학습자의 내러티브 형성 기제로서의 오개념 -네이버 지식인의 품사 질문을 중심으로, 국어교육학회 제62회 전국학술대회 자료집, 국어교육학회, 360-370.

제민경(2019), 컴퓨팅 사고의 시대에 '문법하기'의 의미화, 국어교육연구 69, 국어교육학회, 1-22.

제민경(2020), 오개념 내러티브와 문법교육적 함의, 국어교육연구 73, 국어교육학회(since 1969), 117-152.

조진수(2013), 텍스트 맥락 기반의 문장 확대 교육 내용 연구, 서울대학교 석사학위논문.

조진수(2014), 형태소의 '자립성'과 '의존성'에 대한 학습자의 오개념 연구, 문법교육 21, 한국문법교육학회, 269-306.

조진수(2015), 문장 확대 교육 내용의 다층성 연구, 국어교육학연구 50(3), 국어교육학회, 268-295.

조진수(2016), '타동성'의 문법 교육적 위상 정립을 위한 시론, 국어국문학 174, 국어국문학회, 71-97.

조진수(2017ㄱ), 학교 문법 용어의 표상 방식 유형화 연구, 국어교육학연구 52(1), 국어교육학회, 464-494.

조진수(2017ㄴ), 문법 오개념에 대한 인식론적 고찰, 국어교육학연구 52(4), 국어교육학회, 263-288.

조진수(2018ㄱ), 교육적 인식론 관점의 국어사 교재 구성 원리 탐색 -하향이중모음의 단모음화를 중심으로-, 한국어학 78, 한국어학회, 81-110.

조진수(2018ㄴ), 문법 문식성 관점의 문장 구조 교육 내용 연구, 서울대학교 박사학위논문.

조진수(2018ㄷ), '문장의 주성분' 개념망에 대한 네트워크 분석 -문법서에 나타난 문법 개념망을 중심으로-, 문법교육 32, 한국문법교육학회, 120-156.

조진수(2018ㄹ), 유표적 정보구조의 기능에 관한 연구 -지시적 신정보가 관계적 구정보로 표상되는 유형을 중심으로-, 문법교육 34, 한국문법교육학회, 269-297.

조진수(2021ㄱ), 포스트휴먼 담론과 미래 문법 교육의 인식론적 쟁점, 국어국문학 194, 국어국문학회, 291-320.

조진수(2021ㄴ), 문법 문식성과 문법교육, 사회평론아카데미.

조진수·노유경·주세형(2015), 학습자의 논증 텍스트에 나타난 '것 같다'에 대한 문법교육적 고찰, 새국어교육 105, 한국국어교육학회, 217-245.

주세형(2005ㄱ), 학습자 중심의 국어사 교육 내용 설계 방향, 국어교육학연구 22, 국어교육학회, 325-354.

주세형(2005ㄴ), 문법지식의 교육적 가치 재발견, 선청어문 30, 서울대학교 국어교육과, 561-589.

주세형(2006), 문법교육론과 국어학적 지식의 지평 확장, 역락.

주세형(2007), 텍스트 속 문장 쓰기와 문법, 한국초등국어교육 34, 한국초등국어교육학회, 409-443.

주세형(2008), 학교 문법 다시 쓰기(2) -'숙련자의 문법 탐구 방법'을 중심으로, 국어교육 126, 한국어교육학회, 283-320.

주세형(2009), 할리데이 언어 이론의 국어교육학적 의미, 국어교육 130, 한국어교육학회, 173-204.

주세형(2010ㄱ), '사실과 의견 구별하기'의 국어과 전문성 탐색, 국어교육학연구 37, 국어교육학회, 469-497.

주세형(2010ㄴ), 학교 문법 다시 쓰기(3) : 인용 표현의 횡적 구조 연구, 새국어교육 85, 한국국어교육학회, 269-289.

주세형(2010ㄷ), 작문의 언어학 - '언어적 지식'에 근거한 첨삭 지도 방법론, 작문연구 10, 한국작문학회,

109-136.

주세형(2014ㄱ), 국어 교과서 연구의 이론적 특성과 발전 방향, 국어교육학연구 49, 국어교육학회, 657-701.

주세형(2014ㄴ), 통합적 문법 교육의 전제와 학문론적 의의, 국어교육연구 34, 서울대학교 국어교육연구소, 57-86.

주세형·조진수(2014), 독서의 언어학, 청람어문교육 52, 청람어문교육학회, 197-232.

차미란(2003), 오우크쇼트의 교육이론, 성경재.

최경봉·김윤신·이동석·주세형(2017), 국어 선생님을 위한 문법 교육론, 창비교육.

최선희(2017), 학습자 오개념 분석을 통한 교육 내용 개선 방향 - 초등학교 국어 교과서 '문장의 종류' 단원을 중심으로, 새국어교육 111, 한국국어교육학회, 145-184.

최선희(2020), 문장 구조 교육의 종적 연계 원리와 실제 연구, 서울대학교 박사학위논문.

최소영(2019), 언어 변화 기반의 국어사 교육 설계 연구, 서울대학교 박사학위논문.

최신인·김은성·최은정·이세연(2014), 문법 탐구 과제 설계를 위한 국제 언어학 올림피아드 문항 분석, 국어교육 145, 한국어교육학회, 27-60.

최웅환(2008), 형태소의 유형 분류, 문학과 언어 30, 문학과언어학회, 1-26.

최윤지(2008), 한국어 분열문의 의미 연구: 정보구조를 중심으로, 서울대학교 석사학위논문.

최윤지(2016), 한국어 정보구조 연구, 서울대학교 박사학위논문.

최윤지(2018), 전제의 두 가지 개념과 정보구조, 형태론 20(1), 1-14.

최윤지(2021), 구정보, 신정보란 무엇인가 -신구성의 구별과 정보구조적 조정- , 한국어학 91, 한국어학회, 95-126.

최재웅(2018), 숫자로 표상된 의미: 딥러닝 시대의 의미론, 언어와 정보 사회 34, 서강대학교 언어정보연구소, 305-337.

최종후·전수영(2012), JMP를 이용한 판별분석/군집분석, 교우사.

최현배(1930), 조선어의 품사분류론, 김민수·하동호·고영근 공편(1977-1985), 역대한국문법대계 ①-44, 탑출판사.

최현배(1961), 〈깁고 고친〉 우리말본, 정음사.

최형용 외(2019), 고등학교 언어와 매체, 창비.

한국교육과정평가원(2011), 초·중등학교 교육과정 개정 고시(제2011-361호, '11.08.09)에 따른 초·중등학교 검정 교과용도서 편찬상의 유의점 및 검정기준.

한상기(2005), 내재주의와 외재주의, 동서철학연구 37, 한국동서철학회, 103-125,

한상기(2009), 자연주의적 인식론과 신빙론, 범한철학 54, 범한철학회, 247-275.

한철우 외(2013), 독서와 문법, 교학사.

함병호(2016), 정보구조의 분절 방법, 한국어문학연구 67, 동악어문학회, 311-338.

함병호(2018), 한국어 정보구조의 화제 연구, 동국대학교 박사학위논문.

허명회(2014), SPSS Statistics 분류분석, 데이타솔루션.

허신혜(2001), 역사학습에서 오개념의 인식론적 검토, 역사와 담론 30, 호서사학회, 1-26.

허웅(1985), 국어 음운학 -우리말 소리의 오늘·어제, 샘문화사.

홍병선(2006), 현대 인식론 논쟁-지식과 믿음의 정당화, 한국학술정보.

홍병선(2007), 인식적 외재주의와 '합리성'의 문제, 철학탐구 22, 중앙대학교부설 중앙철학연구소, 97-115.

홍윤표(1994), 근대국어연구(1), 태학사.

황화상(2013), 현대국어 형태론, 지식과 교양.

Alston, W. P. (1989), *Epistemic Justifcation: Essays in the Theory of Knowledge*, Cornell Univ. Press.

Anderson, K. C. & Leinhardt, G. (2002), Maps as Representations: Expert Novice Comparison of Projection Understanding, *Cognition and Instruction* 20(3), 283-321.

Aronoff, M. and Fudeman, K. (2005), *What Is Morphology?*, Blackwell Publucations. 김경란 역(2005), 형태론, 한국문화사.

Blake, B. J. (1977), *Case Marking in Australian language*, Australian Institute of Aboriginal Studies: Canberra.

Bloomfield, L. (1933), *Language*, New York: Holt, Rinehart and Winston.

BonJour, L. (1985), *The Structure of Empirical Knowledge*, Havard University Press.

Bostrom, N. (2003), Human Genetic Enhancements: A Transhumanist Perspective, *The Journal of Value Inquiry*, 37(4), 493-506.

Bostrom, N. (2014), *SUPERINTELLIGENCE: Paths, Dangers, Strategies*, Oxford University Press, 조성진 역(2017), 슈퍼인텔리전스: 경로, 위험, 전략, 까치.

Braidotii, R. (2013), *The Posthuman*, Polity Press, 이경란 역(2015), 포스트휴먼, 아카넷.

Brousseau, G., *Theory of Didactical Situations in Mathematics*, Balacheff, N., N. Cooper, R. Sutherland & V. Warfield (eds.) (2002), New York: Kluwer Academic Publishers.

Bruner, J. S. (1960), *The Process of Education*, Harvard University Press, 이홍우 역(1973), 교육의 과정, 배영사.

Bruner, J. S. (1996), *The Culture of Education*, 브루너 교육의 문화, 강현석·이자현 역(2005), 교육과학사.

Chafe, W. (1994), *Discourse, Consciousness, and Time*, 김병원·성기철 역(2006), 담화와 의식과 시간, 한국문화사.

Charmaz, K. (2006), *Constructing Grounded Theory: A Practical Guide through Qualitative Analysis*, SAGE Publications, 박현선·이상균·이채원 역(2013), 『근거이론의 구성』, 학지사.

Charmaz, K. (2012), The Power and Potential of Grounded Theory, *A Journal of the BSA MedSoc Group* 6(3), 2-15.

Chi, M. T. H., Feltovich, P. J. & Glaser, R. (1981), Categorizing and Representation of Physics Problems by Experts and Novices, *Cognitive Science* 5(2), 121-152.

Comrie, B., Ergativity, in W. P. Lehmann (ed.) (1978), *Syntactic Typology: Studies in the Phenomenology of Language*, University of Texas Press.

Davies, E. C. (2014), A retrospective view of Systemic Functional Linguistics, with notes from a parallel perspective, *Functional Linguistics* 1, 48-58.

Devrim, D. Y. (2015), A Grammatical metaphor: What do we mean? What exactly are we researching?, *Functional Linguistics* 2, 39-51.

diSessa, A. A. (2008), A bird's-eye view of the 'pieces' vs. 'coherence' controversy, in Vosniadou, S. (ed.) (2008), *International handbook of research on conceptual change*, Routledge, 35-60.

Dixon, R. M. W. (1979), Ergativity, *Language* 55, 59-138.

Dixon, R. M. W. (2010). *Basic Linguistic Theory: Volume 2 Grammatical Topics*, Oxford University Press.

Eco, U. & Sebeok, T. A. (eds.) (1983), *The Sign of Three: Dupin, Holmes, Peirce*, Indiana University Press, 김주환·한은경 역(2015), 셜록 홈스, 기호학자를 만나다: 논리와 추리의 기호학, 이마.

Eco, U. (1973), *Il Segno*, 김광현 역(2000), 기호: 개념과 역사, 열린책들.

Eggins, S. (2004), *An Introduction to Systemic Functional Linguistics*(2nd Ed.), Continuum Intl Pub Group.

Erteschik-Shir, N. (2007), *Information Structure -The Syntax-Discourse Interface*, Oxford University Press.

Fairclough, N. (1995), *Media Discourse*, Edward Arnold, 이원표 역(2004), 대중매체 담화 분석, 한국문화사.

Fairclough, N. (2003), *Analysing Discourse-Textual analysis for social research*, Routledge, 김지홍 역(2012), 담화 분석 방법 - 사회조사연구를 위한 텍스트 분석, 경진.

Firth, J. R.(1957a). A Synopsis of Linguistic Theory, 1930-1955. In Studies in Linguistic Analysis (Special volume of the Philological Society), 1-31. London: Blackwell [reprinted in F. R. Palmer 1968 (ed.) *Selected Papers of J. R. Firth*, 1952-1959. London: Longman. 168-205].

Firth, J. R.(1957b). Ethnographic analysis and language with reference to Malinowski's views. In Man and Culture: an evaluation of the work of Bronislaw Malinowski, ed. R. W. Firth, 93-118. London: Routledge & Kegan Paul [reprinted in F. R. Palmer 1968 (ed.) *Selected Papers of J. R. Firth*, 1952-1959. London: Longman. 137-167].

Flick, U. (2002), *An Introduction to Qualitative Research*, SAGE Publucations. 임은미·최금진·최인호·허문경·홍경화 역(2009), 질적 연구방법, 한울아카데미.

Freeman, L. (1979), Centrality in Social Networks I: Conceptual Clarification, Social Networks 1, 215-239.

Gettier, E. (1963), Is Justified True Belief Knowledge?, *Analysis* 23, 121-123.

Givón, T. (1993), *English Grammar Function-Based Introduction*, John Benjamins Publishing Company, 김은일·박기성·채영희 역(2002), 기능 영문법 I, 박이정.

Gundel, J. (1988), Universals of Topic-comment Structure, in Hammond, M., Moravcsik, E. & Wirth, J.(eds.), *Studies in Syntactic Typology*, Amsterdam: John Benjamins, 209-239.

Gundel, J., Hedberg, N., & Zacharski, R. (1993), Cognitive Status and the Form of Referring Expressions in Discourse, *Language* 69(2), 274-307.

Gundel, J., & Fretheim, T. (2004), Topic and Focus, in Horn, L. & Ward, G.(eds.), *The Handbook of Pragmatics*, Oxford: Blackwell, 175-196.

Gunning, D. (2017), *Explainable artificial intelligence(XAI)*. Defense Advanced Research Projects Agency(DARPA)(https://www.darpa.mil/attachments/XAIIndustryDay_Final.pptx).

Halliday, M. A. K. (1975), *Learning How to Mean - Exlporations in The Development of Language*, Edward Arnold.

Halliday, M. A. K. (2004), *The Language of Science*, Continuum Intl Pub Group.

Halliday, M. A. K. & Matthiessen, C. (2004), *An Instruction to Functional Grammar*(3rd Ed.), Hodder Arnold.

Hamlyn, D. W. (1978), *Experience and the growth of understanding*, London Routledge & Kegan Paul, 이홍우 역(2010), (증보판) 교육인식론-경험과 이해의 성장, 교육과학사.

Hawking, S., Mlodinow, L. (2010), *The Grand Design*, Bantam Dell, 전대호 역(2010), 위대한 설계, 까치.

Hmelo-Silver, C. E., Marathe, S. & Liu, L.(2007), Fish Swim, Rocks Sit, and Lungs Breathe: Expert-Novice Understanding of Complex Systems, *The Journal of the Learning Sciences* 16(3), 307-331.

Hopper, P. J. & Thompson, S. A. (1980), Transitivity in Grammar and Discourse, *Language* 56(2), 251-299.

Huang, Y.(2007), *Pragmatics*, 이해윤 역(2009), 화용론, 한국외국어대학교 출판부.

Hyon, S.(1996), Genre in Three Traditions: Implications for ESL, *TESOL Quarterly* 30(4), 693-722.

Ivanič, R. (1990), Critical Language Awareness in Action, In Carter, R.(ed.) (1990), *Knowledge about Language and the Curriculum:The LINC Reader*, London: Hodder & Stoughton.

Jackendoff, R. (1972), *Semantic Interpretation in Generative Grammar*, MIT Press.

Jespersen, O. (1924), *The philosophy of Grammar*, London: George Allen and Unwin, 이환묵·이석무 역(1987), 문법 철학, 한신문화사.

Jung, J. S. (2020), Diagnosing Causes of Pre-Service Literature Teachers' Misconceptions on the Narrator and Focalizer Using a Two-Tier Test, *Education Sciences* 10(4): 104.

Knapp, P. & Watkins, M. (2005), *Genre, Text, Grammar*, University of Washington Press, 주세형·김은성·남가영 역(2007), 장르, 텍스트, 문법, 박이정.

Lambrecht, K. (1994), *Information Structure and Sentence Form: Topic, Focus, and the Mental Representations of Discourse Referents*, 고석주·김현강·박용한·서승현·손희연·이병규·황선영 역(2000), 정보 구조와 문장 형식: 주제, 초점, 담화 지시물의 심적 표상, 월인.

Langacker, R. W. (1968), *Language and Its structure*, New York : Harcourt Brace Jovainovich, Inc..

Lehrer, K. (1990), *Theory of knowledge*, Boulder, Westview Press.

Lyons, J. (1977), *Semantics*Ⅰ, 강범모 역(2011), 의미론 1 -의미 연구의 기초, 한국문화사.

Lyons, J. (1977), *Semantics 2*, Cambridge University Press, 강범모 역(2013), 의미론 2, 한국문화사.

Martin, J. R. (2014a), Looking out: Functional Linguistics and genre, *Linguistics and the Human Science* 9(3), 303-317.

Martin, J. R. (2014b), Evolving systemic Functional Linguistics: Beyond the clause, *Functional*

Linguistics 1(3), 1-24.

Martin, J. R. (2015), One of Three Traditions: Genre, Functional Linguistics, and the "Sydney School", In Artemeva, A. & Freedman, A.(eds.) (2015), *Genre Studies around th Globe: Beyond the Three Traditions*, Inkshed Publications, 31-79.

Martin J. R. & Rose D. (2008), *Genre Relations: Mapping Culture*. London: Equinox.

Nation, I. S. P. (2011), *Learning Vocabulary in Another Language*, Cambridge University Press, 김창구, I.S.P Nation의 외국어 어휘의 교수와 학습, 소통.

Nida, E. A. (1949), *Morphology: The Descriptive Analysis of Words*, The University of Michigan Press. 김진형 역(2000), 형태론: 단어의 기술적 분석, 아카넷.

Næss, Å. (2007), *Prototypical Transitivity*, John Benjamins Publishing Company.

O'Brien, D. (2006), *An Introduction to the Theory of Knowledge*, Polity Press, 한상기 역(2011), 지식론 입문, 서광사.

Park, S. & Oliver, J. S. (2007), Revisiting the Conceptualisation of Pedagogical Content Knowledge(PCK): PCK as a Conceptual Tool to Understand Teachers as Professionals, *Research in Science Education* 38(3), 261-284.

Peirce, C. S., *The Collected Papers of Charles S. Peirce* I ~ VI, edited by C. Hartshorne and P. Weiss. (1935), Cambridge: Harvard University Press.

Peirce, C. S., *The Collected Papers of Charles S. Peirce* VII-VIII, edited by Arthur W. Burks (1958), Cambridge: Harvard University Press.

Prince, E. F. (1981), Toward a Taxonomy of Given/New Information, in P. Cole.(ed.), *Radical Pragmatics*, New York: Academic Press.

Prince, E. F. (1992), The ZPG Letter: Subjects, Definiteness and Information-Status, in Thompson, S. A. & Mann, W. C.(eds.), *Discourse Description: Diverse linguistic analyses of a fund-raising text*, John Benjamins, 295-325.

Rose, D. (2015), Genre, Knowledge and Pedagogy in the Sydney School, In Artemeva, A. & Freedman, A.(eds.) (2015), *Genre Studies around th Globe: Beyond the Three Traditions*, Inkshed Publications, 299-338.

Short, T. L. (1996), Interpreting Peirce's Interpretant: A Response To Lalor, Liszka, and Meyers, *Transactions of the Charles S. Peirce Society* 32(4), 488-541.

Shulman, L. S. (1987), *Knowledge and teaching: foundations of the new reform*, Harvard Educational Review 57, 1-22.

Smith, J. P., diSessa, A. A., & Roschelle, J. (1993). Misconceptions reconceived: A constructivist analysis of knowledge in transition. *The Journal of Learning Sciences* 3(2), 115-163.

Song, J. J. (2001), *Linguistic Typology: Morphology and Syntax*, Pearson Education, 김기혁 역(2009), 언어유형론-형태론과 통사론, 보고사.

Spiro, R. J., Vispoel, W. P., Schmitz, J. G., Samarapungavan, A. & Boerger, A. E. (1987), Knowledge Acquisition for Application: Cognitive Flexibility and Transfer in Complex Content Domains, *Technical Report* No.409, Center for the Study of Reading, 1-20.

Steup, M. (1996), *An Introduction to Contemporary Epistemology*, Prentice Hall, 한상기 역(2008), 현대 인식론 입문, 서광사.

Tanaka, J. W. & Taylor, M. (1991), Object Categories and Expertise: Is the Basic Level in the Eye of Beholder?, *Cognitive Psychology* 23, 457-482.

Tsunoda, T. (1985), Remarks on transitivity, *J. Linguistics* 21, 385-396.

Vallduví, E. (1990), *The Informational Component*, University of Pennsylvania. Ph.D. Dissertation.

Vygotsky, L. S. (1962/1986), *Thought and Language*, MIT Press, 윤초희 역(2011), 사고와 언어, 교육과학사.

국립국어원, 표준국어대사전 (http://stdweb2.korean.go.kr)

네이버 지식in (https://kin.naver.com)

한국고전번역원 한국고전종합DB-남극관(南克寬), 〈몽예집(夢藝集)〉 (http://db.itkc.or.kr/inLink?DCI=ITKC_MO_0502A_A209_317L_IMG)